新坐标管理系列精品教材

Introduction to Project Management

项目管理
概论 (第2版)

赖一飞　主　编

胡小勇　陈文磊　副主编

U0359631

清華大学出版社
北京

内 容 简 介

本书吸收了国内外项目管理的最新成果,密切联系实践,内容新颖,体系完整,具有较强的针对性、实用性和可操作性。不仅可作为高等院校管理专业本科生的教材,也可作为项目管理工程硕士(MPM)和工商管理硕士(MBA)等专业学位的使用教材,亦可作为相关专业从事项目管理工作的有关人士的学习和参考用书。

本书封面贴有清华大学出版社防伪标签,无标签者不得销售。

版权所有,侵权必究。举报:010-62782989,beiqinquan@tup.tsinghua.edu.cn。

图书在版编目(CIP)数据

项目管理概论/赖一飞主编. —2版. —北京:清华大学出版社,2017(2022.8重印)
(新坐标管理系列精品教材)
ISBN 978-7-302-47310-7

Ⅰ. ①项… Ⅱ. ①赖… Ⅲ. ①项目管理—高等学校—教材 Ⅳ. ①F224.5

中国版本图书馆 CIP 数据核字(2017)第 101918 号

责任编辑:刘志彬
封面设计:汉风唐韵
责任校对:宋玉莲
责任印制:曹婉颖

出版发行:清华大学出版社
  网 址:http://www.tup.com.cn,http://www.wqbook.com
  地 址:北京清华大学学研大厦 A 座 邮 编:100084
  社 总 机:010-83470000 邮 购:010-62786544
  投稿与读者服务:010-62776969,c-service@tup.tsinghua.edu.cn
  质量反馈:010-62772015,zhiliang@tup.tsinghua.edu.cn
印 装 者:涿州市京南印刷厂
经 销:全国新华书店
开 本:185mm×230mm 印 张:19.25 字 数:384 千字
版 次:2011 年 1 月第 1 版 2017 年 6 月第 2 版 印 次:2022 年 8 月第 4 次印刷
定 价:49.00 元

产品编号:075524-02

序

我国对项目管理科学的呼吁开始于20世纪50年代。80年代以后,项目管理伴随着我国改革开放全面开展,外资项目的增加以及国际文化交流的进一步发展,项目管理理论和实践经验在我国进一步得到推广应用。自项目管理理论从西方传入我国以来,已经有数以万计的优秀管理人才和技术人才参与了项目管理的理论学习,并在工程实践中应用项目管理,使得我国的项目管理水平得到较大的提高。目前人们把它与信息技术相结合,用计算机辅助项目管理,使项目管理的效益大大提高,并促进了项目管理的标准化和规范化。伴随着知识经济时代的到来,项目管理的普及和应用日新月异,给项目管理学科的建设和发展带来了千载难逢的机遇和挑战。同时,随着项目管理的国际化、信息化、社会化等新特点与趋势,迫切需要一本既能体现项目管理学科基本特点,又能反映时代需求,并结合当前实际需求的教材。

因此《项目管理概论》应运而生,本书系统地介绍了项目管理完善的学科体系,分析了当前国内外项目管理科学体系发展的现状,探讨了国际通行的模式、程序和标准,体现了项目管理学科的与时俱进性。

本书在规划与编写过程中,始终强调项目管理的系统性、实践性、针对性与可操作性。并注重理论与实践相结合,强调培养学生解决实际问题的能力,这也是本书的特色。

本书的出版不仅为项目管理学科发展提供了丰富的理论依据,也为项目管理在实践中的应用提供了重要的参考材料,有利于我国的项目管理尽快与国际接轨。

本书除了适用于高等院校项目管理工程硕士,也可供管理类与技术类相关专业的硕士以及工程管理专业本科生使用,还可以作为高等院校教师和各行业相关专业人员的参考用书。

我衷心地祝贺本书的出版,希望更多的人掌握项目管理学科的知识体系,提高项目管理水平,促进我国项目管理事业的发展。

王守清 博士

清华大学国际工程项目管理研究院教授、博导、副院长

全国工程硕士专业学位教育指导委员会战略研究组和资格认证研究组成员

全国项目管理领域工程硕士教育协作组组长

2010年10月

第 二 版 前 言

本书承袭了第一版系统全面的优点，重点研究了项目管理理论与方法的学科，探讨了包括项目过程管理、项目经理与项目组织、项目整体管理、项目范围管理、项目时间管理、项目成本管理、项目质量管理、项目人力资源管理、项目沟通管理、项目风险管理、项目采购与合同管理等在内的理论、方法和手段，涵盖了决策、计划、组织、指挥、控制与协调等方面的理念和技术，使读者领会项目管理的本质，帮助读者在实际应用中实现项目的管理目标，并在时间、成本、质量等方面取得最佳效果，增强项目的综合效益。

作者在从事多年教学与研究的基础上，结合国际上现代项目管理十大知识领域整体管理、范围管理、时间管理、成本管理、质量管理、人力资源管理、沟通管理、风险管理、采购管理和干系人管理的要求，为高等院校管理科学与工程、项目管理、工商管理、技术经济等专业的学生编写了该教材。

本书由武汉大学经济与管理学院赖一飞担任主编，武汉铁路局武汉站工程建设指挥部胡小勇、武汉大学经济与管理学院陈文磊担任副主编，全书共分十二章，其中，第一、二、三章由赖一飞、覃冰洁编写，第四、五、六章由胡小勇、赵继涛编写，第七、八、九章由赖一飞、雷慧编写，第十、十一、十二章由陈文磊、赵静编写。

本书在第一版的基础上，吸收了国内外项目管理的最新成果，探讨该领域的最新发展趋势，同时，本书各章均增加配备有综合应用案例，使读者通过案例分析掌握并理解各章项目管理理论知识与工具方法。从而使得项目管理的理论和实践密切联系。本书内容新颖，体系完整，具有较强的针对性、实用性和可操作性，不仅可作为高等院校管理专业本科生的教材，也可作为项目管理工程硕士（MPM）和工商管理硕士（MBA）等专业学位的使用教材，亦可作为相关专业从事项目管理工作的管理人士的学习和参考书。

在编写过程中，得到了清华大学出版社、武汉大学经济与管理学院的大力支持，参阅了不少专家、学者论著和有关文献，武汉铁路局武汉站工程建设指挥部指挥长、教授级高级工程师胡小勇博士提供了大量的素材与资料，多名研究生参与了文稿的打印、校对工作，在此谨向他们表示衷心的感谢！

由于项目管理在我国的研究与实践的时间不长，有许多问题还需要进一步的探讨与实践，加之作者水平有限，书中难免有不当之处，敬请读者批评指正。

编 者

2017 年 1 月于珞珈山枫园

前　言

项目管理概论全面系统地介绍了项目管理理论与方法,涉及领域包括项目决策管理、项目经理与项目组织、项目整体管理、项目范围管理、项目时间管理、项目成本管理、项目质量管理、项目人力资源管理、项目沟通管理、项目风险管理、项目采购与合同管理等的决策、计划、组织、指挥、控制与协调的理论、方法和手段,目的是使管理的项目在项目目标及其他方面均取得最佳效果,使项目尽快发挥效益。

作者在从事多年教学与研究的基础上,结合国际上现代项目管理九大知识领域的要求,编写了本书。

本书由武汉大学经济与管理学院赖一飞担任主编,武汉铁路局站房工程建设指挥部胡小勇、武汉大学经济与管理学院陈文磊担任副主编,全书共分12章,其中,第一、二、五、九、十一、十二章由赖一飞、许化伟编写,第三、四、八章由胡小勇、罗海云编写,第六、七、十章由陈文磊、魏元欣编写。

本书吸收了国内外项目管理的最新成果,密切联系实践,内容新颖,体系完整,具有较强的针对性、实用性和可操作性。本书不仅可作为高等院校管理专业本科生的教材,也可作为项目管理工程硕士(MPM)和工商管理硕士(MBA)等专业学位的使用教材,亦可作为相关专业从事项目管理工作有关人士的学习和参考用书。

本书在编写过程中,得到了清华大学出版社、武汉大学经济与管理学院的大力支持,参阅了不少专家、学者论著和有关文献,武汉铁路局站房工程建设指挥部指挥长胡小勇博士提供了大量的素材与资料,龙倩倩、周雅等部分研究生参与了文稿的打印、校对工作,在此谨向他们表示衷心的感谢!

由于项目管理在我国的研究与实践的时间不长,有许多问题需要进一步探讨与实践,加之作者水平有限,书中难免有不当之处,敬请读者批评指正。

编　者

2010 年 10 月于珞珈山

目　　录

第一章 项目与项目管理

人们所从事的纷纭复杂的工作可以分为两类不同的方式：一类是持续不断和重复的过程，称为日常运作；另一类是一次性的和独特的过程，称为项目。

有时候这两类工作会有重叠。对于日常运作，一个组织一旦建立起一套合适的工作标准和工作程序，就可以在一段时间内相对稳定地进行管理；而每一个项目都需要以一种与其他项目不同的方式组织资源，按照某种特定的工作要求，从事动态的、创新的工作。

第一节 项 目

项目是为完成某一独特的产品或服务所做的一系列彼此相互关联的任务和活动的一次性过程。

其包含如下三层含义：

(1) 项目是一项有待完成的任务，有特定的环境与要求；

(2) 在一定的组织机构内，利用有限资源（人力、物力、财力等），在规定的时间内完成任务；

(3) 任务要满足一定性能、质量、数量、技术指标等要求。

项目包括许多内容，可以是建设一项工程，如建造一栋大楼、一座饭店、一座工厂、一座电站、一条铁路；也可以是完成某项科研课题，或研制一项设备，甚至是写一篇论文。这些都是一个项目，都有一定的时间、质量要求，也都是一次性任务。

1. 子项目

项目通常划分为多个容易管理的部分，可称为子项目。这些子项目常分派给组织内部的单位或发包给组织外部的承包人。子项目和其他项目一样要有可交付成果，区别在于子项目的成果通常是局部性的、阶段性的，不像其他项目成果能够独立、完整地发挥效用和效益。不过，这个区别也是相对的，取决于对顾客需求的效用和效益的界定。如施工项目中的地基处理、上部结构、内装修等都是它的子项目；软件开发项目中的系统分析、流程设计、编程、测试等都是它的子项目。

一般来讲,子项目是项目的子集,项目是计划的子集,如图 1-1(a)所示。不过,有时计划也可以是某个大项目的子集,如某个环境治理项目中可以包括一个为进行公众环境意识宣传教育而设立的环保杂志出版计划,如图 1-1(b)所示。

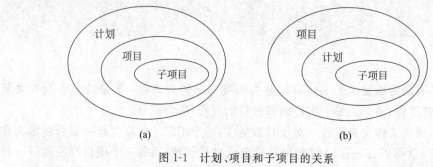

图 1-1　计划、项目和子项目的关系

2．工程

通常以"工程"一词来称呼计划、项目或子项目。例如,通信工程、长江三峡工程、地基工程。

在某些应用领域中,工程管理、计划管理和项目管理被视为同义词;在另一些场合,一个则是另一个的子集。这些含义上的多重性,要求在特定场合使用时对每一个术语的定义做出明晰的约定。

项目普遍地存在于人们的生产和生活之中,遍布各行各业的每一个企、事业单位、政府机构和社会团体。项目工作具有如下六个属性。

（1）一次性。这是项目与其他日常运作的最大区别,也是项目最根本的属性,其他属性也是从这一主要的特征衍生出来的。一旦确定项目的起点和终点,项目的运作便没有可以完全照搬的先例,也不会有完全相同的复制。

（2）独特性。每个项目都是独一无二的,这种独特性不仅体现在其提供的成果有自身的特点,还体现在项目的时间、地点、内部环境、外部环境、自然条件、社会条件等的独特性方面。

（3）目标的确定性。项目有确定的目标。

①工期目标,即在规定的时段内或规定的时刻之前完成。

②质量目标,即生产某种规定的产品、服务或其他成果,达到一定的技术目标和质量规范。

③成本目标,即完成某个项目投入成本的多少。

因此在确定的目标下,项目具有多目标决策的特点。

（4）活动的整体性。项目中的一切活动都是相互联系的,构成一个整体。不能有多余的活动,也不能缺少某些活动,否则必将损害项目目标的实现。

(5)组织的临时性和开放性。项目团队在项目进展过程中,其人数、成员、职责都在不断地变化。某些成员是借调来的,项目终结时团队要解散,人员要转移。参与项目的组织往往有多个,有时甚至多达几十个或更多。这些组织通过协议或合同以及其他的社会关系结合到一起,在项目的不同时段以不同的程度介入项目活动。因此,项目组织是临时的、开放的,没有严格的边界。

(6)开发与实施的渐进性。每一个项目都是独特的,因此其开发必然是渐进的,不可能从其他模式那里一下子复制过来。即使有可参照、可借鉴的模式,也都需要经过逐步的补充、修改和完善。项目的实施同样需要逐步地投入资源,持续地累积可交付成果,始终要精工细作,直至项目的完成。

第二节 项目管理

一、项目管理

(一)项目管理的概念

项目管理是以项目为对象的系统管理方法,通过一个临时性的专门的柔性组织,对项目进行高效率的计划、组织、指导和控制,以实现项目全过程的动态管理和项目目标的综合协调与优化。

(二)项目管理的特点

与传统的部门管理相比项目管理最大的特点是注重综合性管理,并且项目管理工作有严格的时间期限。项目管理必须通过不完全确定的过程,在确定的期限内生产出不完全确定的产品,因此日程安排和进度控制常对项目管理产生很大的压力。项目管理的特点具体来讲表现在以下几个方面。

(1)项目管理的对象是项目或被当作项目来处理的运作。项目管理是针对项目的特点而形成的一种管理方式,因而其适用对象是项目,特别是大型、复杂的项目。鉴于项目管理的科学性和高效性,有时人们会将重复性运作中的某些过程分离出来,加上起点和终点当作项目来处理,以便在其中应用项目管理的方法。

(2)项目管理的全过程都贯穿着系统工程的思想。项目管理把项目看成一个完整的系统,依据系统论"整体、分解、综合"的原理,可将系统分解为许多责任单元,由责任者分别按要求完成目标,然后汇总、综合成最终的成果;同时,项目管理把项目看成一个有完整生命周期的过程,强调部分对整体的重要性,促使管理者不要忽视其中的任何阶段,以免造成总体效果的不佳甚至失败。

(3) 项目管理的组织具有特殊性。项目管理的另一个明显的特征就是其组织的特殊性,表现在以下几个方面。

① 项目管理有了"项目组织"的概念。项目管理的突出特点是项目本身作为一个组织单元必须围绕项目来组织资源。

② 项目管理的组织是临时的。由于项目是一次性的,而项目的组织是为项目的建设服务的,因此项目终结的时候,其组织的使命也就完成了。

③ 项目管理的组织是柔性的。所谓柔性即是可变的,项目的组织打破了传统的固定建制的组织形式,而是根据项目生命周期各个阶段的具体需要,适时地调整组织的配置,以保障组织高效、经济地运行。

④ 项目管理的组织强调其协调控制职能。项目管理是一个综合管理过程,其组织结构的设计必须充分考虑到有利于组织各部分的协调与控制,以保证项目总体目标的实现。因此,目前项目管理的组织结构多为矩阵结构,而非直线职能结构。

(4) 项目管理的体制是一种基于团队管理的个人负责制。由于项目系统管理的要求需要在项目管理过程中集中权力控制工作的正常运行,因此项目经理是一个关键角色。

(5) 项目管理的方式是目标管理,项目管理是一种多层次的目标管理方式。由于项目往往涉及的专业领域十分宽广,而项目主管或项目经理不可能成为每一个专业领域的专家。因此,现代的项目主管或项目经理只能以综合协调者的身份,向被授权的专家讲明应承担工作的意义,通过协商确定目标以及时间、经费、工作标准的限定条件。除此之外的具体工作则由被授权者独立处理。同时,经常反馈信息、检查督促并在遇到困难需要协调时及时给予各方面有关的支持。由此可见,项目管理只要求在约束条件下实现项目的目标,其具体实现的方法具有灵活性。

(6) 项目管理的要点是创造和保持一种使项目顺利进行的环境。有人认为,"管理就是创造和保持一种环境,使置身于其中的人们能在集体中一道工作以完成预定的使命和目标"。这一特点说明了项目管理是一个管理过程,而不是技术过程,处理各种冲突和意外事件是项目管理的主要工作。

(7) 项目管理的方法、工具和手段具有先进性、开放性。项目管理采用科学先进的管理理论和方法,如采用网络图编制项目进度计划;采用目标管理、全面质量管理、价值工程、技术经济分析等理论和方法控制项目总目标;采用先进高效的管理手段和工具,主要是使用电子计算机进行项目的信息处理等。

(三) 项目管理的主要形式

(1) 设置项目专职人员。对工作不太复杂,周期较短,规模较小,时间不太紧迫,技术要求企业尚能适应,企业各部门之间的协作要求不太高,但前景不确定还需严加协调的项目,可以委派专职的项目协调人员,协调有关部门的任务,必要时还可以为项目管理专职人员配备助手。

(2)设置项目管理的专门机构。对项目前景把握性较差、技术先进、规模较大、工作复杂、时间紧迫、各部门协作关系密切的项目,可以另立专门机构,并配备一定的专职人员。

(3)设置项目主管。对于介于上述两种情况之间的项目,可把第一种形式中的协调人员由项目主管代替,在充分发挥企业原有部门作用的同时,让其全权负责项目的计划、组织和控制,这种形式称为矩阵式组织或称混合式组织。

项目管理的上述三种组织形式各有其不同的适用条件,可以在同一企业的不同项目上使用,或同时使用于一个项目的不同阶段。

(四)项目管理的基本职能

项目管理最基本的职能是计划、组织、评价与控制。

1. 项目计划

项目计划就是根据项目目标的要求,对项目范围内的各项活动做出合理安排。它系统地确定项目的任务、进度和完成任务所需的资源等,使项目在合理的工期内,以尽可能低的成本和尽可能高的质量完成。任何项目的管理都要制定项目计划,项目计划是确定项目协调、控制方法和程序的基础及依据,项目的成败首先取决于项目计划工作的质量。项目计划作为项目执行的重要依据,是项目中各项工作开展的基础。项目计划作为规定和评价各级执行人责任、权利的依据,对于任何范围的变化都是一个参照点,从而成为对项目进行评价和控制的标准。项目计划按其作用和服务对象可以分为四个层次,即决策型计划、管理型计划、执行型计划、作业型计划。项目计划按其活动内容分类主要有项目主体计划、进度计划、费用计划、资源计划等。最常用于进行项目计划的工具主要有工作分解结构、线性责任图、横道图、网络计划技术等。

2. 项目组织

组织有两重含义:一是指组织机构;二是指组织行为(活动)。项目管理的组织是指为进行项目管理、完成项目计划、实现组织职能而进行的项目组织机构的建立、组织运行与组织调整等一系列的活动。项目管理的组织职能包括五个方面,即组织设计、组织联系、组织运行、组织行为和组织调整。项目组织是完成项目计划、实现项目目标的基础条件,组织的好坏对于能否取得项目成功具有直接的影响,只有在组织合理化的基础上才谈得上其他方面的管理。项目的组织方式根据其规模、类型、范围、合同等因素的不同而有所不同,典型的项目组织形式有以下三种。

(1)树型组织。树型组织是指从最高管理层到最低管理层按层级系统以树型展开的方式建立的组织形式,包括直线制、职能制、直线职能制、纯项目型组织等多个变种。树型组织比较适合于单个的、涉及部门不多的小型项目采用。当前树型组织的发展趋势是日益扁平化。

(2)矩阵型组织。矩阵型组织是现代大型项目管理应用最为广泛的组织形式。该组织形式是按职能原则和对象(项目或产品)原则结合起来使用所形成得一个矩阵结构,它可以使同一名项目工作人员,既参加原职能部门的工作,又参加项目组的工作,即受原职能部门和项目组的双重领导。矩阵型组织是目前最为典型的项目组织形式。

(3)网络型组织。网络型组织是未来企业和项目的一种组织形式,它立足于以一个或多个固定连接的业务关系网络为基础的小单位的联合。它以组织成员间纵横交错的联系代替了传统的一维或二维联系,采用平面性组织体制和柔性组织体制的新概念,形成了充分分权与加强横向联系的网络结构。虚拟企业是典型的网络型组织,新兴的项目型公司也日益朝网络型组织的方向发展。

3.项目评价与控制

项目计划只是根据预测而对未来做出的安排,由于在编制计划时难以预见的问题很多,因此在项目组织实施过程中往往会产生偏差,如何识别偏差、消除偏差或调整计划以保证项目目标的实现,这就是项目管理的评价与控制职能所要解决的问题。这里的项目评价不同于传统意义上的"项目评价",这一点将在后面的章节中详细说明。项目评价是项目控制的基础和依据,项目控制则是项目评价的目的和归宿。要有效地实现项目评价和控制的职能,必须满足以下条件:①项目计划必须以适于评价的方式来表达;②评价的要素必须与项目计划的要素相一致;③计划的进行及相应的评价必须按足够接近的时间间隔进行,一旦发现偏差,可以保证有足够的时间和资源来纠偏。项目评价和控制的目的,就是通过纠偏机制,根据计划进行中的实际情况做出及时合理的调整,使得项目组织能按计划运行。从内容上看,项目评价与控制可以分为工作评价与控制、费用评价与控制、进度评价与控制等。

(五)项目管理的主要内容

项目管理涉及多方面的内容,这些内容可以按照不同的线索进行组织,其主要内容包括如下几点。

(1)从项目管理的不同层次角度看,包括企业层次、项目层次。

(2)从项目管理的不同主体角度看,包括业主、各承包商(设计、施工、供应等)、监理、用户。

(3)从项目生命周期阶段的角度看,包括概念阶段、开发阶段、实施阶段、收尾阶段。

(4)从项目管理的基本过程看,包括启动过程、规划过程、执行过程、控制过程、收尾过程。

(5) 从项目管理的职能领域看,包括范围管理、时间管理、费用管理、质量管理、人力资源管理、风险管理、沟通管理、采购管理、整体管理。

二、项目环境与干系人

项目管理是在项目相应的环境下,通过项目各方干系人的合作,把各种资源应用于项目,以实现项目的目标,使项目干系人的需求和期望得到不同程度的满足的过程。

项目管理的基本要素包括项目环境、干系人、资源、目标、需求和期望。

(一)项目环境

一个项目的完成通常需要对项目所依存的大环境有着敏感的认识和正确的理解。项目及其管理在通常情况下对环境有着极大影响,但同时也受环境的制约。项目环境包括实施项目中的内在环境及外在环境。

1. 内在环境的影响

1) 项目在组织中的地位

项目要由一定的组织机构来完成,如企业、社会团体、政府机构等。项目在组织中的地位有两种不同的情况。

(1) 项目处于组织的最高层次,是组织的主要任务。例如,长江三峡工程总公司的主要责任就是进行长江三峡工程项目的开发。在这种情况下,项目负责人往往是组织的最高领导,或者项目机构本身就是这个组织的主体。项目除受其本身组织的影响外,在很大程度上还受其上级组织的影响。

(2) 项目处于组织的较低层次,只是某个组织的部分任务,该组织承担着某些比项目范围更大的职责。这种情况较普遍。

项目处于组织的哪个层次和地位对项目能否顺利进行会有重大的影响。

2) 组织管理体制

组织可以采取项目管理体制或非项目管理体制。

当一个组织的业务主要是通过项目来完成时,多数采取项目管理体制,包括自身为项目业主的组织和依靠为他人执行项目获得收入的组织,如建筑师事务所、工程咨询公司、施工承包商等。

有的组织将自己的业务按项目方式来管理,而采取项目管理体制。例如,它们将其财务系统按不同的项目分别记账、跟踪和结算的方式来设计。

有些组织,如制造行业等,其主要的业务不以项目方式运作,通常采用非项目管理体制,当这些组织也需要做一些项目时,就会产生管理上的困难。在这种情况下,可以在该组织中下设一个部门,如项目管理部,采用类似于项目管理的体制。

3) 组织结构

项目所在的组织通常既要承担项目又需具备各类常规的业务职能,因此,其组织结构有多种形式。在项目生命期的不同阶段,组织结构形式也可以有所变动。不同的组织结构形式会对项目产生重要的影响,包括积极的影响和消极的影响。

4) 组织文化和风格

大多数组织都会形成自己特有的组织文化及其外在风格,这种文化反映了一个组织和组织中大多数人共同的价值取向、典范模式以及信仰和期盼等。这种文化体现在它的外在风格中,有的紧张严肃、积极进取;有的轻快、活跃、鼓励个性;有的偏好争论;有的习惯于服从;有的稳重、保守;有的敢于冒险、勇于开拓等。

当然,项目管理人员要主动参与培育营造积极的组织文化和风格,改变和消除消极因素。但是,在另外一些情况下不同的组织文化和风格并无良莠、对错之分,项目管理人员应该自己融入所在的组织文化和风格中去。例如,政府机关与军事组织,学术机构与文艺团体,工业企业与农村合作社,它们之间无论如何都不会有相同的组织文化和风格,因为它们从事着不同性质的工作,承担着不同类型的项目。

2. 外在环境的影响

项目外在环境包括自然和社会方面十分广泛的内容。在一定的条件下,外部环境的某些方面会对项目产生重大的甚至决定性的影响。

1) 政治和经济

国际、国内的政治经济形势涉及许多方面的因素,大到政局的稳定、经济的景气、金融危机等,小到某种物价的涨落、某个政策和规定的变更,甚至某个关键的人事变动等都会对项目产生非常重大的影响。

2) 文化和意识

文化是人类在社会历史发展进程中所创造的物质财富和精神财富的总和,在这里特指精神财富,如文学、艺术、教育、科学,也包括行为方式、信仰、制度、惯例等。项目管理要了解当地的文化,尊重当地的习俗。在与项目干系人的沟通中,善于在适当场合使用当地文字、语言和交往方式,往往能取得理想的效果。在项目进程中,通过不同文化的交流、融合,可以减少摩擦,增进理解,取长补短,互相促进。

意识也属于文化,会对项目产生影响,诸如民族意识、家庭意识、人权意识、市场意识、消费意识、环保意识、节水意识等。在不同环境下人们的意识会有明显的差异,必须引起项目管理人员的关注。

3) 标准和规章

国际标准化组织(ISO)对标准和规章的区分:标准是"一个公认的机构批准的文件,规定了与产品、工艺过程或服务有关的法则、指南和特征,这些并不一定是要求强制遵守的"。例如,国际标准化组织公布了一系列标准化文件,大到质量准则,小到电脑磁盘尺寸的标准,包罗万象。规章是"一个规定产品、工艺过程或服务特征的文件。包括其适用性的行政条款,这些是要求强制遵守的"。建筑法规就是一例。

有些标准由于其合理性并得到实践检验,已经变成了事实上的规章,不遵守会受到业内人士的抵制。例如,在大型施工项目的进度计划中普遍使用关键路线法。

很多规章只是在一定范围内要求强制遵守,出了这个范围只供参考执行。

项目管理人员应当熟悉与项目有关的标准和规范,充分考虑它们对项目可能产生的影响。

项目环境是多种多样的,如政治环境、生态环境、经济环境、技术环境、规章制度环境以及组织环境等。这些环境构成了项目管理中所必须处理的问题,它们在对项目目标的完成起着积极作用的同时,又有其制约作用。

(二)项目干系人

项目干系人是指项目的参与各方。大型复杂的项目往往有多方面的人参与,如业主、投资方、贷款方、承包人、供货商、建筑/设计师、监理工程师、咨询顾问等。他们往往是通过合同和协议联系在一起,共同参与项目。在这种情况下,项目参与人往往就是相应的合同当事人。业主通常都要聘用项目经理及其管理班子来代表业主对项目进行管理。实际上项目的各方当事人还需要有自己的项目管理人员,如图1-2所示。

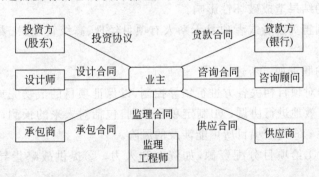

图1-2 项目参与人之间的联系举例

项目干系人有时也称为项目利害关系者。项目利害关系者是积极参与项目,或其利益因项目的实施或完成而受到积极影响或消极影响的个人和组织。他们还会对项目的目标和结果施加影响。项目管理团队必须弄清楚谁是利害关系者,确定他们的要求和期望,然后根据他们的要求对其影响加以管理,确保项目取得成功。图1-3说明了项目利害关系者与项目团队之间的关系。

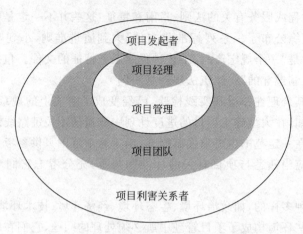

图 1-3　项目利害关系者与项目团队之间的关系

项目利害关系者参与项目时的责任与权限大小变化很大,并且在项目生命期的不同阶段也会发生变化。其责任与权限有时是参与调查重点对象小组,有时是全力赞助项目,包括提供财力与政治支持。置上述责任与权限于脑后的利害关系者可能会严重影响项目目标的实现。

项目利害关系者对于项目的影响,存在积极的和消极的两种可能。积极的利害关系者通常是项目成功结果的获益者,消极的利害关系者则相反。同样,忽视利害关系者的项目经理也会对项目的结果造成破坏性影响。

主要的项目利害关系者或者项目干系人有项目经理、高级管理层、委托人、项目团队、监督执行者、股东。

上述干系人的职责如下所述。

项目经理:①对项目相关各方进行领导控制,以保证项目的成功完成;②与相关的各方进行沟通;③有效地进行协调;④制定项目计划,包括对未来的预测;⑤制定项目团队的结构以管理项目;⑥确定项目所可能涉及的风险。

高级管理层:①给项目分配资源,如资金和人力;②提供战略指导;③必要时参与项目。

委托人:即项目的客户,是项目结果的需求者,也是项目实施的资金提供者。

项目团队:①给项目经理提供支持;②给某些工作提供特定的技能;③通过团队协作以完成任务;④与委托人沟通,使工作在成本预算内完成;⑤按照项目的工期、质量和成本要求工作。

监督执行者:有些情况下可以同时是项目委托人或发起人。不管是谁,他必须掌握控制项目的权力并且能树立项目的良好形象。

股东：与项目有利益关系的任何个人或团体。可以是项目经理、项目发起人、项目委托人或任何团队成员。

总之，一个项目可以是一个新颖的、令人振奋的或是有不确定风险的投资。不管它所涉及的风险度有多大，一个项目基本应具备明确的领导和清楚的目标。

项目不同的干系人对项目有不同的期望和需求，他们关注的问题常常相差甚远。例如，业主也许十分在意时间进度，设计师往往更注重技术方面，政府部门可能关心税收，附近社区的公众则希望尽量减少不利的环境影响等。弄清楚哪些是项目干系人，他们各自的需求和期望是什么，对于项目管理者非常重要。只有这样，才能对干系人的需求和期望进行管理并施加影响，调动其积极因素，化解其消极影响，以确保项目获得成功。

三、项目利害关系者（相关干系人）角色

在项目中不同的参与人扮演不同的角色，并从不同的角度对项目进行管理。以下对主要几方面的参与人，即投资者、经营者（或称业主、客户）、设计者和实施者各自对项目的管理予以简要说明。除了遵守项目管理的一般原则外，其管理的具体职责、重点、采用的管理技术甚至各自需要管理的项目生命期的内容都会有所区别。

（一）投资者对项目的管理

项目投资者通过直接投资、发放贷款、认购股票等各种方式向项目经营者提供项目资金，他们自然要关心项目能否成功、能否盈利或能否回收本息。因此，他们必须对项目进行适当的管理。尽管他们的主要责任在于投资决策，其管理的重点在于项目启动阶段，采用的主要手段是项目评估，但是投资者要真正取得期望的投资收益仍需要对项目的整个生命期进行全程的监控和管理。

世界银行对贷款项目的管理是一个典型的例子，它把每一笔贷款作为一个项目来管理，把项目生命期分为项目选定、项目准备、项目评估、项目谈判（包括贷款协议的签订）、项目实施（主要是监督和控制贷款的使用）和项目后评价六个阶段。

项目的投资者可以是政府、组织、个人、银行财团或众多的股东（组成股东和董事会），不论是哪一类投资者都不应疏于或放弃对他们所投资项目的管理。

（二）业主对项目的管理

除了自己投资、自己开发、自己经营的项目之外，多数情况下业主是指项目最终成果的接收者和经营者。如果他也参与投资的话，将与其他投资者共同拥有项目的最终成果，并从中获取利益和承担风险。业主应当对项目负有最大的责任。

业主的管理责任有如下内容。

（1）进行项目可行性研究，或审查受委托的咨询公司提交的可行性研究报告，以确立

项目。

（2）筹集项目资金，包括自有资金和借贷资金（如果需要的话），满足投资方的各种要求，以落实资金来源。

（3）组织项目规划和实施，在多数情况下要采购外部资源，并进行合同管理。此时业主通过他的项目班子主要承担协调、监督和控制的职责，包括进度控制、成本控制和质量控制等。

（4）接受和配合投资方对项目规划和实施阶段的监控。

（5）进行项目的验收、接收和其他收尾工作，并将项目最终成果投入运行和经营。

（6）与项目的各干系人进行沟通和协调。

（7）在必要时，业主也可以聘请外部的管理公司作为他的代理人对项目进行管理。

（三）设计者对项目的管理

项目成果的设计可以由业主组织内部的成员来做，也可以利用外部资源。无论哪种情况，设计者都要接受并配合业主对项目的管理，同时还要对设计任务本身进行管理。

由于项目成果设计往往比项目中的其他工作带有更多的创新成分和不确定性，因此在管理方法和技术上也有其不可忽视的特点。

（1）项目成果在设计出来之前，并不确切知道其设计成果会是什么样子。因此，业主的需求和设计任务的目标都不容易表述得十分具体，特别是对设计品质要求的规定往往有相当程度的灵活性。

（2）设计任务的工作量、完成所需的时间和费用难以准确估计。

（3）设计工作往往是一种反复比较、反复修改的过程，常规网络计划技术（CPM/PERT）的循序渐进规则往往不完全适用，需要有专门的计划技术。

（4）设计工作是一种创造性劳动，能够实现自我成就。

（5）对设计成果的评价难以有统一的标准。

（四）实施者对项目的管理

在对人力资源的管理中应更加重视设计人员自我管理的尺度，往往采用专家打分的方法来实现。项目实施必须满足业主要求达到的项目目标。经过项目的规划和设计，这些目标通常变得更加具体和明确。

项目实施者对项目的管理职责主要是根据项目目标对实施过程的进度、成本和质量进行全面的计划与控制，以及负责其他相应的管理工作。

项目实施者可以是业主组织内部的，也可以是外部的。无论哪种情况，实施者都要接受业主的监督和管理，与业主保持紧密的沟通和配合。如果实施者在业主组织外部，为取得项目实施任务，他还要参与业主的采购过程（如投标、谈判等）。

项目完成后,实施者要接受业主的验收,做好项目的收尾和移交。有的时候,项目的实施者同时又是项目的设计者,接受业主的全面委托。

第三节 项目管理的发展

项目管理通常被认为始于 20 世纪 40 年代,比较典型的例子是美国研制原子弹的"曼哈顿计划"。但直到 80 年代,项目管理主要还局限于建筑、国防、航天等少数行业。20 世纪 50 年代,在美国出现了关键路径法(CPM)和计划评审(PERT)技术,这是现代项目管理出现的象征。1957 年美国杜邦公司把 CPM 方法应用于设备维修,使维修停工时间从 125 小时锐减为 7 小时。1958 年美国人在北极星导弹设计中,应用 PERT 技术,把设计完成时间缩短了两年。20 世纪 60 年代美国"阿波罗登月计划"使用了网络计划技术,该项目耗资300 亿美元,参加企业 2 万多家,参与人员 40 多万人,动用零部件 700 万个,由于使用了网络计划技术,各项工作进行得有条不紊,取得了很大的成功。

项目管理一出现就备受关注,它是指把各种系统、资源和人员有效地结合在一起,采用规范化的管理流程,在规定的时间、预算和质量目标范围内完成项目。项目管理在发达国家已经逐步发展成为独立的学科体系,成为现代管理学的重要分支,并广泛应用于建筑、工程、电子、通信、计算机、金融、投资、制造、咨询、服务以及国防等诸多行业。

早在 1965 年欧洲就成立了国际项目管理协会,1969 年美国也成立了项目管理学会。1976 年美国项目管理学会在蒙特利尔召开研讨会,会议期间,人们开始讨论项目管理的通用标准。

1981 年,美国项目管理学会委员会同意成立一个小组,以系统地整理有关项目管理职业的程序和概念。该项目的建议书提出了三个重要方面:

(1) 从事项目管理的人员应具备的道德和其他行为准则(职业道德);

(2) 项目管理知识体系的内容与结构(标准);

(3) 对从事项目管理职业者成就的评价(评估)。

该小组于 1983 年 8 月在美国《项目管理杂志》上发表了上述成果,该报告后来就成为美国项目管理学会初步评估和认证计划的基础,并于 1984 年认证了第一批职业项目管理人员。此后,又对上述资料进行了一系列的修改,1987 年经由美国项目管理学会委员会批准,最终形成了"项目管理知识体系"。

我国从 20 世纪 80 年代初开始接触项目管理方法,这些努力对项目管理在中国的传播起了重要作用。此后,国内一些大学开始开展项目管理的教育与研究,项目管理课程在工程管理专业、工商管理专业普遍开设。其中,天津大学工程管理专业在国内起步较早;

1988年,中国石油大学出版社翻译出版了R.J.格雷厄姆的《项目管理与组织行为》一书;清华大学出版社于2000年出版了项目管理系列教材等,对研究与开发项目管理起到了重要的作用。

同时,我国开始积极应用项目管理的实践。1982年,在我国利用世界银行贷款建设的鲁布格水电站引水导流工程中,日本建筑企业运用项目管理方法对这一工程的施工进行了有效的管理,收到了很好的效果。这给当时我国的整个投资建设领域带来了很大的冲击,人们确实看到了项目管理技术的作用。

由于社会生产力的高速发展,大型项目和特大型项目越来越多,如航天工程、核武器研究、导弹研制、大型水利工程、交通工程等。项目规模大、技术复杂、参加单位多,大多受到时间和资金的严格限制,需要新的管理手段和方法。水资源开发利用、水力发电、灌溉排水、防洪除涝、供水和环境水利工程等的实施与建设,如我国的葛洲坝、大亚湾核电厂、三峡工程、青藏铁路、武广铁路客运专线等大型工程的建设,项目管理的手段、方法和理论都得到了迅速的发展。

在我国,项目管理成为真正热门的学科还是从项目管理师资质认证(PMP)开始的。PMP是由全球性专业组织——美国项目管理学会(Project Management Institute,PMI)于20世纪80年代初设立的,该组织是目前世界上最大的由研究人员、学者、咨询顾问和项目经理组建的专业机构。该项认证目前已被全球项目管理界人士所认可。通过认证的专业人员也由20世纪80年代的几十名发展到目前的15 000多名,遍布欧洲、北美洲、大洋洲以及亚洲的韩国、日本、新加坡和中国。

在西方发达国家,项目管理的应用已十分普及。因为它的理论与应用方法从根本上改善了管理人员的运作效率,所以项目管理已从最初的国防和航天领域(如"曼哈顿计划""阿波罗登月计划")迅速发展到目前的电子、通信、计算机、软件开发、建筑业、制药业、金融业等行业,甚至政府机关。据PMI资格认证委员会主席Paul Grace先生介绍,现在甚至许多的白宫人员,包括一些安全部门人员都被要求通过PMP资格认证。

美国项目管理学会的PMI资格认证之所以能在如此广的行业和地域范围内被迅速认可,首先是由项目管理本身的重要性和实用性决定的,其次很大程度上是得益于该项认证体系本身的科学性。据介绍,PMI早在20世纪70年代末就率先提出了项目管理的知识体系(Project Management Body Of Knowledge,PMBOK)。该知识体系构成了PMP考试的基础。

它的第一版是由PMI组织200多名世界各国项目管理专家历经4年才完成,可谓集世界项目管理界精英之大成,避免了一家之言的片面性。而更为科学的是每隔数年,来自世界各地的项目管理精英会重新审查更新PMBOK的内容,使它始终保持最权威的地位。另外,获得PMP资格认证的专业人员也非一劳永逸,每三年PMI会重新审查其有效性,只有那些在三年内积累了一定的培训和实际从事项目管理经历的PMP才能保持其资格的有效性。这就是 PMI 所谓的"专业发展计划"(Professional Development Program, PDP)。

由于从提出知识体系到具体实施资格认证有一整套的科学手段,因而使 PMI 推出的 PMBOK 充满活力,并得到广泛的认可。国际标准化组织以 PMBOK 为框架制定了 ISO 10006 标准。同时 ISO 通过对 PMI 资格认证体系的考察,向 PMI 颁发了 ISO 9001 质量管理体系证书,表明 PMI 在发展、维护、评估、推广和管理 PMP 认证体系时,完全符合 ISO 的要求,这也是世界同类组织中唯一获此荣誉的。

我国 1991 年 6 月成立中国项目管理研究委员会(Project Management Research Committee, PMRC),并于 1993 年开始研究《中国项目管理知识体系》(C-PMBOK),由当时中国优选法统筹法与经济数学研究会项目管理研究委员(PMRC)发起并组织实施。由 PMRC 常务副主任钱福培教授负责的课题组于 1993 年向国家自然科学基金委员会申请课题,并于 1994 年获准立项,1994 年正式开始了"中国项目管理知识体系结构的分析与研究"。1996 年 PMRC 作为中国项目管理专业组织的代表加入了国际项目管理协会(International Project Management Association, IPMA),成为 IPMA 的成员国组织之一。PMRC 的宗旨是致力于推进我国项目管理学科建设和项目管理专业化发展,推进我国项目管理与国际项目管理专业领域的交流与合作,使我国项目管理水平尽早与国际接轨。

2001 年 5 月我国正式推出了《中国项目管理知识体系》(C-PMBOK),使我国项目管理学科有了更新的发展。

目前最为热门的项目管理专业的资格认证有国外和国内两大"版本",国外"版本"主要有三种:美国的 PMP 认证、国际 IPMP 认证和剑桥项目管理资质专业认证。2002 年 11 月,在多方考察论证各国项目管理资格认证经验之后,国家劳动和社会保障部推出了适合我国实际情况的"中国版的 PMP 资格认证",PMP 向本土化发展迈出了一步。2002 年 12 月,中国项目管理师认证考试在北京举行了全国首次试点考试。

我国的项目管理师资质认证从一开始就考虑到与国际接轨,从培训考试到评估、审核,均采用当今国际先进的认证体系和方法手段。不但对项目管理的基础知识、基本技能进行严格的考试,而且还严格地考察项目管理者的学历、实践经验、职业道德和相关的法律、法规。与国外的认证相比,国内的认证难度还要略大一些。中国项目管理师国家职业资格认证是一种对项目管理专业人员知识、经验、能力水平和创新意识的综合评估证明,代表了目前国内项目管理专业资质认证的最高水平。在国家职业标准中,项目管理师被定义为:掌握项目管理的原理、技术、方法和工具,参与或领导项目的启动、计划、组织、执行、控制和收尾过程的活动,确保项目能在规定的范围、时间、质量与成本等约束条件下完成既定目标的人员。与美国 PMP 认证只有一种不同,中国的项目管理认证共分四个级别:项目管理员(国家职业资格四级)、助理项目管理师(国家职业资格三级)、项目管理师(国家职业资格二级)和高级项目管理师(国家职业资格一级)。考试分为理论知识考试和专业能力考核,理论知识考试和专业能力考核均采用闭卷笔试或者上机考试的方式,理论知识考试和专业能力考核均实行百分制,成绩皆达 60 分以上者为合格。项目管理师、高级项目管理师还须进行综合评审。考试时间为:理论知识 90 分钟,专业能力时间 150 分钟,综合评审时间不少于 30 分钟。

考核申报条件(各级只需具备以下条件之一)如下所述。

项目管理员:①取得高中毕业学历(或同等学力),连续从事本职业工作 3 年以上,经项目管理员正规培训达规定标准学时数,并取得毕(结)业证书;②具有大专以上学历,从事项目管理工作 1 年以上。

助理项目管理师:①取得本职业项目管理员职业资格证书后,连续从事本职业工作 2 年以上,经助理项目管理师正规培训达规定标准学时数,并取得毕(结)业证书;②具有大专学历(或同等学力),连续从事本职业工作 5 年以上,经助理项目管理师正规培训达规定标准学时数,并取得毕(结)业证书;③具有大学本科学历,连续从事本职业工作 3 年以上,经助理项目管理师正规培训达规定标准学时数,并取得毕(结)业证书;④取得硕士学位,连续从事本职业工作 1 年以上。

项目管理师:①取得本职业助理项目管理师职业资格证书后,连续从事本职业工作 3 年以上,经项目管理师正规培训达规定标准学时数,并取得毕(结)业证书;②具有大学本科学历(或同等学力),申报前从事本职业工作 5 年以上,担任项目领导 2 年以上,经项目管理师正规培训达规定标准学时数,并取得毕(结)业证书;③具有研究生学历(或同等学力),申报前从事本职业 3 年以上,担任项目领导 1 年以上,能够管理一般复杂项目,经项目管理师正规培训达规定标准学时数,并取得毕(结)业证书。

高级项目管理师:①取得本职业项目管理师职业资格证书后,连续从事本职业工作 3 年以上,经高级项目管理师正规培训达规定标准学时数,并取得毕(结)业证书;②取得博士学位,连续从事本职业工作 3 年以上,并担任项目管理领导工作 1 年以上,负责过 2~4 项以上复杂项目管理工作,取得一定的工作成果(含研究成果、奖励成果、论文著作),经高级项目管理师正规培训达规定标准学时数,并取得毕(结)业证书;③本科以上学历,连续从事本职业 8 年以上,并担任项目管理领导工作 3 年以上,负责过 3~5 项大型复杂项目管理工作,并取得一定的工作成果(含研究成果、奖励成果、论文著作),经高级项目管理师正规培训达规定标准学时数,并取得毕(结)业证书。

项目管理的发展具体来讲有两个方面:一是项目管理活动本身的发展;二是项目管理作为一个学科的发展。项目管理的发展趋势则从以下两个方面来阐述。

一、项目管理活动的发展趋势

尽管人类的项目实践可以追溯到几千年前,但是将项目管理作为一门科学来进行分析研究,其历史并不长,从 1965 年世界第一个专业性国际组织 IPMA 成立至今不过 30 多年的时间。经过这 30 多年的努力,目前国际专业人士对项目管理的重要性及基本概念已有了初步共识。分析当前国际项目管理的发展,有三个特点,即全球化的发展、多元化的发展和专业化的发展。

(一)项目管理的全球化发展

知识经济时代的一个重要特点是知识与经济发展的全球化,因为竞争的需要和信息技术的支撑促使了项目管理的全球化发展。主要表现在国际间的项目合作日益增多,国际化的专业活动日益频繁,项目管理专业信息的国际共享,项目管理学者的国际交流日益频繁,项目管理知识体系国际趋同,等等。项目管理的全球化发展既为我们创造了学习的机遇,也给我们提出了高水平国际化发展的要求。

(二)项目管理应用领域的多元化发展

当代的项目管理已深入各行各业,以不同的类型、不同的规模出现,项目无处不在,项目管理处处使用。项目应用的行业领域及项目类型的多样性,导致了各种各样的项目管理理论和方法的出现,从而促进了项目管理的多元化发展。

(三)项目管理的职业化、专业化发展

项目管理的广泛应用促进了项目管理向专业化方向的发展,突出表现在项目管理知识体系(PMBOK)的不断发展和完善、学历教育和非学历教育竞相发展、各种项目管理软件开发及研究咨询机构的出现等。项目经理职业化脚步不断加快,各种项目经理资质考试成为当今社会年轻人追捧的热点。应该说项目执业资质认证为项目管理的职业化、专业化推波助澜,这也是项目管理学科逐渐走向成熟的标志。

二、项目管理学科的发展趋势

自 20 世纪 50 年代末 60 年代初以来,学术界对项目管理的研究基本上是处在探索现有成熟理论在项目管理中的应用,以及如何将本学科领域的专业理论、方法应用于项目管理的阶段,如计算机、控制论、模糊数学、优化理论等。同时,各行各业的专家们正在探讨如何把项目管理的理论、方法应用到本行业中去,如建筑业、农业、军事、工业以及近几年呼声很高的 IT 行业等。

这种双向探索尽管均出自于外界的需求,但却极大地促进了项目管理自身的发展,使得项目管理也在朝两个方向发展:一是朝学科化方向发展。项目管理吸收各学科的有用部分,逐渐形成了一些自己独立的内容体系。例如,美国 PMI 于 1986 年提出的项目管理知识体系(PMBOK),国内外大学所建立的学士、硕士、博士学历教育体系以及成人教育的

课程体系等。二是为了适应各行业发展的需要,项目管理学科也正在朝实用化方向发展,包括各种方法、工具、标准、法规等。如 1992 年我国的 GB/T 13400.1～13400.3－92,"网络计划技术",国际标准化组织于 1997 年推出的 ISO 10006"质量管理——项目管理质量指导"以及各种计算机应用软件系统等。这种跨行业、跨专业、有理论、有实践的学科发展,进一步促进了项目管理专业学科——"项目学"的建立和发展。

总之,随着社会的进步、市场经济的进一步完善、生产社会化程度的提高,人们对项目的需求也越来越多。而项目的目标、计划、协调和控制也更加复杂。这将促进项目管理理论和方法的进一步发展。

小 结

本章的主要内容是从项目、项目管理和项目管理的发展三个部分展开的,首先着重介绍了项目的含义,然后进一步介绍了项目管理的含义与项目管理的基本特征,最后对项目管理的发展历程作了简单综述。

思考题

1. 项目一般具有哪些属性?
2. 项目管理的主要形式及其基本职能各是什么?
3. 项目的定义和特征各是什么?
4. 项目管理的概念是什么?
5. 项目管理发展的新趋势是什么?

案例分析

从项目管理的角度解读《西游记》

《西游记》是我国的四大名著之一,《西游记》中的离奇惊险的故事以及孙大圣不畏艰险,一直向西的壮举同样激励着一代又一代人克服困难到达成功的彼岸。该作品在文学上是一部十分出色的作品,但其也蕴含着丰富的项目管理知识,是一个非常典型的项目管理案例。

《西游记》中,唐僧接到观音菩萨下达的西天取经任务后,组成取经团队,项目组成员有唐僧、孙悟空、猪八戒和沙和尚。其中唐僧是项目经理、孙悟空是核心技术人员、猪八戒和沙和尚是普通成员。这个取经团队的直接高层领导是观音姐姐。在唐僧接到观音菩萨下达的西天取经任务后,既没有作任何分析和计划,也没有计划在什么时候把经书取回来,更没有落实好需要的资源就仓促上路,在观音菩萨的安排下沿途收下了悟空、悟能、悟净三个徒弟,得龙马一匹。一路上没有阶段性目标,冬去春来,秋来夏去,观音菩萨要求三年时间完成的取经任务,唐僧离开洪福寺时改为五年到七年,并告知洪福寺众徒,但看那山门里松枝头向东即昭示他已经回来。最后的结果是唐僧在贞观十三年九月望前三日从长安出发,于贞观二十七年返回长安,整整花了十四年。

试从项目管理的角度解读《西游记》。

第二章 项目决策管理

项目投资活动是一项极其复杂的系统工程。为了科学地选择投资项目，实现投资活动的预期效益目标，认真进行项目前期策划尤为重要。本章主要讨论项目投资前期决策管理的有关内容。首先阐述决策的原则与程序，分阶段介绍机会研究与项目建议书的编制。随后着重介绍可行性研究的相关内容。最后介绍设计任务书的编制与审计，对可行性研究和项目评估决策的区别与联系进行分析。

第一节 项目启动

一、项目投资决策的概念

决策，一般是指为了实现某一目标，根据客观的可能性和科学的预测，通过正确的分析、计算及决策者的综合判断，对行动方案的选择做出的决定。决策是整个项目管理过程中一个关键的组成部分，决策的正确与否直接关系到项目成败。

项目投资决策是指投资决策中的微观决策，它不像宏观决策那样是国家和地区对投资的总规模、方向、结构、布局等进行的评价和决定，而是指投资主体（国家、地方政府、企业或个人）对拟建项目必要性和可行性进行技术经济评价，对不同建设方案进行比较选择，以及对拟建项目的技术经济指标做出判断和决定的过程。

二、项目投资决策的原则

项目投资决策是对一个复杂的多因素的投资系统进行逻辑分析和综合判断的过程。为保证投资决策成功，避免失误，在决策过程中必须遵循下列原则。

（一）科学化决策原则

投资决策要尊重客观事实，要按科学的决策程序办事，要运用科学的决策方法。为实现科学决策，应做好下列环节：

(1) 确定投资目标；

(2) 围绕预定目标拟定出多个实施方案；

(3) 在多个方案中进行比较选择；

(4) 要预计方案实施过程中可能出现的变化及应采取的应急措施，还要考虑到预定目标实现后的实际效果。

（二）民主化决策原则

投资决策应避免单凭个人主观经验决策，应广泛征求各方面的意见，在反复论证的基础上，由集体做出决策。民主决策是科学决策的前提和基础。

（三）系统性决策原则

要根据系统论的观点，全面考核与投资项目有关的各方面的信息。为此，要进行深入细致的调查研究，包括市场需求信息、生产供给信息、技术信息、政策信息、自然资源与经济社会基础条件等信息，还要考虑相关建设、同步建设、项目建设对原有产业结构的影响、项目的产品在市场上的竞争能力与发展潜力等。

（四）效益决策原则

要讲求项目总体效益最优、微观效益与宏观效益的统一、近期效益与远期效益的统一。

三、项目投资决策的程序

项目投资决策程序是指投资项目在决策过程中应遵循的客观规律与先后顺序。科学的决策必须建立在符合客观规律的决策程序的基础上，这样才能避免主观性和盲目性。项目投资决策一般要按下列程序进行。

（一）调查研究，选择投资机会，确定投资目标

决策的目的是研究如何行动才能达到预定的目标。因此，决策的首要任务就是确定一个正确的投资目标。目标从哪里来？这需要在正确的经营思想指导下，通过周密的市场调查，掌握可靠的市场信息，寻找投资的机会，并在此基础上确定投资目标。在拟定投资目标时，应力求具体、明确，以便执行。

（二）拟定可供选择的投资方案

研究投资目标和分析实现目标的环境条件，特别是其中的约束条件，这两者是不可分离的。要根据选定的目标和约束条件，拟定多个可行的备选方案，供比较选择。

（三）评价优选方案

对各个备选方案进行技术、经济、社会各个方面效果的分析、比较和评价，从中选出最

佳方案。由于人们掌握信息的不完整性、知识的不完备性,不可能列出全部可行方案。因此,从有限的备选方案中选出的最佳方案,也仅仅是一个最满意的方案。

(四)选定方案进行决策

决策者应从评价中根据自己的投资目标和价值观,从中选取自己最满意的方案,然后进行投资。

改革开放以来,我国借鉴世界银行和西方国家项目投资决策的成功经验,结合我国的实际情况,国家计委及有关部门制定了一套适合我国国情的投资决策程序和审批制度,目的是为了减少和避免投资决策的失误,提高投资效果。

按照国家的有关规定,大、中型基本建设项目投资前期的研究决策程序如下:

投资机会研究与项目初选→编制并上报项目建议书及经批准立项→进行可行性研究及提交可行性研究报告→编制并上报设计任务书→项目评估和决策。

第二节　机会研究与项目建议书的编制

一、投资机会研究

投资机会研究(opportunity study)又称投资机会鉴别,其主要任务是提出项目投资去向的建议,即在一个确定的地区和部门内,根据自然资源、市场需求、国家产业政策及国际贸易情况,通过调查、预测和分析研究,选择项目,识别最有利的投资机会。

机会研究是相当粗略的。它所使用的技术经济数据主要靠笼统估计,而不是详细估算。

机会研究又分一般机会研究和具体项目机会研究两种。

一般机会研究通常由国家机关和公共机构进行,其目的是提供投资的方向性建议,包括地域性投资机会、部门性投资机会和资源利用性投资机会的方向性建议。地域性投资机会是指某一特定地区内的投资机会;部门性投资机会是指投资于某一特定部门或行业的机会;资源利用性投资机会是指以利用某种自然矿藏、水力或工农业等资源为目的的投资机会。通过一般机会研究初步确定某个具体项目后,尚需进行具体项目的机会研究。

具体项目机会研究一般是由企业针对特定的产品进行的。企业为了自身的生存和发展,制定发展规划,并在此基础上捕捉投资机会,提出具体的项目设想,对其进行概略的分析。对于有前途的项目,留作进一步研究。经机会研究认定没有前途的项目则终止研究。

不同投资主体由于投资的动机不同,自然对投资机会研究的内容以及项目选择的标准会有很大差别。比如,国家投资选择的重点是涉及国计民生的基础设施和基础产业项目,地方政府投资选择的方向是地方的公益项目,而企业投资是为获取最大利润的投资领域和投资方向,并通过构思形成项目初步概念的过程,问题的核心是寻找最有市场发展前景的投资机会。

机会研究的主要内容是:投资项目选择;投资机会的资金条件、自然资源条件和社会地理条件;项目在国民经济中的地位以及对产业结构、生产力布局的影响;拟建项目产品在国内外市场的需求量及替代进口的可能性;项目的财务收益和国民经济效益的大致预测等。

进行市场调查,发现新的需求,确定投资方向,构思投资项目,选择投资方式,拟定项目实施的初步方案,估算所需投资和预期可能达到的目标,是投资机会研究的主要工作。

二、项目初选

经机会研究认定有前途的项目,可进行项目初选。项目初选是介于机会研究和可行性研究之间的一个重要阶段,一般也称为初步可行性研究阶段或预可行性研究阶段。进入这一阶段的项目通过了机会研究的认定,其中国家投资项目重点是涉及国计民生的基础设施和基础产业项目,地方政府投资选择的方向是地方的公益项目,而企业投资是为获取最大利润,必然选择有市场竞争优势的投资项目。这些项目值得继续研究,但一般又不能肯定是否值得进行详细可行性研究。

在这个阶段,需进一步判断项目是否有较高的经济效益,决定对项目中哪些关键性问题作进一步的辅助研究,如市场调查、实验室试验、工业试验等。研究的结果需明确两个方面的问题:一是项目的概貌,包括产品方案、生产规模、原料可能的来源、可供选择的技术、比较满意的厂址、建设进度安排等;二是比较精确地估算出经济指标,从而做出经济效益评价。按照我国目前的项目管理程序,经项目初选后认为可行的项目,需编写项目建议书,送交主管部门审批。

三、项目建议书及其作用

项目建议书是拟建项目的承办单位(项目法人或其代理人),根据国民经济和社会发展的长远目标、行业和地区的规划、国家的经济政策和技术政策以及企业的经营战略目标,结合本地区、本企业的资源状况和物质条件,经过市场调查,分析需求、供给、销售状况,寻找投资机会,构思投资项目概念。在此基础上,用文字形式,对投资项目的轮廓进行描述,从宏观上就项目建设的必要性和可能性提出预论证,进而向政府主管部门推荐项目,供主管部门选择项目的法定文件。

编制项目建议书的目的是提出拟建项目的轮廓设想,分析项目建设的必要性,说明项目在技术上、市场上、工程上和经济上的可能性,向政府推荐建设项目,供政府选择。

四、项目建议书编制的内容

项目建议书编制的主要内容有:

(1)项目的名称、承办单位、项目负责人。

(2)项目提出的目的、必要性和依据。对技术引进项目还要说明拟引进技术的名称、内容、国内外技术的差异,以及技术来源的国别、厂商。进口设备项目,要说明拟进口设备的理由、生产条件、设备的名称、规格、数量、价格等。

(3)项目的产品方案、市场需求、拟建生产规模、建设地点的初步设想。

(4)资源情况、建设条件、协作关系和引进技术的可能性及引进方式。

(5)投资估算和资金筹措方案及偿还能力预计。

(6)项目建设进度的初步安排计划。

(7)项目投资的经济效益和社会效益的初步估计。

目前我国除利用外资的重大项目和特殊项目之外,一般项目不作国外所作的初步可行性研究,项目建议书的深度大体上相当于国外的初步可行性研究。

五、项目建议书的审批

项目建议书的审批按国家有关规定进行:

(1)大、中型基本建设项目,限上技术改造项目以及技术引进和设备进口项目的建议书,按企业隶属关系,选送省、直辖市、自治区、计划单列城市或国务院主管部门审查后,再由国家发改委审批。重大项目、技改引进项目总投资在限额以上的项目由国家发改委报国务院审批。需要由银行总行会签。

技改内容简单的、外部协作条件变化不大的、无须从国外引进技术和进口设备的限上项目,项目建议书由省、直辖市、自治区审批,国家发改委只作备案。

(2)小型基本建设项目、限下技术改造项目的建议书,按企业隶属关系,由国务院主管部门或省、直辖市、自治区发改委审批,实行分级管理。

1992年国务院颁发的《全民所有制工业企业转换经营机制条例》规定:遵照国家的产业政策和行业、地区发展规划,以自有资金或自筹措的资金从事生产性建设,能够自行解决建设和生产条件的,由企业自主决定立项,在政府有关部门备案。

项目建议书经批准,称为"立项",项目即可纳入项目建设前期工作计划,列入前期工作计划的项目可开展可行性研究。"立项"是初步的,因为审批项目建议书可否决一个项目,但不能肯定一个项目。立项仅说明一个项目有投资的必要性,但不明确,尚需进一步开展研究工作。

第三节　项目可行性研究

按照批准的项目建议书,项目承办单位应委托有资格的设计机构或工程咨询单位,按照国家的有关规定进行项目的可行性研究。

一、可行性研究的含义

可行性研究(feasibility study,FS)是一种包括机会研究、初步可行性研究和可行性研究三个阶段的系统的投资决策分析研究方法。它是项目投资决策前,对拟建项目的所有方面(工程、技术、经济、财务、生产、销售、环境、法律等)进行全面的、综合的调查研究,对备选方案从技术的先进性、生产的可行性、建设的可能性、经济的合理性等进行比较评价,从中选出最佳方案的研究方法。

可行性研究要回答的问题有:为什么要进行这个项目? 项目的建设条件是否具备? 项目的产品或劳务市场的前景如何? 项目的规模多大? 项目厂址选在何处? 项目所需要的各种原材料、燃料及动力供应条件怎样? 项目采用的设备和工艺技术是否先进可靠? 项目的筹资方式、融资渠道、盈利水平以及风险程度如何? 可行性研究从项目选择立项、建设到生产经营的全过程来考察分析项目的可行性,为投资者的最终决策提供直接的依据。

可行性研究是项目决策的基础和依据,是科学地进行项目建设、提高经济效益的重要手段。

二、可行性研究的阶段划分

西方国家早在1962年就开始推行可行性研究,20世纪60年代后可行性研究发展成为投资决策前的一项必做的工作。根据可行性研究深度的不同,可以把可行性研究分为机会研究、初步可行性研究和可行性研究。

(一)机会研究

机会研究是可行性研究的初始阶段,研究的主要目的是寻找投资机会。详细内容见第二节。

(二)初步可行性研究

初步可行性研究(pre-feasibility study)的主要目的在于判断机会研究提出的投资方向

是否正确,要解决的主要问题是:

(1)机会研究是否有前景;

(2)是否需要进行详细的可行性研究;

(3)有哪些关键性问题需要作辅助研究(如市场需求调查、关键新技术的试验、中间试验等)。

对项目来说,初步可行性研究所需的资料有:初步的厂址选择;简单的生产工艺流程图;初步设备一览表;建筑物、构筑物的大致尺寸和形式;公用工程估计需要量;项目布置轮廓图等。

初步可行性研究虽然比机会研究在内容的深度和广度上进了一步,但仍不能满足项目决策的要求。另外,对决定项目取舍的关键问题可进行专题研究或辅助研究。专题研究和辅助研究与初步可行性研究既可同步进行,又可分开进行,其研究结果可以否定初步可行性研究。

对改建、扩建、技改等项目可直接进行初步可行性研究,而不作机会研究。

初步可行性研究所提供的投资估算和成本费用测算结果,允许误差在±20%之内。

（三）可行性研究

可行性研究是项目投资决策的关键阶段,该阶段要对项目进行技术经济综合分析,并对多方案进行比较,为项目建设提供技术、生产、经济、商业等方面的依据。通过可行性研究要得出明确的结论,可以推荐一个最佳方案,也可以列出几个可供选择的方案,指出其利弊,由决策者决定,当然也可以得出"不可行"的结论。

在可行性研究阶段,除工艺技术已成熟的项目可以利用已建成类似项目的数据之外,一般要结合具体方案作详细的调研,收集有关的具体数据,因为它要求对拟建项目的投资和成本进行费用估算,精确度达到±10%以内。

综上所述,机会研究和初步可行性研究,是为解决是否下决心进行项目建设提供科学依据,而可行性研究则是为如何进行项目建设提供科学依据。一般来说,对大、中型项目要决定一个项目,先要作机会研究,获得"可行"的结论,再作初步可行性研究;如认为不可行,则就此作罢。经初步可行性研究认为项目可行,再转入可行性研究;如认为不可行,也就到此为止。但是,这一程序并不是绝对的,主要看有关项目建设问题明朗的程度,对其把握性如何。如果把握很大,那就可以越过机会研究和初步可行性研究阶段,直接进行可行性研究。

三、可行性研究的作用

可行性研究是确定建设项目之前具有决定性意义的工作,它一方面要充分研究建设条件,提出建设的可能性;另一方面又要进行经济分析评价,提出建设的合理性。可行性研究的作用主要表现在以下几个方面。

1. 为项目投资决策提供依据

一个项目的成功与否及效益如何,会受到社会的、自然的、经济的、技术的等诸多不确定因素的影响,而项目的可行性研究,有助于分析和认识这些因素,并依据分析论证的结果提出可靠或合理的建议,从而为项目的决策提供强有力的依据。

2. 为项目向银行等金融机构申请贷款、筹集资金提供依据

银行是否给一个项目贷款融资,其依据是这个项目是否能按期足额地归还贷款本息。银行只有在对贷款项目的可行性研究进行全面细致的分析评价之后,才能确认是否给予贷款。例如,世界银行等国际金融组织都视项目的可行性研究报告为项目申请贷款的先决条件。

3. 为项目设计、实施提供依据

在可行性研究报告中,对项目的建设方案、产品方案、建设规模、厂址、工艺流程、主要设备和总图布置等作了较为详细的说明。因此,在项目的可行性研究得到审批后,即可作为项目编制设计的依据。

只有经过项目可行性研究论证,被确定为技术可行、经济合理、效益显著、建设与生产条件具备的投资项目,才允许项目单位着手组织原材料、燃料、动力、运输等供应条件和落实各项投资项目的实施条件,为投资项目顺利实施做出保证。项目的可行性研究是项目实施的主要依据。

4. 为项目签订有关合同、协议提供依据

项目的可行性研究是项目投资者与其他单位进行谈判,签订承包合同、设备订货合同、原材料供应合同、销售合同及技术引进合同等的重要依据。

5. 为项目进行后评价提供依据

要对投资项目进行投资建设活动全过程的事后评价,就必须以项目的可行性研究作为参照物,并以其作为项目后评价的对照标准。尤其是项目可行性研究中有关效益分析的指标,无疑是项目后评价的重要依据。

6. 为项目组织管理、机构设置、劳动定员提供依据

在项目的可行性研究报告中,一般都须对项目组织机构的设置、项目的组织管理、劳动定员的配备方案及其培训、工程技术及管理人员的素质及数量要求等做出明确的说明,故项目的可行性研究可作为项目组织管理、机构设置及劳动定员的依据。

四、可行性研究的内容

项目可行性研究的目的主要解决四个问题:一是项目建设的必要性;二是研究项目的

技术方案及其可行性;三是研究项目生产建设的条件;四是进行财务和经济评价,研究项目建设的经济合理性。为解决上述问题,可行性研究主要研究下列问题:

(1) 市场研究与需求分析;

(2) 产品方案与建设规模;

(3) 建厂条件与厂址选择;

(4) 工艺技术方案设计与分析;

(5) 项目的环境保护与劳动安全;

(6) 项目实施进度安排;

(7) 投资估算与资金筹措;

(8) 财务效益和社会效益评估等。

目前,在可行性研究工作中确实存在不按科学规律办事、不尊重客观实际、为得到批准而任意编造数据、夸大有利条件、回避困难因素、故意提高效益指标等不良行为。虚假的可行性研究报告既损害国家利益,又损害投资者自身的利益,是不可取的。

五、可行性研究报告的内容

(一) 总论

总论分为四部分。

1. 项目提出的背景和依据

项目提出的背景是指项目是在什么背景下提出的,包括宏观和微观两个方面,也就是说项目实施的目的。

项目提出的依据是指项目依据哪些文件而成立的,一般包括项目建议书的批复、选址意见书及其他有关各级政府、政府职能部门、主管部门、投资者的批复文件和协议(或意向)等,以考察该项目是否符合规定的投资决策程序。

2. 投资者概况

投资者概况包括投资者的名称、法定地址、法定代表人、注册资本、资产和负债情况、经营范围和经营概况(近几年的收入、成本、利税等)、建设和管理拟建项目的经验,以考察投资者是否具备实施拟建项目的经济技术实力。

3. 项目概况

项目概况包括项目的名称、性质、地址、法人代表、占地面积、建筑面积、覆盖率、容积率、建设内容、投资和收益情况等,以使有关部门和人员对拟建项目有一个充分的了解。

4. 可行性研究报告编制依据和研究内容

可行性研究报告的编制依据一般包括:有关部门颁布的关于可行性研究的内容和方

法的规定、条例;关于技术标准和投资估算方法的规定;投资者已经进行的前期工作和办理的各种手续;市场调查研究资料;其他有关信息资料等。

可行性研究的内容一般包括市场、资源、技术、经济和社会五大方面。具体地讲,包括建设必要性分析、市场研究、生产规模的确定、建设和生产条件分析、技术分析、投资估算和资金筹措、财务数据估算、财务效益分析、不确定性分析、国民经济评价、社会评价、结论与建议等。

(二)项目建设必要性分析

项目建设必要性分析从两方面进行,即宏观必要性分析和微观必要性分析。宏观必要性分析包括:项目建设是否符合国民经济平衡发展和结构调整的需要;项目建设是否符合国家的产业政策。微观必要性分析包括:项目产品是否符合市场的要求;项目建设是否符合地区或部门的发展规划;项目建设是否符合企业战略发展的要求,能否给企业带来效益。

(三)产品市场分析与结论

市场分析是指对项目产品供求关系的分析。通过科学的方法预测项目产品在一定时期的供给量和需求量,并对其关系进行定量分析和定性分析,最后得出结论,即项目产品是否有市场。

(四)生产规模的确定

首先分析决定拟建项目生产规模的因素,然后依据这些因素,用科学的方法确定项目的生产规模,并分析拟建项目的规模经济性。

(五)建设条件分析与结论

项目的建设条件主要包括:物质资源条件,即自然资源条件、原材料和动力条件;交通运输条件,主要指厂外的交通运输;工程地质和水文地质条件;厂址条件和环境保护条件;等等。

建设条件分析主要是分析资源条件的可靠性,原材料供应的稳定性,燃料、动力供应和交通运输条件的保证性,厂址选择的合理性和环境保护的可行性。结论是对建设条件总的评论,即:资源是否分配合理,是否得到充分和有效的利用;原材料来源渠道是否畅通,供应是否能保证及时和稳定,价格是否基本合理;燃料和动力是否有保证,是否可以节约使用;交通是否经济合理,同步建设投资是否落实;厂址的选择是否有利于生产、销售;"三废"治理有无相应的措施,能否满足有关部门的要求;工程地质和水文地质的资料是否可靠;等等。

(六)技术条件分析与结论

技术条件包括拟建项目所使用的技术、工艺和设备条件。技术分析包括技术的来源、水平;工艺分析包括工艺过程、工艺的可行性和可靠性;设备分析包括设备的询价、先进程度和可靠性。技术条件分析的结论是:所用技术是否先进、成熟、适用,有无必要从国外引进;工艺是否科学、合理,有无改进的可能;设备是否先进、是否可靠,是国内制造还是从国外引进。

(七)财务数据估算

财务数据是财务效益分析和国民经济效益分析的原始数据,是指在现行财税制度下,用现行价格计算的投资成本、产品成本费用、销售收入、销售税金及附加、利润及利润分配等。投资成本估算包括投资估算与资金筹措(专门作为一部分来安排);产品成本费用估算包括产品的生产成本和期间费用的估算;销售收入和销售税金及附加估算包括项目产品的销售收入、增值税、消费税、营业税、城建税、资源税和教育费附加的估算;利润及利润分配估算包括所得税的税后利润的分配比例和顺序安排等。

(八)财务效益分析

财务效益分析就是根据财务数据估算的资料,编制一系列表格,计算一系列技术经济指标对拟建项目的财务效益进行分析和评价。评价指标主要有反映项目盈利能力和清偿能力的指标。反映项目盈利能力的指标包括动态指标和静态指标,动态指标包括财务内部收益率、财务净现值、动态投资回收期等;静态指标包括静态投资回收期、投资利润率、投资利税率、资本金利润率和资本金净利润率等。反映项目清偿能力的指标包括借款偿还期和"财务三率",即资产负债率、流动比率和速动比率。

在进行财务效益分析时,可以对上述指标进行选择性分析,可以计算出全部指标,也可以选择其中一部分指标,但一般情况下,要选择财务内部收益率、投资回收期、借款偿还期(如果有建设投资借款的话)等指标。如果是属于出口或替代进口的拟建项目,财务效益分析还要求进行外汇效果分析,即计算财务外汇净现值、节汇成本或换汇成本等指标,用以反映项目的财务外汇效益。

在财务效益分析中,计算出的评价指标要与有关标准或规定,或历史数据、经验数据等进行比较,以判断项目的盈利能力和清偿能力,以确定项目财务上的可行性。

(九)不确定性分析

不确定性分析用来判断拟建项目风险的大小,或者用来考察拟建项目的抗风险能力。进行不确定性分析,一般可进行盈亏平衡分析和敏感性分析,有时根据实际情况也用概率分析方法。盈亏平衡分析是一种静态分析方法,主要是通过计算盈亏平衡时的产量和生产能力利用率来考察拟建项目适应市场变化的能力和抗风险能力。敏感性分析是通过对拟建项目经济效益影响比较大的因素(如产品价格、经营成本、建设投资、建设周期等)的变化给评价指标所带来的变化,考察哪些因素对拟建项目经济效益影响最大和拟建项目的抗风险能力。

(十)国民经济效益分析

国民经济效益分析是指站在国民经济整体角度来考察和分析拟建项目的可行性。一般地,凡是影响国民经济宏观布局、产业政策实施,或生产有关国计民生的产品的大、中型投资项目,都要求进行国民经济效益分析。

国民经济效益分析的关键,一是外部效果(外部效益、外部费用,也叫间接效益和间接费用)的鉴别和度量;二是对不合理的产物和投入物的现行价格进行调整,调整成影子价格。

(十一)社会效益分析

社会效益分析是比国民经济效益分析更进一步的分析。它不但考虑经济增长因素,而且考虑收入公平分配因素。它是站在整个社会的角度分析、评价投资项目对实现社会目标的贡献。

社会效益分析的关键是价格调整,即把效率影子价格调整为社会影子价格。社会影子价格=效率影子价格+收入分配影响。而社会影子价格确定的关键又是分配权数的估算。分配权数包括积累和消费分配权数、地区之间的分配权数。另外,社会效益分析还要在社会折现率的基础上确定计算利率作为折现率。社会效益分析所用指标是社会内部收益率和社会净现值。

一般的拟建项目不要求进行社会效益分析,只是那些对社会公平分配影响很大的大型投资项目才要求进行社会效益分析。

(十二)结论与建议

结论与建议由两部分组成:一是拟建项目是否可行或选定投资方案的结论性意见;二是问题和建议。主要是在前述分析、评价的基础上,针对项目所遇到的问题,提出一些建设性意见和建议。如果这些问题不予以解决,项目则是不可行的。拟建项目的问题可分为两大类:一类是在实施过程中无法解决的;另一类是在实施过程中通过努力可以解决的。这里讲的问题是指后一类,建议也是针对后一类问题提出来的。

项目的问题和建议包括政策和体制方面的问题和建议。拟建项目的资源、经济等方面的分析和评价都与一定时期政策和体制有关,如资源开发、投资、价格、税收等无不受制于国家的矿产资源开采政策、投资政策、价格政策和税务政策,项目产品的销售、物料投入的来源、厂址选择等无不受制于国家的经济管理体制。如果这些政策是灵活的、可以变通的,体制是可以改革的,可行性研究人员就可在问题和建议中提出影响项目可行性的政策和体制方面的问题,并根据项目的特点和要求,提出合理的改进意见。

项目的问题和建议还包括项目本身的问题和解决措施,如销售渠道的选择、资金筹措方案、出口比例的确定、贷款偿还方式等。

第四节　可行性研究的机构及工作程序

一、可行性研究的机构

（一）承担可行性研究工作的单位

承担可行性研究工作的单位必须是具有法人资格的咨询单位或设计单位。同时还必须具备以下两个条件。

(1) 承担可行性研究的单位必须经过国家有关机关的资质审定,取得承担可行性研究的资格。

(2) 承担可行性研究工作的单位必须对可行性研究报告的质量负责。

未经资质审定确认的单位或个人不得承担可行性研究工作。如果有多个单位共同完成一项可行性研究工作,必须由一个单位负总责。

（二）承担可行性研究的单位应遵循的基本原则

可行性研究工作在建设过程中和国民经济计划中有着极其重要的作用,这就要求承担这一工作的单位和个人必须以高度负责和严肃认真的态度对待工作,竭尽全力,不断提高工作质量和可行性研究报告的质量,保证每一项目的提出和决策都能拥有充分的依据,保证不带有主观随意性或因领导压力、人情关系而违背作为一个科学工作者的良知和责任。为此,可行性研究工作应严格遵循以下三原则。

1. 科学性原则

科学性原则是指按客观规律办事。这是可行性研究工作必须遵循的最基本的原则。遵循这一原则,要做到以下几点。

(1) 要用科学的方法和认真的态度来收集、分析和鉴别原始的数据和资料,以确保它们的真实和可靠性。真实可靠的数据和资料是可行性研究的基础和出发点。

(2) 要求每项技术与经济的决定都有科学的依据,都是经过认真的分析、计算而得出的。

(3) 可行性研究报告和结论必须是分析研究过程的合乎逻辑的结果,而不掺杂任何主观成分。

2. 客观性原则

客观性原则就是要坚持从实际出发、实事求是的原则。建设项目的可行性研究,是根据建设的要求与具体条件进行分析和论证而得出可行或不可行的结论。

遵循这一原则,要做到:

(1) 要求承担可行性研究的单位正确地认识各种建设条件。这些条件都是客观存在的,研究工作要求排除主观臆想,要从实际出发;

(2) 要实事求是地运用客观资料做出符合科学的决定和结论。

3. 公正性原则

公正性原则是指站在国家的立场上,不偏不倚。在建设项目可行性研究的工作中,应该把国家的和人民的利益放在首位,绝不为任何单位或个人而生偏私之心,不为任何利益或压力所动。实际上,只要能够坚持科学性原则与客观性原则,不是有意弄虚作假,就能够保证可行性研究工作的正确和公正,从而为项目的投资决策提供可靠的依据。

二、可行性研究的工作程序

根据项目的投资建设程序和国家发改委颁发的《关于建设项目进行可行性研究的试行管理办法》,我国可行性研究一般要经历如下工作程序。

(一)项目的投资者提出项目建议书和初步可行性研究报告

项目投资者必须根据国家经济发展的长远规划、经济建设的方针和技术经济政策,结合资源情况、建设布局等条件,在详细调查研究、收集资料、勘察建设地点、初步分析投资效果的基础上,提出需要进行可行性研究的项目建议书和初步可行性研究报告。

(二)进行可行性研究工作或委托有关单位进行可行性研究工作

当项目建议书经审定批准后,项目的投资建设者即可自行进行或委托有关具有研究资格的设计、咨询单位进行可行性研究工作。

(三)承接单位进行可行性研究工作

承接单位在承接可行性研究工作任务后,应与项目投资者紧密合作,按以下步骤开展工作。

1. 组建研究小组,制订研究计划

要讨论研究的范围,细心限定研究的界限,明确项目投资者的目标。

2. 进行调查研究,收集有关资料

项目可行性研究的精确性和可靠性不取决于人们的主观愿望,而取决于研究人员所占有的反映客观实际状况的经济信息资料的多寡及其质量的高低。因此,首先必须进行广泛调查,搜集客观实际状况方面的经济信息资料,并加以整理、验证。

3. 取得可行性研究的研究依据

项目可行性研究必须以各种有效的文件、协议为依据。就一般项目来说,必须取得下列文件、协议。

(1) 国家建设方针、产业政策以及国民经济长远发展规划、地区规划、行业规划。

(2) 经国家正式审定的资源报告、国土开发整治规划、河流流域规划、路网规划、工业基地或开发区规划。

(3) 可靠的自然、地理、气象、地质、基础设施、交通运输、经济发展等基础资料。这些资料是可行性研究、进行厂址选择、项目设计和技术经济评价必不可少的资料。

(4) 有关"三废"治理和环境保护的文件。

(5) 有关工程技术方面的标准、规范、指标。这些工程技术的标准、规范、指标等,都是项目设计的基本依据。

(6) 国家公布或各部门掌握的用于项目评价的有关参数、数据和指标。项目可行性研究进行财务评价和国民经济评价时,需要一套参数、数据和指标,如行业基准投资收益率、行业基准投资回收期、社会折现率、货物影子价格、劳动力影子价格、贸易费用率、影子汇率等。这些参数,一般由国家公布实行。如国家没有统一规定,可以各部门掌握的为准。

4. 进行方案设计与优选

将项目的不同方案设计成可供选择的方案,便于有效地取得最优方案。随后进行详细讨论,项目投资者要做出非计量因素方面的判定,并确定协议项目的最后形式。

5. 进行经济分析和评价

对选出的方案进行更详细的编制,确定具体的范围,估算投资费用、经营费用和收益,并做出项目的经济分析和评价。为了达到预定目标,可行性研究必须论证选择的项目在技术上是可行的,建设进度是能达到的。估计的投资费用应包括所有的合理的未预见费用(如包括实施中的涨价备用费)。经济和财务分析必须说明项目在经济上是可以接受的,资金是可以筹措到的。敏感性分析则用来论证成本、价格或进度等发生变化时,可能给项目的经济效益带来的影响。

6. 编制可行性研究报告

可行性研究报告的结构和内容对于不同的项目常常有不同的要求,这些要求和涉及的步骤在项目的编制和实施中有助于项目投资者进行决策。

(四) 可行性研究报告的预审与复审

编制和上报的可行性研究报告,按项目大小应在预审前 1~3 个月交预审主持单位。

（五）可行性研究报告的审批

项目可行性研究的工作程序可见图 2-1。

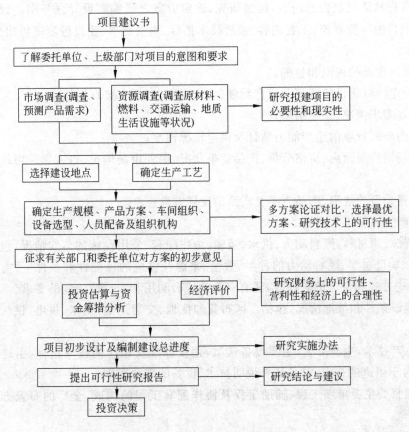

图 2-1　可行性研究的工作程序

第五节　设计任务书的编制及审批

设计任务书又称计划任务书，是大、中型基本建设项目以及限上技术改造项目进行投资决策和转入实施阶段的法定文件，是进行工程设计的依据和工程建设的大纲。大、中型基本建设项目以及限上技改项目要在编写出可行性研究报告之后编制设计任务书。

一、设计任务书的主要内容

根据可行性研究报告的内容,经过研究、选定方案之后编制设计任务书。设计任务书要对拟建项目的投资规模、工程内容、经济技术指标、质量要求、建设进度等做出规定,其主要内容有:

(1) 项目建设的依据和目的。

(2) 确定项目建设的规模及生产纲领(生产大纲、产品方案),例如:

① 市场需求情况、预测结果;

② 国内外同行业的生产能力估计及供应情况预测;

③ 市场销售量预测、价格分析、产品竞争状况、国外市场情况、进入国际市场的前景及渠道;

④ 项目建设的规模、产品方案及产品的发展方向;

⑤ 生产方法及工艺路线。

(3) 资源、原材料、燃料动力、供水、运输、协作配套、公用设施的落实情况,包括所需资源、原材料、辅助材料、燃料动力的种类、数量、来源及供应的可能性和条件,所需公用设施的数量、供应方式和供应的条件等,还有资源的综合利用和"三废"治理的要求。

(4) 建设条件和征地情况,包括厂区布置和征地、交通运输、供水、供电、供气的现状及发展趋势。

(5) 生产技术,生产工艺,主要设备选型,建设标准及相应的技术指标,引进技术的技术指标。对于引进的技术、设备还要说明技术、设备的来源国别。

(6) 项目的主要单项工程、辅助工程及协作配套工程的构成,全厂的布置方案和土建工程量估算。

(7) 环境保护措施方案。

(8) 组织机构、劳动定员和人员培训。

(9) 实施进度与建设工期。

(10) 投资估算、资金筹措和财务分析,包括:

① 主体工程和辅助配套工程所需投资(利用外资项目应包括外汇款);

② 生产流动资金;

③ 资金来源、筹措方式、偿还方式、偿还年限。

(11) 经济效果和社会效果。

(12) 附件,包括:

① 可行性分析和论证资料;

② 项目建议书批准文件；

③ 其他附件，包括厂区总平面布置图、征地和外部协作配套条件的方向性协议、环保部门关于"三废"治理措施的审核意见、劳动部门关于劳动保护措施的审核意见、消防部门关于消防措施的审核意见。

二、设计任务书的审批

设计任务书由企业委托的工程咨询、设计单位负责编制，按企业隶属关系送省、直辖市、自治区或国务院主管部门预审查同意后，报国家发改委，同时抄送有关单位，由国家发改委审批。需要银行贷款的项目由银行总行会签。

根据目前简政放权的精神，需要由国家审批的大、中型项目仅审批项目建议书和设计任务书。项目设计任务书提出以前，地方项目要征求国务院主管部门的意见；国务院主管部门的项目，要征求项目所在地区的意见；需要银行贷款和涉及环境保护的项目，要将当地银行和环保部门的评估意见作为设计任务书的附件一并上报。主管部门在审批设计任务书之前，应委托有资格的工程咨询机构对项目的可行性研究报告进行评估。

第六节　项目评估与决策

在可行性研究报告和设计任务书编制之后，项目的管理部门（中央、地方的计划部门）未做出决策之前，应由国家各级计划决策部门组织或委托有资格的工程咨询机构、贷款银行对可行性研究报告或设计任务书的可靠性、真实性进行评估，并提出项目评估报告。评估报告是审批项目设计任务书的依据。

项目管理部门按上述程序完成各项研究工作之后，计划决策部门再对可行性研究报告、设计任务书和项目评估报告作进一步审查（核），如认为项目可行，即批准该项目。设计任务书一经批准下达，项目即正式立项。至于项目何时纳入年度计划、何时动工实施，还要由计划部门综合平衡之后确定。

一、项目评估概念及意义

项目评估是投资前期对项目进行的最后一项研究工作，也是建设项目必不可少的程序之一。项目评估由项目的审批部门委托专门评估机构及贷款银行，从全局出发，根据国民经济的发展规划，国家的有关政策、法律，对可行性研究报告或设计任务书提出的投资项目方案，就项目建设的必要性，技术、财务、经济的可行性等，进行多目标综合分析论证，对可行性研究报告或设计任务书所提供材料的可靠性、真实性进行全面审核，最后提出项目"可行"或"不可行"或"重新研究"的评估报告。

项目评估有十分重要的意义：第一，项目评估是项目决策的重要依据。项目评估虽然以可行性研究为基础，但由于立足点不同，考虑问题的角度不一致，项目评估往往可以弥补和纠正可行性研究的失误。第二，项目评估是干预项目招投标的手段。通过项目评估，有关部门可以掌握项目的投资估算、筹资方式、贷款偿还能力、建设工期等重要数据，这些数据正是干预项目招投标的依据。第三，项目评估是防范信贷风险的重要手段。我国工程建设项目的投资来源除了预算拨款（公益性项目、基础设施项目）、项目业主自筹资金之外，大部分为银行贷款。因此，项目评估对银行防范信贷风险具有极为重要的意义。

二、项目评估分类

根据项目评估的需要，项目评估分为项目主管部门评估和银行评估，另外环保部门、劳动部门和消防安全部门对可行性研究的有关内容也进行评估。因不同部门评估的角度、立足点不同，评估的侧重点也不一致。

（一）审批部门评估

通常意义的建设项目评估，指的是项目审批单位在审批项目之前，对拟建设目的可行性研究所作的再分析、再评价。按照有关规定，大、中型项目由国家发改委委托中国国际工程咨询公司，对项目的可行性研究报告进行评估。评估机构应根据国家的有关规定，对可行性研究报告编制的依据、基本的原始数据资料，以及分析计算方法的真实性、可靠性和科学性进行审查，在分析审查的基础上提出评估报告。

在我国现行投资管理体制下，多数承担可行性研究的机构隶属于项目的主管部门，再加上其他因素的影响，可行性研究报告难免有一定的局限性。项目评估可以避免受主管部门和建设单位的影响，提高评估的客观性。

（二）贷款银行评估

根据现行规定，项目的贷款银行必须参与项目评估，非贷款银行的评估不能代替。参照世界银行的办法，一般从以下几个方面进行。

（1）审查项目在执行过程中是否有足够的资金保证。也就是说，除银行贷款外，国家规定的项目资本金来源是否已经落实，否则不予贷款。

（2）对项目未来的收益是否有偿还本息及一切债务的能力做出评估。这项工作通过审核编制的预测资产负债表、损益表和现金流量表来进行。

（3）对项目的经济效益和投资回收年限做出评估。如农田灌溉项目，还要审查项目是否可以从受益者收回项目投资及经营费用，若收费标准定得太低，就会影响项目的投资收益。

（三）环境保护部门的评估

按国家现行规定，那些对环境影响较大的建设项目，如排放大量污染物、废渣、废气、废水的基本建设项目，技术改造项目（如造纸、冶金、电镀、化工、纺织行业），大规模开垦荒地、围海围湖造田和采伐森林的建设项目，应由环境研究机构对拟建项目做出《环境影响评估报告》。对小型基建项目和限下技改项目，也需要填报《环境影响评估报告》。

国家规定，各级环保部门负责本地区建设项目的环境保护措施的审查，要对建设项目"三同时"（指治理"三废"的工程与主体工程要同时设计、同时施工、同时验收投产）措施的执行进行审查监督，要提出环境保护的各项要求和措施，如防止污染的工艺流程及其预期的治理效果。对资源开发引起的生态变化、环境绿化设计、环境监测手段、环境保护措施的投资进行监督、审查。

三、项目评估与可行性研究的关系

项目评估实际是对可行性研究的再研究和再论证，但不是简单的重复，两者有共同点，又有区别。

两者的共同点是：它们都是对投资项目进行技术经济论证，以说明项目建设是否必要、技术上是否可行、经济上是否合理，因此采用的分析方法和指标体系也相同。

两者的区别是：第一，编制单位不同。项目评估是项目的审批单位委托评估机构和银行进行评估，比较超脱。第二，编制时间不同。项目评估是在项目可行性研究报告之后，设计任务书批准之前进行，而可行性研究是在项目建议书批准之后进行的。第三，立足点不同。可行性研究往往从部门、建设单位的局部角度考虑问题，而项目评估则站在国家和银行的角度考虑问题。第四，研究的侧重点不同。可行性研究侧重于项目技术的先进性和建设条件的论证，而项目评估则侧重于经济效益和项目的偿还能力。第五，作用不同。可行性研究主要是为项目决策提供依据，而项目评估不仅为项目决策服务，而且对银行来说它还是决定是否贷款的依据。

项目评估是在可行性研究报告的基础上进行的，其主要任务是综合评价投资项目建设的必要性、可行性和合理性，并对拟建项目的可行性研究报告提出评价意见，最终决定项目投资是否可行并选择满意的投资方案。由于对基础资料的占有程度、研究深度及可靠性程度等要求不同，项目评估与可行性研究存在一些不同点。它们之间的关系具体可见表2-1。

表 2-1　项目可行性研究的阶段划分及内容深度比较

研究阶段	主要任务	研究所需时间	投资估算的精确度/%	研究费用占总投资的比例/%
机会研究	寻找投资机会,选择项目	1～3 个月	±30	0.2～1
初步可行性研究	筛选项目方案,初步估算投资	3～5 个月	±20	0.25～1.25
可行性研究	对项目方案作深入的技术、经济论证,提出结论性建议,确定项目投资的可行性	小项目 0.5～1 年,大项目 1～2 年	±10	1～3 0.8～1
评估与决策	提出项目评估报告,为投资决策提供最后的决策依据,决定项目取舍和选择最佳投资方案			

四、项目评估的内容

项目的评估机构应遵循客观公正、实事求是的原则,认真、科学地进行项目审查和评估。审查是基础,在审查的基础上才能进行科学的评估。

(一)对可行性研究报告的审查

审查分为一般审查和详细审查。评估机构和银行在收到项目的可行性研究报告之后,进行一般性审查和核实,以判断可行性研究报告的编写程序和内容是否符合要求,数据资料是否齐全,编写报告的经济、技术人员是否具备资格,可行性研究报告是否客观、科学、公正地反映了项目的本来面目。

详细审查包括:第一,应对编制可行性研究报告的单位进行审查。可行性研究报告一般由主管部门或建设单位委托的设计部门或工程咨询单位编制,通常先对编制单位的资格进行审定,未经资格认定的单位,不能承担可行性研究报告任务。国家重点建设项目的可行性研究报告,要由省级以上的设计机构编制。第二,应审查编写人员的任职资格及其签字盖章是否真实。第三,要审查拟建项目是否为重复建设项目,产品有无销路。第四,应审查技术水平是否可靠,拟建项目的原材料供应有无可靠来源。第五,对环境保护措施进行审查,对那些污染严重、破坏生态平衡、危害人民身心健康又无有效治理措施的项目,可以不必继续评估而直接否定;还要审查厂址的环境情况,项目施工和投产后正常生产时对环境的影响以及"三废"治理措施。第六,要对项目的经济效益进行审查,一方面对投资、产品成本、价格、利息等指标和计算公式的正确性进行检查;另一方面要审核项目的财务评价和国民经济评价是否正确。

（二）对可行性研究报告的评估

银行项目评估的内容是：企业资信评价；建设的必要性评估；建设条件评估；技术评估；企业经济效益评估；国民经济效益评估；不确定性评估；对有关政策和管理体制的建议；总评估和后评估等。

五、项目评估的程序

项目评估一般采取下列步骤：

（1）确定评估对象；

（2）组织评估小组；

（3）制订评估工作计划；

（4）对可行性研究报告进行一般性审查、核实；

（5）进行调查，对可行性研究报告进行审查评估；

（6）编写评估报告，对项目提出评估结论；

（7）建立评估档案。

 小 结

本章主要讨论了项目投资前期决策管理的有关内容。首先，阐述了项目投资前期决策的原则与程序，介绍了机会研究与项目建议书的编制，说明了项目建议书的作用、内容与审批。其次，着重介绍了可行性研究的含义、阶段划分、作用与相关内容。最后，介绍了设计任务书的编制与审批，对可行性研究与项目评估决策的区别和联系进行了分析。

 **思 考 题**

1. 项目可行性研究的含义及其作用如何？

2. 项目可行性研究可划分为哪几个阶段？各阶段的主要内容是什么？

3. 对于一般工业项目来说，其可行性研究报告应包括哪些主要内容？

4. 可行性研究工作应遵循的原则有哪些？

5. 说明可行性研究的工作程序。

6. 说明项目评估与可行性研究的关系。

 案例分析

如何做好 IT 项目启动工作

乙公司与甲公司签订了一份 IT 项目开发合同,合同金额为 650 万元,工期 11 个月,该项目主要为甲公司开发一套综合管理系统,并要求新系统要与现有生产管理系统、财务管理系统连通,以帮助甲公司落实两化(信息化和工业化)深度融合的战略部署,提升甲公司的核心竞争力。甲公司指派信息技术中心的赵主任负责该项目。

项目启动时,乙公司领导安排王工担任此项目的项目经理,王工自己按照公司项目章程模板撰写项目章程,进入到下一个内容环节,新撰写的项目章程内容包括:质量控制人员、项目组织结构、项目基本需求、项目完工日期。

同时为了保证项目质量,王工亲自撰写了初步的项目范围说明书。王工依照以前公司的经验撰写的初步的项目范围说明书内容包括:项目概述、产品要求、项目完工日期、项目约定条件、初始风险。初步的项目范围说明书撰写完成后,王工通知了项目组成员,按照初步确认的项目范围说明书开始工作,项目组成员有人认为初步范围说明书内容太过简单,跟以往项目范围说明书差别太大,但担心项目经理不高兴,也没有直接提出。

问题:

(1)项目启动过程中存在哪些问题?

(2)该项目的干系人应该包括哪些?

第三章　项目经理与项目组织

项目经理是项目团队的领导者,其能力、素质、理念和工作直接关乎项目成败。本章将全面讨论项目经理的角色、职责、能力和素质要求等方面的内容,以及项目团队、项目组织形式和项目管理办公室。

第一节　项目经理

一、项目经理的角色与职责

项目经理是项目的主管,其根本职责是带领项目团队按时、优质地完成项目任务,从而使项目业主或顾客能够对项目的结果感到满意。项目经理的核心地位使他承担着诸多不同的角色,其主要角色和职责包括下列几方面。

(一)团队领导者和管理决策人

项目经理承担领导项目团队完成项目任务的重要角色,所以他既要身先士卒地带领项目团队去"冲杀",又要"坐镇指挥"指导项目团队按照正确的方向和方法完成项目工作。因此,项目经理的主要职责是充分运用自己的权力去影响他人,使整个团队为实现项目的目标而努力。同时,项目经理在项目实现过程中还需要制定各种项目管理方面的决策,如确定项目及项目各阶段的目标、范围、任务和工作要求。所以,项目经理还是项目管理的决策者,但是项目经理只是项目管理中的决策者,项目业主或顾客才是项目的最终决策者。

(二)项目计划制订者和项目计划分析师

项目经理是一个项目计划的主要制订者,任何项目的集成计划工作和各种专项计划工作等都是由项目经理主持制定的。虽然有专门的项目计划管理人员,但是项目经理是项目计划的主要制订者,而项目业主是计划的批准者。所以,即使项目计划人员编制好项目计划,最终也还需要由项目经理和业主进行审批。同时,在项目计划的编制和实施过程中,项目经理还必须全面地分析项目计划的可行性和项目计划实施的绩效情况,然后根据分析制定各种具体应对措施,所以项目经理还承担着项目分析师的角色和职责。

(三)项目组织者与共同合作者

项目经理还是项目的组织者,他需要组织和建设项目团队。这包括设计项目团队的构成、分配成员的角色、安排人员的职责,以及积极进行授权、组织和协调团队成员等方面的组织工作。同时,项目经理在整个项目的相关利益主体中还要扮演共同合作者的角色,因为他不但要与项目团队成员们合作,还要与所有的项目相关利益者进行合作。项目的实现过程是一种基于团队合作的过程,在基于团队作业的过程中任何人都是以合作者的身份出现的。但是,项目经理还具有促进整合这种合作的职责,所以他要同项目团队与项目业主或顾客等积极合作。

(四)项目控制者和预测评价者

项目经理还是一个项目管理过程中的控制者,他要在项目全过程中全面、及时地控制项目的各项工作。他既要根据项目目标和项目业主或顾客的要求与期望制定出项目各项工作的控制标准,又要对照管理控制标准度量项目的实际绩效和确定项目出现的各种偏差并决定所要采取的纠偏措施。同时,项目经理还需要扮演项目预测者和评价者的角色,他要不断地客观预测、衡量和评价项目进度、质量、成本与预算的实际完成情况,并及时预测、评价和判断各种偏差对项目的影响,并根据分析和评价做出各种项目变更,以实现项目的优化。

(五)项目利益的协调人和促进者

项目经理还扮演着项目利益协调人和项目价值最大化的促进者角色,因为项目经理实际上处于全体项目相关利益者信息沟通的中心位置,见图 3-1。项目经理不但要协调项目业主或顾客与项目实施组织之间的关系,还要协调项目业主或顾客与项目团队的利益以及项目团队、项目业主或顾客和项目其他利益相关者之间的各种利益关系。同时,在协调这些项目相关利益者之间利益的过程中项目经理需要通过自己的工作去努力增加项目的总体利益,努力使项目利益实现最大化,从而使所有项目利益相关者都能够从项目中获得更大的利益。

二、项目经理的技能要求

项目是否成功在很大程度上取决于项目经理的领导和管理工作,因此项目经理必须具备保证项目成功所需的各种技能。这主要包括如下三个方面。

(一)项目经理的概念性技能

这是指项目经理在项目实现过程中遇到各种特殊情况时能够根据具体情况做出正确

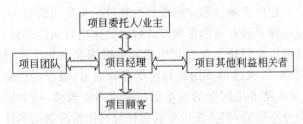

图 3-1　项目经理在项目实施及组织管理中的核心地位

的判断、提出正确的解决方案和做出正确的决策并合理解决问题的技能。这项技能要求一个项目经理必须具备如下几个方面的能力。

1. 发现和分析问题的能力

项目经理必须具备从复杂多变的情况中发现问题、分析和找出问题的实质与原因的能力。这方面的能力涉及发现问题的敏锐性、准确性和全面性,分析问题的逻辑性、可靠性和透彻性。所谓发现问题的敏锐性是指一个项目经理应该能够预见项目工作存在的问题,或者在较短的时间内发现项目工作存在的各种问题;所谓发现问题的准确性则是指一个项目经理在敏锐发现问题的基础上能够十分准确地发现问题及找出问题的原因所在;而所谓发现问题的全面性是指一个项目经理在敏锐和准确地发现问题的基础上,能够完全、彻底地发现问题所涉及的各个方面。

所谓分析问题的逻辑性是指一个项目经理必须具有严密的逻辑思维能力,能够透彻地分析项目工作中各类问题的前因后果及各种逻辑关系;分析问题的可靠性是指一个项目经理在分析各类项目工作中的问题时,能够依据事实、理论和实际经验,而不是凭空想象;所谓分析问题的透彻性是指一个项目经理在分析问题时要能够从正反两个方面和多个不同的角度出发,深入、透彻地分析问题的实质和原因。

另外,项目经理还要有系统思维的能力,以便能集成地考虑问题和综合地分析问题。因为项目经理所面临的是一个开放的、不确定的工作环境,他所领导的人是各种各样的临时性项目团队成员,他所具有的资源和时间有限,但是由于一定要实现项目既定目标,所以他必须具备上述发现和分析问题的能力。

2. 处理和解决问题的能力

项目经理还必须具备处理和解决问题的能力,因为他就是为解决项目各种问题而设立的。项目经理处理和解决问题的能力涉及三个方面:一是处理和解决问题的针对性;二是处理和解决问题的正确性;三是处理和解决问题的完善性。所谓处理和解决问题的针对性是指项目经理在解决问题的过程中所采取的各种对策和方法应该具有很强的针对性,而不能像日常运营经理那样使用程序化和结构化的解决问题方法。所以,项目经理处理和解决问题是一件艺术性很强的事情,必须针对具体问题找出有针对性的解决问题的办法。

所谓处理和解决问题的正确性和完善性是一种科学与集成的统一,其中处理和解决问题的正确性是指项目经理要具有采用正确方法解决具体项目问题的能力,而处理和解决问题的完善性是指项目经理在解决问题过程中能够考虑周全和集成解决问题。这样既能很好地解决项目的眼前问题,又能够不给项目留下各种后患;既能做到最终解决问题的结果令有关各方都满意,又能使解决问题的成本低而价值高。当然,一个项目经理要具备这些解决问题的能力是十分不易的,但他至少要具有针对具体情况解决具体问题的能力。

3. 制定和做出决策的能力

项目经理还必须具备在复杂情况下制定并做出决策的能力,即在各种情况下能够找出解决问题的可行性方案并挑选出最佳行动方案的能力。这方面的能力包括收集信息的能力、加工处理信息的能力、根据各种信息制定行动备选方案的能力和抉择最佳行动方案的能力。所谓收集信息的能力是指一个项目经理必须具备采用各种手段获得项目信息的能力,这包括采用文献阅读、访谈、问卷和实地观察等手段和方式的能力。一个合格的项目经理不但要具备这些收集信息和获得信息的能力,同时还应该具有对各种数据和信息进行加工处理的能力,这包括项目数据和信息的汇总能力、数据和信息的分类整理能力、基本的数据统计分析能力和财务分析能力等。

另外,项目经理还应该具备根据各种信息制定和选择行动备选方案的能力,这包括找出和制订各种可行备选方案的能力,分析和确定各备选方案的经济、技术、运营等特性的能力,分析和比较各个备选方案优劣的能力等。项目经理最重要的决策能力是抉择最佳行动方案的能力,因为只有能够选出正确的行动方案才是真正意义上的决策能力,或叫狭义的决策能力。这种狭义的决策能力要求项目经理能够在信息不完备的情况下运用自己的经验和判断去选择出最佳的行动方案。

4. 灵活应对和变更的能力

项目本身的不确定性因素很多,因为项目是在相对开放和不确定性的环境下实施的。所以,项目范围、工期、成本、质量和各种资源都是可变的,项目团队成员也是可变的,甚至项目业主或顾客的要求与期望都是可变的。要面对这么多的项目可变因素,项目经理必须具有灵活应对和变更的能力。这是一种控制、处理和适应项目各种发展变化的能力,是一种在项目各种发展变化中努力确保项目目标得以实现的应对和变更的能力。

项目经理灵活应对和变更的能力主要表现在两个方面:一是对于各种项目变更的快速反应能力;二是灵活地运用各种手段去进行变更的能力。所谓快速反应能力是指一旦项目发生变化,项目经理应该能够以最快的速度做出反应和提出应对措施,而不至于使项目的发展变化或问题扩大而造成损失的不断增加。所谓的处理项目各种发展变化的能力包括灵活运用各种手段去处理所发生的各种变动,灵活地调整项目管理和工作以及使项目团队尽快适应发展变化后的环境与情况等。

（二）项目经理的人际关系能力

这是指项目经理与项目相关利益者和项目团队成员进行沟通与合作的能力，他们要具有激励项目成员和因人而异的领导和管理的能力，他们要能够有效地影响他人的行为和处理好各种人际关系。这方面的技能涉及如下几个方面的能力。

1. 沟通能力

项目经理必须具备很强的沟通能力，因为他要不断地与项目团队成员、项目业主或顾客和项目其他利益相关者以及项目有关组织和个人之间进行各种各样的沟通。这既有管理方面的沟通和技术方面的沟通，也有思想和感情方面的沟通；既包括书面语言的沟通，也包括口头语言沟通和非语言沟通。所以，项目经理必须具有沟通技能，以便在项目管理中能充分地进行信息传递、思想交流甚至能影响他人的行为，为实现项目目标服务。

项目经理在口头沟通技能方面必须具备"听""说"两个方面的能力。其中，在听的方面，项目经理要能够倾听各个方面的意见与建议，既能够使对方在沟通过程中做到知无不言、言无不尽，而真正全面地传递信息和表达出自己的思想和感情，又要能够从对方那里获得自己所需要的信息。在说的方面，项目经理需要具有良好的语言表达能力和说服与鼓动他人的能力，这包括针对具体人和具体事能够充分表达出自己的想法和意图以及传递正确信息的能力，包括能够使用各种表达方法和沟通渠道说服他人的能力，也包括能够鼓舞士气的鼓动能力等。另外，项目经理在书面沟通方面更需要具备能够读懂并能正确使用各种书面文件的能力，这包括各种技术文件、管理报告、项目报表和备忘录文件。

2. 激励能力

项目经理要管理好项目和项目团队还需要具备足够的管理激励能力，这包括对他人的激励和自我激励两个方面的能力。在项目实施中项目经理需要不断地激励项目团队成员使他们能够保持旺盛的士气和积极性，以便为实现项目目标而共同努力。同时，项目经理也需要不断地激励自己，使自己能够去面对和解决项目中出现的各种问题。项目经理的激励能力首先是深入了解和正确认识项目团队成员个人需求的能力，这涉及了解团队成员的个人需求、识别和发现团队成员的真正需要、认识团队成员的主导需求等能力，因为对人进行激励的前提是要了解和清楚他们的个人需求并有针对性地开展激励。其次，项目经理要能够正确选择和使用激励手段和方法，这包括合理选用精神激励或物质激励手段、内在激励或外在激励手段、正强化和负强化的激励手段等各种不同的激励手段和方法的能力。

另外，项目经理还要能够制定出合理的奖惩制度，并能够适时地采用奖惩和其他一些激励措施。这包括确定奖惩的适用情况和条件、奖励的周期性和惩罚的及时性、奖励和惩罚的力度与具体实施办法等。因为项目管理中的激励有很强的时效性，所以项目经理必须具有适时激励的能力，项目经理要能够根据项目的具体情势变通和运用各种激励措施。项目经理还需要充分使用自己拥有的权力,通过各种各样的方式影响他人的行为。这种能力主要来自两个方面:一是运用职权影响他人行为的能力;二是运用个人权力去影响他人行为的能力。项目经理的职位赋予了项目经理一定的职权(包括奖惩和强制等权力),但是他必须具备正确使用这些职权以影响和改变他人行为的能力。项目经理除了职位赋予的职权以外,还有其自身的专长权、个人影响权、参与权等个人权力,在项目管理过程中他必须能够充分运用这些权力影响项目团队成员和其他人的行为。需要注意的是,由于项目团队是一种临时性的组织,所以项目经理需要更好地使用个人权力去影响他人的行为。项目经理要能够充分运用自己的专长去影响他人,以更好地完成项目。

3. 交际能力

项目经理与项目业主或顾客、项目的其他利益相关者以及项目团队的全体成员打交道,因此他必须具备较高的交际能力,否则他将无法与项目全体相关利益者保持正常的工作关系。项目经理的交际能力涉及处理与业主或顾客的委托代理关系方面的能力、处理与项目其他利益相关者的利益关系方面的能力、处理好项目所涉及公共关系方面的能力、处理好项目团队内部关系方面的能力等。

项目经理还需要能够充分了解上级、项目业主或顾客的想法,了解项目业主或顾客的意图并获得他们的信任,努力搞好与各方面的关系,这样他就会使项目获得更多的资源和更大的支持。总之,项目经理必须具备较好的交际能力,才能够很好地领导一个项目团队,才能够很好地完成一个项目。

4. 协调能力

项目经理是一个项目矛盾和冲突的中心,因为所有项目相关利益主体的各种矛盾和冲突多数需要项目经理进行协调和处理,因此他必须具备处理矛盾和冲突的协调能力,否则他就会陷入各种矛盾和冲突之中,非但无法完成项目,还会引发各种各样的纠纷甚至诉讼。项目经理处理矛盾和冲突的能力主要有:协商的能力,因为他处理矛盾和冲突的首要手段是协商;调停的能力,他应能为项目相关利益主体调解矛盾和冲突;妥协的能力,他应该能够牺牲某些利益或目标去化解矛盾和冲突;搁置的能力,通过搁置使矛盾和冲突随时间推移而自行消失、化解和解决;激化的能力,通过激化去促使问题发生转化或得到解决。

另外,项目经理还需要具有一些其他的处理矛盾和冲突的能力,这包括同各种人共同合作的能力、规避矛盾和纠纷的能力、转化矛盾和纠纷的能力等。

(三)项目经理的专业技能

这是指项目经理处理项目所属专业领域技术问题的能力,因为项目经理要开展项目管理就必须要有项目所属专业领域的知识和技能。例如,房地产项目经理应具备土建和安装专业的知识与技能,而软件开发项目经理应具备计算机和软件方面的专业知识与技能。因为每个项目属于一定的专业技术领域,而且在项目管理中无法按照"外行领导内行"的办法,所以大多数项目经理都应由具有项目所属专业领域的管理者担任。

当然,项目经理也不必一定非要是项目所属专业领域中的权威人士,但是项目经理必须具备项目所需的基本专业知识和技能。例如,一个工程建设项目的经理必须了解土建工程和安装工程的基本原理和过程,一个信息系统开发项目的经理必须了解系统调查、系统分析、系统设计和系统测试的基本原理与方法,一个管理咨询项目的经理就必须懂得企业管理的理论和管理咨询的实务等。但是,由于不同项目需要不同的专业知识和技能,所以在此无法像前面的概念性技能和人际关系技能那样详细描述项目经理所需的各种专业技术知识和能力。

三、项目经理的各种素质要求

项目经理除了要有技能以外还必须具备开展项目管理所需的基本素质,项目经理的基本素质要求主要包括:要勇于决策和勇于承担责任,一个项目经理的项目管理责任事关重大,而且项目管理与一般运营管理不同,没有职能管理部门提供决策支持和分担各种管理责任,所以项目经理必须独自承担决策和管理的责任。由于项目管理本身所处环境的不确定性和项目要求与实施条件在不断变化等原因,在项目管理的过程中项目经理经常需要做出各种各样的决策,这就要求项目经理必须具备勇于决策和勇于承担责任的素质。正如古语所言,"将在外君命有所不受",项目经理带领项目团队在外工作,经常不能等待上级的指示而需要他自己拿主意和作决策,所以他必须具备勇于决策和勇于承担责任的素质。

第二节　项目团队

项目团队是项目组织的核心,现代项目管理十分注重项目团队的组织建设和按照团队的方式开展项目工作,因此项目团队管理成了现代项目管理模式中一个十分重要的内容。

理想的项目团队能在既定的时间、既定的预算成本内成功地实现项目的目标。在理想的项目团队中,每位成员都能获得事业的发展和个人的进步。

一、项目团队的概念和特征

(一)项目团队的概念

现代项目管理认为:项目团队是一组个体成员为实现一个具体项目的目标而组建的协同工作的队伍。项目团队的根本使命是在项目经理的直接领导下,为实现具体项目的目标,完成具体项目所确定的各项任务而共同努力,并协调一致,有效地工作。项目团队是一种临时性的组织,一旦项目完成或终止,项目团队的使命即已完成或终止,项目团队即告解散。

需要注意的是,仅仅把一组人员调集在一个项目中一起工作,并不能形成团队。项目团队不仅仅是指被分配到某个项目中工作的一组人员,它更是指一组互相联系的人员同心协力地工作,以实现项目目标,满足客户需求。而要使这些人员发展成为一个有效协作的团队,一方面需要项目经理努力;另一方面也需要项目团队中每位成员积极地投入到团队中去。一个有效率的项目团队并不一定能使项目取得成功,但一个效率低下的团队则注定会使项目失败。

(二)项目团队的特征

就如项目本身的独特性一样,没有哪两个项目团队会一模一样。但是,我们仍然可以得到一点,就是项目团队能否有效地开展项目管理活动,这主要体现在以下三个方面。

1. 合理的分工与协作

项目团队的使命就是完成特定项目的任务,实现特定项目的既定目标。它没有也不应该有与既定项目无关的其他的使命或任务,团队成员既分工又合作。

2. 高度的凝聚力与民主气氛

一个有成效的项目团队,必定是一个有高度凝聚力的团队,能使团队成员积极、热情地为项目成功付出必要的时间和努力。

3. 共同的目标

每个组织都有自己的目标,项目团队也不例外,正是在这一目标的感召下,项目成员才凝集在一起,并为之共同奋斗。

(1)项目团队有一个共同愿景。这是团队之所以存在的主观原因,每个成员都清楚地了解它、认同它,都愿为共同愿景的实现而奉献全部心力、体力与智力。

(2)项目团队有着明确的共同目标。这一目标是共同愿景在客观环境中的具体化,并随着环境的变化而有相应的调整,但每个成员也都了解它、认同它,都认为共同目标的实现是达到共同愿景的最有效途径,即团队不能在如何达到共同愿景的问题上有太大的分歧。

(3)团队成员都了解共同目标的实现对组织的重要性。

(4)共同愿景和共同目标包括了个人愿景与个人目标,充分体现了个人的意志与利益,并且具有足够的吸引力,能够引发团队成员的激情。

(5)依据实事求是的原则,通过评估与选择,团队能制定并执行有效的策略。

二、项目团队的创建与发展

一般意义上的团队是由于在兴趣、爱好、技能或工作关系等方面的共同目标而自愿组合,并经组织授权、批准的一个群体。例如,学校中有相同兴趣的师生所组成的各种兴趣小组或团队,政府机关中有相同爱好的人组成的篮球队、足球队,企业中有相同技能的人组成的起重、运输、装配等队伍,这些都是一般意义上的团队。通常,团队的目标是与组织的目标一致的,所以各种团队是企业或组织在实现自己目标的过程中一种必不可少的有形力量。项目团队是由于"工作关系"方面的共同目标而组建的团队,它也属于一般意义上的团队范畴,所以在团队创建与发展方面也有一般团队建设与发展的特性。

(一)创建项目团队的原则

项目团队的组织没有固定的模式,应根据项目的不同特点、不同的内外部条件,采用不同的组织形式。但是,无论具体情况如何不同,组织项目团队总的要求还是应从项目的实际出发,保证项目稳定、高效地运行,以成功实现项目目标。创建项目团队应遵循以下原则。

1. 有效管理跨度原则

管理跨度是指一个主管能够直接有效地管理下属的人数。一个项目经理的管理跨度是有限的,往往要受到以下因素的影响。

(1)问题的复杂程度。一般而言,项目所要处理的问题难度越大、复杂程度越高,项目经理直接管理的人数就越少。相反,如果处理的是日常性、规范性的事务,那么管理者的管理宽度就可能大一些。

(2)项目经理及团队成员才能的高低。能力较强的项目经理能够在不降低团队效率的前提下,比相同层次、相同工作的其他项目经理管理较多的人员。同样,一个高度熟练和胜任的团队成员所需要的管理就要少一些。这样,项目经理的管理宽度就可以加大。

(3)授权程度。项目经理将管理权授予得越多,他们要亲自处理的具体问题就越少,管理宽度就可以大一些;反之,管理宽度就应该小一些。有的项目经理很不放心把权力交给下属,其实,应该通过训练安排,把一部分权力适当交给下属,由他们处理某些问题,这样既锻炼了下属,又扩大了管理宽度。

2. 权责对等原则

权是在规定的职位上行使的权力,责是在接受职位、职务后必须履行的义务。在工作中,权与责必须大致相当。变动权力时,必须同时变动与权力相应的责任。如果要求一名项目经理履行某些责任,那就要授予他充分的权力。如果这些权力已授给他,但该项目经理却不能承担相等的责任,那么就应收回这些权力或者对他的职务作某些变动。

3. 职才匹配原则

项目团队成员的才智、能力与担任的职务应相匹配。每种职位所要求的能力水平不同,因此组织团队应尽可能地使才位相称、人尽其才、才得其用、用得其所。理想的团队组织，必须具备修改和调整的可能性，必须具有灵活性。在遇到缺乏某种工作需要的成员而又一时找不到合适人选时，可以考虑把项目工作重新修改、设计、安排，直到找到适当的人员来充任。

4. 单一指令原则

团队成员只能接受一个上级的命令和指挥，一个成员不能受到多头指挥，否则团队成员就会无所适从。上下级之间的上报下达都要按层次进行，一般情况下不得越级。执行者负执行之责，指挥者要负指挥之任，在管理上，尽量实行"一元化"的层次联系，做到政出单门。

5. 效果与效率统一原则

效果是指项目团队的活动要有成效，即"做正确的事"。项目团队不但要能保证项目的进行，同时要有成果。效率是指项目团队在单位时间内取得成果的速度，即"正确地做事"。在单位时间内取得成果的过程中，各种物质资源的利用程度、团队成员的工作效率，都反映出项目团队的效率。效率不高，反应迟缓，说明这个项目团队的某些方面已经不适应客观要求，需要改进。

（二）项目团队的组成

一个完整的项目团队不仅包括项目领导、项目成员，即项目经理、经理班子，以及团队成员，还应有自己独特的任务和目标。例如，三峡项目团队的主要任务和目标就是要完成三峡工程的建设任务，并实现水力、电力目标。当然，在不同的时期和阶段，同一项目团队会有不同的任务和目标。项目团队正是在不断地完成一项项任务，实现一个个目标的进程中，逐渐发展、成熟和壮大的。

项目团队到底需要哪些角色，他们应承担什么样的职责，这主要是由团队所担负的任务与期望达到的目标来确定。通常而言，项目团队主要包括项目经理、项目经理班子、一般团队成员、团队顾问和项目专家等角色。有时，这些角色不一定要由不同的人来承担，根据实际情况，一个人可同时担任多个角色。在一个真正的项目团队中，团队角色往往极具弹性，成员要么轮流担任某个角色，要么在相互间的配合中很难分清到底是谁担任了某个角色。对于一个高效的项目团队而言，重要的是各个角色必须有人来承担，至于到底是谁承担了某个角色并不重要。

项目经理的职责，我们已在上文介绍过，下面分别介绍其他几个角色的职责。

1. 团队成员的职责

（1）帮助保持并扩大团队共同努力的成果；维护项目团队的团结；保护团队的荣誉；保守团队的机密。

（2）在团队会议开始前做好准备，准时参加团队会议，并积极参与讨论，针对团队的问题发表自己的观点,提出相应的解决办法;努力促进团队达成共识;接受并支持团队的一致决定。

(3)争取保质、保量、按时或超标地完成团队分给自己的任务;努力改进团队的工作绩效;与其他成员密切协作;随时向其他项目成员提供帮助;必要时愿意做"分外"工作,以保证团队目标的实现;需要时,为团队的利益挺身而出。

2. 项目专家的职责

(1)作为某一专业的专家,应就团队在项目工作过程中遇到的有关专业性问题提出自己的看法与建议,这需要其掌握充分的信息资料并发挥自己的专业知识与技能。

(2)加强与其他类型的专家之间的切磋,努力拓宽自己的视野;在解决团队碰到的问题时,既要充分运用自己的专业技能,又不能存有专业偏见,一切以提高团队集体绩效和促进团队发展为目标。项目专家既可以是团队的永久成员,也可以是团队从外界临时聘来的专业人员。

3. 项目团队顾问的职责

(1)向总公司高层领导提供有关团队的优点与缺点的咨询;帮助组织高层制定团队建设的战略。

(2)对团队的经理与成员以及团队建设涉及的各个部门的有关人员包括高层管理者,进行团队建设的培训。

(3)在团队建设的过程中提供各类指导与帮助。主要包括:帮助团队在组建期建立团队目标、挑选团队成员、制定工作准则与管理规范等;在团队震荡期帮助解决团队的各种冲突,帮助团队成员逐渐适应并胜任新的角色;在团队规范期帮助团队形成良好的团队文化,消除不良的团队倾向;在团队执行期帮助团队有效地发挥其功效,密切注视团队的每一项成就和每一个进步,不断地帮助团队巩固已取得的成果,把握好是向团队伸出援助之手还是让团队自行解决问题的分寸。

(三)项目团队的发展阶段

项目团队的发展一般需要经历形成、震荡、规范、执行和调整五个阶段。

1. 形成阶段

项目团队的形成阶段是项目团队的初创和组建阶段。这一阶段是一组个体成员转变为项目团队成员的阶段。在形成阶段,团队成员从原来不同的组织调集到一起。大家开始相互认识,每个成员都试图了解项目目标和他们在团队中的合适角色,并急于开始工作。

在这个阶段,一方面,团队成员收集有关项目的信息,试图弄清项目是干什么的和自己应该做些什么;另一方面,团队成员谨慎地研究和学习适宜的举止行为。他们从项目经理处寻找相互了解的机会,以期找到属于自己的角色。

这时，项目经理要对项目团队进行必要的指导和建构工作，要向团队成员解释清楚项目的目标和目的，说明工作范围、质量标准、预算及进度计划等。

当成员了解并认识到关于团队的基本情况后，就为自己找到了一个合适的角色，并且有了自己作为团队不可缺少的一部分的归属意识。当团队成员感到他们已属于项目时，他们就会承担起团队的任务，并确定自己在完成这一任务中的参与程度。当解决了定位问题后，团队成员就不会感到茫然而不知所措，从而有助于建立其他各种关系。

2. 震荡阶段

在这一阶段，目标进一步明确，这时项目经理也需要进一步明确团队成员所扮演的角色以及每个角色的功能、权限和责任。角色设置的多少应以全部任务的完成为依据。在该阶段，团队成员可能还没有了解自己应当做什么，对彼此之间的相互作用要么是漠不关心、要么是无谓的摩擦。团队成员往往会在本不应争吵或争论的事情上，发生无端的争吵和争论，有些团队成员甚至会退缩，失去兴趣。这些摩擦将持续到团队成员再次认识到自己真正的任务，并在工作问题上达成一致之时。陷入不必要的摩擦而不能自拔的团队只能将他们的能量浪费在琐碎的、毫无意义的争斗中，而不会再有精力用于完成项目的任务，实现项目的目标。

在这一时期，团队成员与周围的环境之间也会产生不和谐，主要包括：①成员与组织技术系统之间的不协调。例如，团队成员可能对团队采用的信息技术系统或新的制作技术不熟悉，经常出差错，这时最紧迫的任务是进行技能培训，使成员迅速掌握团队采用的技术。②成员与组织制度系统之间的不协调。一方面，在团队建设中，组织会在其内部建立起尽量与团队运作相适应的制度体系，如人事制度、考评制度和奖惩制度等，这些制度既可能是不完善的，也可能不为已习惯于原有体制的成员所适应，这时所要做的工作是使成员尽快适应新的体制，并根据实际情况和客观环境加快团队的建设步伐；另一方面，新制度体系通常与传统体制并存，不仅新旧体制会有矛盾，而且处于新旧体制之下的团队成员也常会感到无所适从，这时应做的工作是尽量消除新旧体制之间的矛盾，并加强推行新体制的决心，从而消除团队成员狐疑观望的态度，使之尽快全身心地投入到团队建设和工作中。③团队在成长过程中，与公司其他部门要发生各种各样的关系，也会产生各种各样的矛盾冲突，这需要进行很好的协调。

3. 规范阶段

在经受了震荡阶段的考验后，项目团队就进入了正常发展的规范阶段。此时，项目团队成员之间、团队成员与项目管理人员和项目经理之间的关系已经理顺，绝大部分个人之间的矛盾也得到了解决。总的来说，这一阶段项目团队的矛盾要低于震荡阶段。同时，个人期望得到调适，基本上与现实情况（即项目要做的工作、项目可用的资源、项目的限制条件和自己与他人关系等）相一致，所以团队成员的不满情绪也大大减少。在这一阶段，项目团队成员已接受并熟悉了工作环境,项目管理的各种规程得以改进和规范化。项目经理和项目管理人员逐渐掌握了对于项目团队的管理和控制,项目管理人员开始逐步向下层团队成员授权,项目团队的凝聚力开始形成,项目团队全体成员已有了归属感和集体感,每个人都觉得自己已经成为团队的一部分。

在这一阶段,最重要的是要形成新型的团队规范和增强团队的凝聚力,以形成有力的团队文化。这种团队规范与团队在组建之初所规定的行为准则会有所差别,它是经过一段时间的激荡后才形成的,并为团队成员普遍遵从。团队规范属于一种群体规范,其形成与维持源于群体的压力,当群体中某位成员与多数成员的意见或行为不一致时,会感到一种无形或有形的压力。团队规范的产生与群体压力的存在对于规范团队成员的行为、整合出强大的团队合作力有很大帮助,但它们也会导致从众行为。因而,团队在规范期可能会隐藏一些危险,即团队成员由于害怕冲突的再次发生或屈于群体压力而陷入沉默,不把好主意说出来,盲目从众。这时团队建设的任务,一是要使团队规范的本身内容合乎情理,并为大家衷心接受;二是要鼓励成员个性的发挥,提高成员的责任感与权力,不压抑个性;三是要创造条件和营造氛围来鼓励成员个人为团队的本身成长及目标的实现尽职尽责、尽心尽力。在规范阶段,团队会逐步成型,能形成适当的行为规范、和谐的团队价值观,能调动成员的活力与热忱,增强团队的凝聚力。注重培养成员对团队的认同感、归属感和一体感,能营造成员间互相协作、互相帮助、互敬互爱、关心集体、努力奉献的精神氛围。团队能否顺利度过规范期以及团队形成的规范是否真正高效有力,将直接影响团队建设的成败与最终的绩效。

4. 执行阶段

执行阶段是团队发展的第四个阶段,经过了形成、震荡和规范三个阶段后,团队成员的状态已达到最佳水平。在这一阶段,成员们积极工作,为实现项目的目标而共同努力。成员能进行真诚、及时、有效的沟通,并能相互信任、相互依赖,进行有效的分工合作。这是一个工作效率很高的阶段,每位成员都明确自己的职责,善于迎接各种挑战,整个团队已熟练地掌握如何处理内部冲突的技巧,并能集中集体的智慧做出正确的决策,解决各种困难和问题。在项目的执行中,团队成员加深了相互之间的了解,增进了友谊,并且创造了一种和谐融洽的工作气氛。每位成员都以项目的顺利进展、团队所取得成绩为荣,成员们有极强的归属感和集体荣誉感。

在这一阶段,项目经理应积极主动地让成员分担领导权力和责任,从而把更多的时间和精力投入团队整体对项目计划的执行之中,把注意力集中到关于预算、进度控制、工作范围及计划方面的项目业绩上。

5. 调整阶段

对于传统工作团队,执行阶段是团队发展的最后一个阶段。然而,对于项目团队而言,还存在执行阶段之后的调整阶段。在此阶段,项目团队准备解散,业绩已不是最高要求,反之主要注意力已转向项目的收尾,项目团队经历的是一个自我调整的阶段。

三、项目团队的任务和目标

向总公司或外部客户提供产品或服务是项目团队的基本任务和目标。例如,某企业为了开发一种新产品,成立了企业内部的新产品开发项目小组。这个项目小组实际上就是项目团队,其基本的任务和目标是为企业设计和开发一种新产品。这类性质的项目团队具有一定的临时性,当新产品开发成功后,项目团队多数会解散,团队成员又回到原来的职能部门。通常情况下,遇见更多的还是比较稳定的项目团队。此类项目团队在完成一个任务和目标以后,又将迎接新的项目、新的挑战。

具体而言,在项目的进程中,项目团队需要完成下列任务和目标。

(一)规划与实施项目方案

面对任务或问题,所有团队都必须制订相应的计划并努力施行。

(二)进行绩效管理

团队必须与上级主管单位及周围环境一道来设置工作目标、激励工作行为、评估工作绩效和决定工作奖酬等。

(三)提高能力与绩效

团队需要不断提高自己的工作能力,提高成员间相互合作的技能,改善工作程序,加强各项训练,努力促进自身成熟并取得好成绩。

(四)进行团队外界管理,与外界取得协调

团队只有与外界取得协调,才能保障自身的顺利发展和项目工作的顺利进行。而且团队只有与外界取得协调,才能取得整个组织的成功。

(五)帮助或影响更高层的决策

团队不仅要完成自身分内的工作,而且有义务为更高层的决策提供信息与建议。尤其是事关总公司的发展方向与资源分配等影响广泛的问题时,团队有权力也有责任参与并影响更高层的决策。

四、项目团队的精神

项目团队的精神,就是项目成员为了团队的整体利益和目标而相互协作、共同努力的意愿与作风。其内涵主要包括以下几个方面。

（一）成员对团队有强烈的归属感和一体感

在团队与其成员之间的关系方面,团队精神表现为团队成员对团队的强烈归属感与一体感。团队成员强烈地感受到自己是团队的一员,并且由衷地希望能够把自己的前途与团队的命运联系在一起,愿意为团队的利益与目标尽心尽力。归属感和一体感主要来源于团队利益目标与其成员利益目标的高度一致性。团队通过一系列的安排使它与其成员结成一个牢固的命运共同体,无论是在物质上还是在精神上,团队与其成员都是息息相关的。团队还通过持久而强大的教育宣传及文化氛围,在潜移默化中培养成员对团队的共存共荣意识及深厚久远的情感。

（二）团队是个有机整体

在团队成员之间的关系上,团队精神表现为成员间的相互协作,从而形成有机的整体。团队成员彼此相互依存、同舟共济、共同奋斗。成员之间一要互敬互重,待人礼貌谦逊;二要相互宽容,能容纳各自的差异性、独特性,在发生过失时,能见大义而容小过;三要彼此信任,以诚待人,一诺千金,能深信不疑、委以重任;四要相互帮助,在工作上互相协作、共同提高,在生活上彼此关怀;五要在利益面前互相礼让。团队成员在互动过程中逐渐形成了一系列的行为规范,他们能和谐相处,充满凝聚力。

（三）团队成员对团队事务全方位投入

在项目团队的事务上,团队精神表现为团队成员对团队事务的尽心尽力及全方位地投入。一方面,在团队发展过程中及处理团队事务时,努力争取团队成员的全方位投入,培养成员的责任感,让成员参与管理,共同决策,以充分调动其积极性、主动性和创造性;另一方面,团队成员把团队的事视为自己的事,工作积极主动,认真勤勉,尽职尽责,充满活力与热情。

团队精神是一个相对的概念。从深度上来讲,团队精神有程度的差别。但是通常,团队精神应建立在团队与个人相统一的基础之上。从广度上而言,一个团队中可能只有少数几个人具有团队精神,也可能是多数人甚至是全部成员都具有团队精神。在后一种情况下,团队通常能取得辉煌的成功。当团队中只有少数人具有团队精神时,团队精神可能会逐渐弥漫扩展到整个团队,也可能会逐渐消失,这时,对团队精神的维护与培育就显得格外重要。另外,团队精神还有一个范围。通常,大团队精神要比小团队精神好,团队利益优先是处理团队精神范围问题的一个重要原则。

五、项目团队的文化

项目团队的文化是其在发展过程中所形成的,为团队成员所共有的思想、作风、价值观念和行为规范,它是一个项目团队所特有的信念和行为模式。一个具有文化底蕴的项目团队,就像一个具有文化修养的人一样,处处都显现出自己独特的行为模式。

项目团队的文化涉及组织的各个层次,渗透于项目的各项工作中。一般来说,团队的文化主要包括以下几个方面。

(一)团队精神

团队精神是团队文化的表现形式。它是支撑项目团队生存和发展的支柱,是在生产、经营和管理的实践活动中形成的代表广大员工干劲的一种行为,通常可以用言语或队歌等形式表达出来。

(二)团队价值观

这是一个团队的基本观念和信念。它是指项目团队所有成员参照一定依据,遵循一定的计价模式对团队的生产经营行为、提供的服务以及社会声望和信用等的总看法。它具体地向成员说明什么是成功,并在成员中树立起成功的标准。

(三)团队目标

团队目标是团队文化以团队经营形式表现出来的一种观念形态文化。在实践中,团队目标是作为一种意念、一种符号、一种信息传达给全体成员的。团队目标可以划分为三个层次:整体目标、部门目标、小组目标或成员目标。通过团队目标的实现,团队才可能发展壮大。

(四)团队道德

团队道德是调整成员之间以及项目组织与成员之间关系的思想意识和行为规范的综合,它是一种特殊的行为规范,是团队规章的必要补充。通过它,项目成员能在什么是对、什么是错、什么可被接受、什么不可被接受等问题上取得共识。

(五)团队制度

团队制度是项目组织在项目管理的实践活动中所生成和发展起来的一种文化现象。它既是处理其相互之间工作关系的各种规章制度、组织形式和行为准则,又是项目组织为实现其盈利目标而要求成员共同遵守的办事规程。

(六)团队礼仪

团队礼仪是团队日常已经形成习惯的一系列文化活动的总称。这些礼仪活动体现了组织对成员的期望与要求,包括团队交流和社会礼仪、工作礼仪、管理礼仪等。它以形象化的形式,将团队的价值观灌输给全成员。可以说,没有团队礼仪,也就没有团队文化。

在一个具有文化底蕴的项目团队中,成员们有强烈的归属感、一体感。好的文化激励着团队成员,成员们努力奋斗、要求上进的精神又大力地促进着团队文化的建设,两者相得益彰。

六、影响团队绩效的因素

当一个项目团队缺乏团队精神时就会直接影响团队的绩效和项目的成功。在这种情况下,即使每个项目团队成员都有潜力去高效率地工作,但是由于整个团队缺乏团队精神,使得团队难以达到其应有的绩效水平。除了团队精神以外,还有一些影响团队绩效的因素,下面就指出了这些影响因素以及克服这些因素的建议。

(一)领导不力

这是指项目经理不能够充分运用职权和个人权力去影响团队成员的行为并带领和指挥团队为实现项目目标而努力。这是影响项目团队绩效最根本的一个因素。作为项目经理一定要不时地问自己一些诸如"我做得怎么样"的问题,并不时地问管理人员和团队成员"我该怎样改进我的领导工作"等问题,积极征求团队对他的工作反馈意见,努力做好团队的领导工作。因为领导不力不但会影响项目团队的绩效,而且会给整个项目的完成带来灾难性的后果。

(二)目标不明

这是指项目经理不能够使全体团队成员充分了解项目目标,以及项目的工作范围、质量标准、预算和进度计划等方面的信息。项目经理不但要向团队成员宣传项目的目标和计划,而且要向人们描述项目的未来结果及其带来的好处。项目经理不但需要在各种会议上讲述这些情况,而且要认真回答团队成员提出的各种疑问。如有可能还需要以书面形式把这些情况的说明提供给项目团队中的每位成员。在每次项目进度情况总结会议上,项目经理要定期说明项目目标,要经常了解团队成员对要完成任务存在的疑问。项目经理一定要努力使项目团队成员清楚地知道项目的目标。

(三)缺乏沟通

缺乏沟通是指项目团队成员们对项目工作中发生的事情知之甚少,项目团队内部和团队与外部之间的信息交流严重不足。这不但会影响一个团队的绩效,而且会造成决策错误。一个称职的项目经理必须采用各种信息沟通手段,使项目团队成员及时地了解项目的各种情况,使团队与外界的沟通保持畅通和有效。项目经理能够采用的沟通方法包括会议、个人面谈、问卷、报表和报告等形式。对相关的项目文件,如计划、预算、进度计划以及报告材料,也要不断更新,并及时公告给全体团队成员。项目经理要鼓励团队成员之间积极交流信息,努力合作,并解决问题。

(四)职责不清

职责不清是指项目团队成员对他们的角色和责任的认识含糊不清,或者是在管理上存在着一些团队成员的职责重复问题。项目经理在项目开始时就应该使项目团队的每位成员明确自己的角色和职责,以及他们与其他团队成员之间的角色联系和职责关系。项目团队的成员也可以积极地要求项目经理界定职责模糊不清的地方,以及解决明显存在的责任重复问题。在项目团队制定项目计划时要利用工作分解结构、职责矩阵、甘特图或网络图等工具去明确每位成员的职责。另外,最好把这类文件复印发放给每位团队成员,使他们不仅知道自己的职责,还能了解其他成员的职责,以及这些职责是如何有机地构成一体的。

(五)激励不足

激励不足是指项目经理在项目管理中所采用的各种激励措施力度不够,或者是缺乏激励机制和工作。这也是影响团队绩效的一个很重要的因素。因为这会使项目团队成员产生消极思想,从而严重地影响团队的绩效。激励不足的项目团队成员可能会对项目目标的追求力度不够,或者对项目工作不太投入。要解决这一难题,项目经理需要采取各种各样的激励措施,包括运用目标的激励作用(向每位成员说明其角色对项目的重要意义)、工作挑战型的激励作用、提高薪酬的激励作用以及满足个人职业生涯需要的激励作用等。项目经理应该知道每位成员自己的激励因素,并构造出一个充满激励的工作环境。

(六)规章不全

这是指项目团队没有合适的规章去规范整个团队及其成员的行为和工作。在这种情况下,团队成员们会觉得一个团队里每个人的工作都无章可循。这种局面同样会造成项目绩效的低下。一般在项目开始时,项目经理就要制定基本的管理规章和工作规程。每项规章或规程以及制定这些规程的理由都要在项目会议上向团队做出解释说明,并把规程以书面形式传达给所有团队成员。当然,如果某些规程对项目工作不再有效,项目经理要接受有关废止或理顺规程的建议。

第三节 项 目 组 织

一个项目一经确立,随之而来的就是项目的实施问题。任何活动的实施都离不开人力资源,如何组织人力资源会直接影响项目的最终成果,对人力因素的忽略或错误管理会直接影响项目的进度、成本和质量。项目管理作为一种新型的管理方式,为了完成项目独特的目的,具有相对的独立性,但又不能完全绝对地脱离母体公司,这种特殊性决定了项目人力资源管理既有一般人力资源管理的共性,又有其自身的特点。项目进行过程中,有些问题会产生巨大的负面效应,它们以种种形式产生:员工技术不高或培训不够、各级管理层干涉项目、士气不高,这些都将直接影响项目的成功。解决上述障碍最理想的做法是创造一个良好的氛围,激励员工去工作。这就涉及如何构建牢固的组织架构,怎样成为一名有效的项目管理者及如何培养团队的协作精神等问题。本节试图从人力资源管理角度着重讨论项目人力资源管理的三个重要方面,即项目组织、项目经理及项目团队,论述各自一般的概念及其重要性,并对如何对其进行有效管理进行讨论。

彼德·德鲁克认为未来的组织将"以信息为基础,减少管理层的数量,很多工作由以任务为中心的团队完成"。项目管理作为一种新型的管理方式,其组织结构与传统的组织观念有相同之处,但是由于项目本身的特性,决定了项目实施过程中其组织管理又有特殊之处。项目管理与传统组织管理的最大区别在于项目管理更强调项目负责人的作用,强调团队的协作精神,其组织形式具有更大的灵活性和柔性。项目团队组织是指为了完成某个特定的项目任务而由不同部门、不同专业的人员所组成的一个特别工作组织,这个组织既具有相对独立性,又不能完全脱离母体公司。团队组织成员能否充分发挥其团队效应,很大程度上取决于该组织与母体公司间的组织关系。

一、组织的基本概念

组织是管理的一种重要职能,其一般概念是指各生产要素相结合的形式和制度。通常,前者表现为组织结构,后者表现为组织的工作制度。组织结构一般又称为组织形式,反映了生产要素相结合的结构形式,即管理活动中各种职能的横向分工和层次划分。组织结构运行的规则和各种管理职能分工的规则即是工作规则。

传统的组织其明显特征是体现分派权力和责任的"指挥链",体现组织内明显的层级制度,强调的是指导与控制下属人员。而项目组织体现的是作为一个具有系统思想的临时组织。其成员为更有效地完成某一共同目标而相互协作。这种临时组织既具有相对独立性,又不能完全脱离对母体公司的依赖,且处于一种不断变化、流动和改变的动态环境之中,强调的是临时组织内临时成员的"自我管理",这种临时组织的出现也改变了组织设计的传统概念。

项目的组织形式除了要遵循一般组织的设计原则之外,还需要服从一些特殊的组织原则。主要包括两个方面。

(1) 项目的性质和规模。项目组织形式是为了有效地实现项目的任务而采取的一种组织手段,所以它必须适应项目的性质与规模要求,手段必须服从目的。

(2) 项目在公司中的地位与重要性。公司拥有的资源是有限的,而且一般都要同时承担多个项目,这些项目对公司效益的影响不同。有些特别重要的项目,公司需要调用各方面的力量来保证其目标的实现;相反,对于那些不太重要的项目,则可能委托某一部分人或某一部门去自行组织。

一般情况下,项目组织结构主要是由公司的最高管理层决定的。但项目经理的工作却在很大程度上受到项目组织结构的影响,所以项目经理必须对项目组织结构的工作方式非常了解。经验丰富的项目经理往往能使项目组织按照他所认为的最佳方式运行。由不同项目经理领导的项目,其工作方式也会有较大的不同。

二、项目的组织形式

美国项目管理协会认为,项目是一种被承办的旨在创造某种独特产品或服务的临时性努力,也就是说包括人在内的一切资源聚合在一起是为了完成项目独特的目的,那么为了有效地实现项目目的就必须建立项目组织。一般组织的特征及设计原则同样适用于项目组织,只是必须同时反映项目工作的特征。实际中存在多种项目组织形式,并没有证据证明有一个最佳的组织形式,每一种组织形式都有各自的优点与缺点、有其适用的场合。因此,人们在进行项目组织设计时,要采取具体问题具体分析的方法,选择合适的、满意的组织形式。一般项目的组织形式有职能式、项目式、矩阵式和混合式等几种。

(一)职能式项目组织形式

职能式项目组织形式是传统的层次化的组织形式,这种组织按职能以及职能的相似性来划分部门,也是当今世界上最普遍的组织形式。职能式项目组织形式由企业主管根据项目任务需要从各职能部门抽调人力及其他资源组成项目实施组织。这样的项目组织界限并不十分明确,其成员仍在原来的职能部门内完成项目任务。同时,这种项目组织没有明确的项目主管或项目经理,项目中各项协调工作由职能部门主管或位于职能部门顶部的执行主管来进行。另外一种情形是,如果项目性质较单一、涉及职能部门较少,且某个职能部门对项目的实施影响最大或涉及面最广,则职能式项目组织可以直接划归该职能部门管理。

职能式项目组织形式如图 3-2 所示。

职能式项目组织形式的优点主要有如下几点。

(1) 有利于企业技术水平的提高。同一部门的专业人员在一起易于交流知识和经验,有利于积累经验和提高业务水平,这可使项目获得部门内所有的知识和技术支持,对创造性地解决项目的技术问题非常有帮助。

(2) 资源利用的灵活性和低成本。职能式项目组织形式实施组织中的人员或其他资源仍归职能部门领导,因此职能部门可以根据需要分配所需资源,这些人员可以被临时地

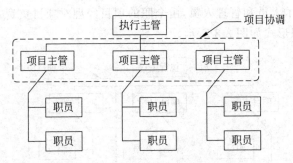

图 3-2　职能式项目组织形式结构

调配给项目,也可以同时被不同的项目所使用,可以降低人员及资源的闲置成本。

（3）有利于从整体协调企业活动。由于每个部门或部门主管只能承担项目中本职能范围的责任,并不承担最终成果的责任,然而每个部门主管都直接向企业主管负责,因此要求企业主管要从企业全局出发进行协调与控制。因此,有学者说这种组织形式"提供了在上层加强控制的手段"。

（4）有利于员工的职业发展。职能部门的常规工作仍旧维持不变,职能部门可以为本部门的专业人员提供一条正常的晋升途径。虽然专家对项目的贡献巨大,他们的职能领域则是自己职业的根据地,是其职业发展与进步的中心。

职能式项目组织形式的缺点。

（1）协调较困难。由于项目实施组织没有明确的项目经理,而每个职能部门由于职能的差异性及本部门的局部利益,因此容易从本部门的角度去考虑问题。发生部门间的冲突时,部门经理之间很难进行协调,这会影响项目整体目标的实现。

（2）项目不能得到足够的重视。由于职能部门自身的日常工作使得项目及客户的利益易被忽视,项目中与职能部门利益直接相关的问题可能得到较好的解决,其他情况下项目常常不能得到足够的重视。

（3）项目组成员缺乏热情。由于项目实施组织只是从职能部门抽调而来,项目被看作不是他们的主要工作,有些人甚至将项目任务当成是额外的负担。尽管说在职能范围内承担相应责任,然而项目是由各部门组成的有机系统,必须有人对项目总体承担责任,这种职能式组织形式不能保证项目责任的完全落实。

（4）工作效率不高。职能式组织的项目,其项目完成一般需要更长的时间。因为缺乏横向的、直接的沟通,项目的信息与决策在常规的管理渠道内传递导致效率不高。

（二）项目式项目组织形式

项目式项目组织形式是按项目来划归所有资源,项目从公司组织中分离出来作为独立的单元,有自己的技术人员和管理人员,由全职的项目经理对项目负责。

项目式项目组织形式如图 3-3 所示。

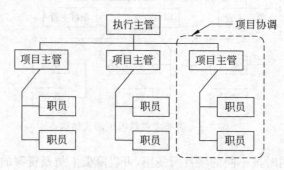

图 3-3　项目式项目组织形式结构

项目式项目组织形式的优点。

(1)目标明确及统一指挥。项目式项目组织是基于某项目而组建的,圆满完成项目任务是项目组织的首要目标,而每个项目成员的责任及目标也是通过对项目总目标的分解而获得的。同时,项目成员只受项目经理领导,不会出现多头领导的现象。

(2)运作简单。因项目式组织的相对独立性,不像职能式项目组织或后面介绍的矩阵式项目组织那样受母体组织的束缚(如信息的交流沟通、资源的分配管理等)较多,具有更大的自由度与灵活性,项目工作者的唯一任务就是完成项目,易于在进度、成本和质量等方面进行控制。

(3)组织效率高。在这种项目团队中,团队成员的凝聚力强,能充分发挥各自的想象力与创造力,从而有助于项目目标的高效完成。

(4)有利于全面型人才的成长。项目实施涉及计划、组织、人事、指挥与控制等多种职能,项目团队的协作精神有利于不同领域的专家密切合作与相互交流学习,项目处于复杂多变环境中,独立运作它需要团队成员拥有强烈的参与意识与创造能力,这些都为团队成员的能力开发提供了良好的场所。

项目式项目组织形式的缺点。

(1)机构重复及资源的闲置。项目式项目组织按项目所需来设置机构及获取相应的资源,这样一来就会使每个项目有自己的一套机构,一方面是完成项目任务的必需;另一方面是企业从整体上进行项目管理之必要。这就造成了人员、设施、技术及设备等的重复配置。同时,为了保证在项目需要时能马上得到所需的专业技术人员及设备等,项目经理往往会将这些关键资源储备起来,这样当这些资源闲置时,其他项目也很难利用这些资源,造成闲置成本很高。

（2）不利于企业专业技术水平的提高。项目式项目组织并没有给专业技术人员提供同行交流与互相学习的机会，而往往注重于项目中所需的技术水平。因此，不利于形成专业人员钻研本专业业务的氛围，在其他一些与项目无关的领域则可能会落后。

（3）不稳定性。因项目的临时性特点，对项目成员来说，缺乏一种事业的连续性和保障。当项目快结束时，成员们都会为自己的未来而做出相应的考虑，产生"人心惶惶"的现象。

（4）项目与母体组织间的矛盾。项目团队意识较浓，但项目成员与公司的其他部门之间将会不自觉地产生某种抵触与界限。这种界限不利于项目与外界的沟通，同时也容易引起一些不良竞争和矛盾。而且还会在项目完成后小组成员回归本职单位时，影响他们与本部门之间的融合。

（三）矩阵式项目组织形式

矩阵式项目组织形式是目前应用最为广泛的组织形式，它既有职能式项目组织形式与项目式项目组织形式的优点，又能避免它们的缺点。应用矩阵式项目组织形式，项目成员可以从不同的职能部门来支持项目经理。而这些人同样可以支持参与别的项目，所以他们可能同时为几个项目服务。

矩阵式项目组织形式如图 3-4 所示。

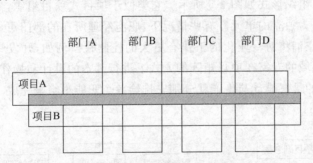

图 3-4　典型的矩阵式项目组织形式结构

1. 矩阵式项目组织形式的特点

矩阵式项目组织形式是一种混合形式，它在常规的职能层级结构之上"加载"了一种水平的项目管理结构。在矩阵系统中，通常存在两条命令链，一条顺着职能线下达；另一条则是根据项目线下达。这里不再是将项目各部分委派给不同的单位，也不再是产生一个独立自主的小组。项目参与者需要同时向职能部门与项目经理两方汇报工作。在矩阵式项目组织中，项目经理在项目活动的"什么"和"何时"方面，即内容和时间方面对职能部门行使权力，而各职能部门负责人决定"如何"支持。每个项目经理要直接向最高管理层负责，并由最高管理层授权。而职能部门则从另一方面来控制,对各种资源做出合理的分配和有效的控制调度。职能部门负责人既要对他们的直线上司负责,也要对项目经理负责。

矩阵式项目组织中的职权以纵向、横向和斜向在一个公司里流动,因此在任何一个项目的管理中,都需要有项目经理与职能部门负责人的共同协作,将两者很好地结合起来。要使矩阵式项目组织能有效地运转,必须考虑和处理好以下几个问题:

(1)应该如何创造一种能将各种职能综合协调起来的环境。由于存在每个职能部门从其职能出发只考虑项目的某一方面的倾向,考虑和处理好这个问题就是很必要的。

(2)一个项目中哪个要素比其他要素更为重要是由谁来决定的,考虑这个问题可以使主要矛盾迎刃而解。

(3)纵向的职能系统应该怎样运转才能保证实现项目的目标,而又不与其他项目发生矛盾。要处理好这些问题,项目经理与职能部门负责人要相互理解对方的立场、权力以及职责,并经常进行磋商。

2. 矩阵式项目组织的几种形式

根据项目与职能经理相对权力的不同及项目经理对参与者直接权力的大小,实践中存在不同种类的矩阵体系:强矩阵式项目组织形式、弱矩阵式项目组织形式与平衡矩阵式项目组织形式。

强矩阵式项目组织形式如图3-5所示。它类似于项目式项目组织,但项目并不从公司组织中分离出来作为独立的单元。有些情况下,职能经理所在的部门可以作为项目的一个"分包商"。此时,它们将对专业化的工作有更大的控制权。例如,开发一个新的计算机系列要求来自不同领域的专家在项目矩阵的方式下进行基本的设计和操作,一旦细节得以确定,某一组成部分的最终设计与生产就分别安排给各个职能小组来完成。

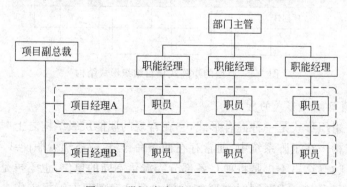

图3-5 强矩阵式项目组织形式结构

一般地,公司组织中没有某个固定的机构来主管项目。如果项目是属于一个大项目的,那么项目经理通常向大项目经理汇报。项目经理很少向职能部门汇报,一般是直接向总经理或某个副总裁汇报。

弱矩阵式项目组织形式与职能式项目组织类似，但是为了更好地实施项目，其建立了相对明确的项目实施班子。这样的项目实施班子由各职能部门下的职能人员组成，职能经理负责其项目部分的管理，并未明确对项目目标负责的项目经理，即使有项目负责人，他的角色也只不过是一个项目协调者或项目监督者，而不是真正意义上的项目管理者。项目经理督促项目的权力是非直接的，职能经理负责大部分工作，并决定哪些人做哪些工作，以及何时完成工作。弱矩阵式项目组织形式结构如图 3-6 所示。

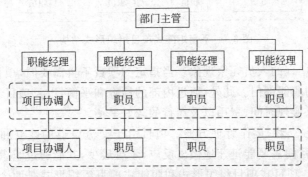

图 3-6　弱矩阵式项目组织形式结构

平衡矩阵式项目组织形式是介于上述两种形式之间的矩阵形式，是为了加强对项目的管理而对弱矩阵式项目组织形式的改进，与弱矩阵式项目组织形式的区别是在项目实施班子中任命一名对项目负责的管理者，即项目经理，为此项目经理被赋予完成项目任务所应有的职权和责任。

项目经理负责设定需要完成的工作，而职能经理则关心完成的方式。更具体地讲，项目经理制订项目的总体计划、整合不同领域、制定时间表、监督工作进程；职能经理则根据项目经理设定的标准及时间表负责人事的安排并执行其所属项目部分的任务。"内容与方式"的结合要求双方密切合作，共同进行技术与操作方面的决策。平衡矩阵式项目组织结构如图 3-7 所示。

3. 矩阵式项目组织形式的优劣分析

矩阵式项目组织形式有如下一些优点。

（1）项目目标明确。有专门的人即项目经理负责管理整个项目，负责在规定的时间、经费范围内完成项目的目标。

（2）资源利用的灵活性及有效性。由于项目组织是覆盖在职能部门上的，它可以临时从职能部门抽调所需的人才。所以，项目可以分享各个部门的技术人才储备，充分利用了人才资源。当有多个项目时，这些人才对所有项目都是可用的，从而可以大大减少像项目

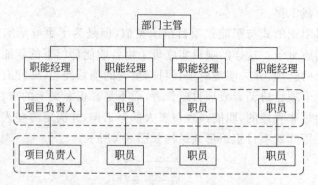

图 3-7 平衡矩阵式项目组织形式结构

式项目组织形式中出现的人员冗余现象。当指定的项目不再需要时,项目人员有其职能归宿,大多返回原来的职能部门。此外,通过内部的检查和平衡,以及项目组织与职能组织间经常性的协商,可以实现时间、费用以及运行的较好平衡。

(3)具有相对独立性,运作管理方便。项目由于交流渠道的建立和决策点的集中,对环境的变化以及项目的需要能迅速地做出反应,矛盾最少,并能通过组织体系容易地解决。

(4)适用性强。项目式项目组织形式和职能式项目组织形式是两个极端的情况,而矩阵式项目组织形式在这两者之间具有较广的选择范围。职能部门可以为项目提供人员,也可以只为项目提供服务,从而使得项目的组织具有很大的灵活性。所以,矩阵式项目组织形式可以被许多不同类型的项目所采用。

矩阵式项目组织形式的优点很突出,但其缺点也较明显。

(1)违背统一命令、统一指挥的管理原则。因项目参与者至少有两个上司,即项目经理和职能经理,当他们的命令有分歧时,会令人感到左右为难,无所适从。项目经理与职能经理的权力是均衡的,由于没有明确的负责者,项目的一些工作会受到影响,有时还会造成二者之间的敌对。

(2)不利于组织全局性目标的实现。多个项目在进度、费用和质量方面取得平衡,这是矩阵式项目组织形式的优点,又是它的缺点。因为这些项目必须被当作一个整体仔细地监控,而且资源在项目之间流动容易引起项目经理之间的争斗,每个项目经理都更关心自己项目的成功,而不是整个公司的目标。

(3)项目协调较难。因项目经理主管项目的行政事务,职能经理主管项目的技术问题,但实践中对二者的责任及权力却不易划分明确,项目经理需经常就此类问题与部门经理进行谈判协商。

(四)混合式项目组织形式

考虑到项目的性质、规模与重要性,在一个公司中,可能同时存在职能式项目组织形式的项目和项目式项目组织形式的项目,即混合式项目组织形式。这种情况其实并不少见。另外,许多公司先将刚启动尚未成熟的小项目放在某个职能部门的下面,然后当其逐渐成熟并具有一定地位以后将其作为一个独立的项目。最后也有可能会发展成一个独立的部门。

这种混合式项目组织形式使公司在建立项目组织时具有较大的灵活性,但也存在一定的风险。同一公司的若干项目采取不同的组织方式,由于利益分配上的不一致性,容易产生资源的浪费和各种矛盾。

混合式项目组织形式如图 3-8 所示。

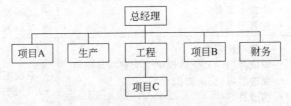

图 3-8　混合式项目组织形式结构

虽然项目与公司的组织关系可以多种多样,但大多数公司将矩阵式项目组织形式作为安置项目的基本方法。以此为基础,有时也可增加项目式的、职能式的或混合式的项目组织形式,只要这些方式对实际情况是有利的。

三、项目组织结构形式的选择

选择项目的组织结构形式,即要解决项目与公司的关系问题,即使是对一个有经验的专业人才来说,也是一件非常困难的事情,往往要视具体情况而定,而且有时也需依靠一定的经验和直觉。几乎没有可普遍接受的、步骤明确的方法来告诉人们怎样决定需要什么类型的组织结构以及如何建立这种组织结构。必须充分考虑项目的具体特性、各种组织方式的特点以及公司的文化氛围等,然后做出我们所认为的最合适的选择。

1. 项目组织结构的变化系列

前面介绍的三种主要组织结构形式,即职能式、项目式和矩阵式,各有其优点和缺点,主要的优缺点如表 3-1 所示。其实这三种组织结构形式可以表示为一个变化系列,职能式方法在一端,项目式方法在另一端,矩阵式方法处于两者之间,其结构形式的变化范围相当广泛,弱矩阵式项目组织接近于职能式项目组织,而强矩阵式项目组织接近于项目式项目组织,如图 3-9 所

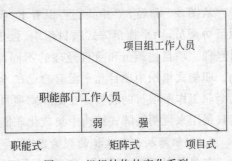

图 3-9　组织结构的变化系列

示。随着某种组织结构的工作人员人数在项目团队中所占比重的增加,该种组织结构的特点也渐趋明显;反之,则该种组织结构的特点也渐趋模糊。

表 3-1 三种组织结构形式的比较

组织结构形式	优　点	缺　点
职能式	· 没有重复活动 · 职能优异	· 狭隘、不全面 · 反应缓慢 · 不注重客户
项目式	· 能控制资源 · 向客户负责	· 成本较高 · 项目间缺乏知识信息交流
矩阵式	· 有效利用资源 · 职能部门的专业知识可供所有项目使用 · 促进学习、交流知识 · 沟通良好 · 注重客户	· 双层汇报关系 · 需要平衡权力

不同的项目组织形式对项目实施的影响不相同,表 3-2 列出了主要的组织结构形式及其对项目实施的影响。

表 3-2 项目组织结构形式及其对项目的影响

特　征	职能式	矩　阵　式			项　目　式
		弱矩阵	平衡矩阵	强矩阵	
项目经理的权限	很少或没有	有限	小到中等	中等到大	很高,甚至全权
全职工作人员的比例	几乎没有	0～25%	15%～60%	50%～95%	85%～100%
项目经理投入的时间	半职	半职	全职	全职	全职
项目经理的常用头衔	项目协调员	项目协调员	项目经理	项目经理	项目经理
项目管理行政人员	兼职	兼职	半职	全职	全职

从图 3-1 和表 3-2 中我们可以看出,职能式项目组织和弱矩阵式项目组织具有兼职的项目协调员,而平衡矩阵式项目组织、强矩阵式项目组织和项目式项目组织具有全职的项目经理。项目协调员和项目经理的不同,表现为综合协调项目与实际做出决策之间的差别。职能式组织中项目几乎没有自己的全职工作人员,而项目式项目组织中,绝大多数都是全职工作于项目的成员。在矩阵式项目组织中,"强"和"弱"并不表示好和坏的意思,它们只是用来说明矩阵式结构中集成化职能的相对尺度和力量。

2. 组织结构形式选择的影响因素

在具体的项目实践中,究竟选择何种项目组织结构形式没有一个可循的公式,一般在充分考虑各种组织结构的特点、企业特点、项目的特点和项目所处的环境等因素的条件下才能做出较为适当的选择。因此,在选择项目组织形式时,需要了解哪些因素制约着项目组织的实际选择。表 3-3 列出了一些可能的因素与组织结构形式之间的关系。

表 3-3　影响组织结构形式选择的关键因素

影响因素	职能式	矩阵式	项目式	影响因素	职能式	矩阵式	项目式
不确定性	低	高	高	重要性	低	中等	高
所用技术	标准	复杂	新	客户类型	各种各样	中等	单一
复杂程度	低	中等	高	对内部依赖性	弱	中等	强
持续时间	短	中等	长	对外部依赖性	强	中等	弱
规模	小	中等	大	时间限制性	弱	中等	强

一般来说,职能式项目组织形式在理论及实践上都不是理想的组织形式。但如果项目的规模较小,又主要工作集中在某个重点部门、不同职能部门间的影响很小时,职能式项目组织形式的选择不失为一种考虑。

如果一个公司中包括多个相似项目,如多个建筑项目,则应选择项目式项目组织形式。另外,长期的、大型的、重要的和复杂的项目,当需要充分发挥组织团队的高效率、高速度及高创造性时,更应采用项目式项目组织形式。

如果一个项目需要利用多个职能部门的资源而且技术比较复杂,但又不需要技术人员全职为项目工作,这时,矩阵式项目组织形式是最好的选择,特别是当几个项目需要同时共享这些技术人员时。实践中矩阵式项目组织形式因其广泛的结构变化范围而得到广泛的应用。

第四节　项目管理办公室

由于近年来企业和各种组织的项目管理正在从只注重单一项目的管理转向重视企业或组织的多项目协调管理,所以项目管理办公室(project management office,PM)或叫战略项目管理办公室(strategic project management office,SPM)的组织形式得以出现和盛行。因为在一个企业或组织中总是会有很多个项目,这些项目之间可能有着千丝万缕的联系,如果人们只是注重单个项目的管理就造成了较低的项目成功率和因资源争夺而造成无谓的消耗。因此,必须对组织或企业中的各个项目进行全面集成管理,项目管理办公室就是一个企业或组织为保障项目成功而设立的项目集成管理的组织机构。

一、项目管理办公室的定义与分类

项目管理办公室已经成为大部分企业和组织不可或缺的职能部门,在欧美等地已有越来越多的企业设置了项目管理办公室。一般情况而言,项目管理办公室是一个企业或组织的内部项目管理中心,它是组织提高项目分析、设计、管理、检查等方面能力的组织或企业部门。

(一)项目管理办公室的定义

项目管理办公室是组织或企业中集中管理和协调各个项目的机构,是企业或组织提高自己项目管理成熟度的核心部门。它根据业界最佳实践和公认的项目管理知识体系负责为本组织或企业量身订制项目管理流程、培养项目管理人力资源、建立项目管理信息系统、对具体项目提供管理指导、帮助组织开展多项目的管理等工作,以此确保项目成功率的提高和组织战略的有效贯彻执行。

国内外不同的组织对项目管理办公室的概念有不同的定义和理解,其中 PMI 对项目管理办公室的定义是:项目管理办公室就是为创造和监管整个企业或组织的全部项目的管理体系,这个管理体系是为项目和项目管理更为有效和为最大程度地达到组织目标而存在。实际上项目管理办公室就是一个企业或组织为集成所有项目经验和资源而设置的管理机构,它可以为组织或企业各种项目共享资源和企业或组织的各种项目和项目管理提供服务。

(二)项目管理办公室的分类

总体而言,项目管理办公室也有狭义和广义之分。狭义的项目管理办公室是临时性的管理团队,它是为管理一个特定项目而设立的临时性机构,如在企业购并项目中设立的项目管理办公室。广义的项目管理办公室是永久性的项目管理机构,它是为一个组织或企业的战略发展和集成实施组织的各种项目而设立的组织或企业的专门的项目管理机构。但是,由于各个企业或组织对项目管理办公室职权范围的界定和期望不同,所以不同的组织或企业的项目管理办公室会有不同的规模、形式和功能。表 3-4 列出了项目管理办公室所处的组织层次及其典型称谓。

表 3-4　项目管理办公室的组织层级及其典型称谓

第一层	项目级	项目控制办公室(project control office)(狭义的)
第二层	部门级	项目管理办公室(project management office)(广义的)
第三层	公司级	战略项目管理办公室(strategic project management office)(最广义的)

由表 3-4 可知,狭义的项目管理办公室是针对单个项目的,实际上就是具体项目团队的办公室;最广义的项目管理办公室是战略项目管理办公室,这是在企业或组织中从战略角度出发的负责项目管理的组织机构。战略项目管理办公室负责从组织或企业战略发展出发设计和生成项目,管理和控制项目的计划与变更。战略项目管理办公室将一个组织或企业的项目与项目管理作为实现组织或企业经营目标和战略发展目标的根本手段,它对组织或企业的所有项目进行资源和机会的优化并协调它们的风险和项目的相互关系,统一报告和掌控组织或企业全部项目的实现。

二、项目管理办公室的主要功能

虽然项目管理办公室的功能会因不同的组织或企业而不同,但是项目管理办公室的主要功能通常包括如下几个方面。

(一)配置项目的资源和工作

项目管理办公室的重要功能之一是做好组织或企业中所有资源的集中与合理配置,协调好组织或企业各个项目对公用资源的争夺和有效利用。这包括组织或企业的各种物质资源、人力资源、信息资源、财务资源等。同时,项目管理办公室还需要从整个组织或企业的角度确定在既定资源情况下究竟何时开始哪些项目,从而实现整个组织或企业的资源最佳配置和工作的集成计划与管理。项目管理办公室与项目经理和项目管理团队的管理职责不同,它是从整个组织或企业的角度对各个项目开展管理与协调,而项目经理和团队是针对一个具体项目区开展管理和协调工作。

(二)建立项目管理信息系统

项目管理办公室的主要职责是收集、整理和报告项目情况,以供企业或组织的领导者和各个项目团队使用,所以项目管理办公室的主要功能之一就是为组织或企业建立统一的项目管理信息系统。这种信息系统既可以收集、处理和发布项目的各种信息,也可以收集和推广项目管理方面的经验教训和知识。这方面的职能又可进一步分为项目管理信息系统的开发、使用和维护等内容,最终人们可以使用它去收集、处理和使用组织或企业的各种项目信息。

(三)组织项目管理培训

项目管理办公室的核心任务之一是组织项目管理的培训,以便使组织或企业中各个项目的管理水平不断得以提高。项目管理办公室并不负责具体项目的一线管理工作,项目管理办公室的主要职责是负责提升整个组织或企业的项目管理能力,所以组织项目管理培训是项目管理办公室的主要职责之一。项目管理办公室在组织中提供项目管理培训的主要内容包括一般的项目管理知识体系、项目所属专业的专门管理知识体系、项目管理技能培训等。

(四)制定项目管理规范

所谓项目管理规范是指在一个组织或企业中通行的项目管理工作的流程、方法、模式、标准、方针和政策等。所有这些项目管理的规范都是企业或组织中各个项目团队开展项目管理的准则和规定,为了使这种项目管理规范能够适应组织或企业项目与管理的发展变化,项目管理办公室必须不断地修订和改进,以增加它们的使用价值。另外,随着现代项目管理学科的发展,项目管理规范也需要不断地补充新的内容,从而使这个项目管理规范能够不断发展以及反映项目管理理论与知识和方法的进步。

(五)开发项目管理工具

项目管理办公室还负责在整个组织或企业中使用的项目管理工具的开发工作,在这方面项目管理办公室主要负责制定开发项目的立项以及项目计划与终结报告等工作。具体的项目管理工具的开发任务是由具体项目的项目经理和项目团队在开展具体项目时完成的,多数是在项目团队遇到前所未有的管理问题和情况时提出并开发的。但是,项目管理办公室要组织和管理好这种项目管理工具的开发工作,并且最终接收项目团队的开发结果和做好后续推广使用的管理工作。因此,项目管理办公室应该要求每个项目团队不但对它们的项目管理工具开发工作进行申请和立项,而且最终还要有开发结果和使用结果的总结报告。这样就可以使企业或组织不断积累项目管理工具,从而不断获得发展与提高。

(六)总结推广具体项目的经验

一个项目的成败、盈亏、好坏及其项目团队是否应该奖惩等都需要通过全面总结而做出回答,所以项目管理办公室的另一项重要职责就是监督、检查和开展每个已完成项目的全面总结。这种总结又分两个层面:一是项目团队自己所作的项目全面总结;二是项目管理办公室所作的项目全面总结。前者的项目全面总结主要是用于自我总结和提供考核数据,后者的项目全面总结是为了吸取教训和推广经验用的。项目管理办公室可以从各个项目总结中获取数据和经验,然后对这些进行整理和分析并用于推广。同时,项目管理办公室还可以使用这种办法开展项目审核和改进学习,从而对组织或企业的项目管理水平加以提升。

(七)对具体项目提供管理指导

项目管理办公室更为重要的职责之一是对组织或企业中各个项目的项目经理和

项目管理人员提供各种各样的指导、帮助和支持。这种帮助既有资源方面的，如项目管理办公室积极推动人力资源部、供应部门和财务部门等为具体项目提供资源；也有方法和技术方面的，如项目管理办公室为具体项目的项目经理和项目团队提供项目管理方面的支持和帮助。项目管理办公室还可以组织和召开企业和组织中各种项目的项目经理或团队开展项目管理协作及各种形式的讨论与交流，分享不同项目经理的成功经验等。

（八）为组织开展多项目管理

项目管理办公室最重要的功能是为整个企业或组织提供多项目或项目组合的管理，即从整个企业或组织的角度出发开展许多项目和项目组合的全面集成管理。这包括根据组织发展目标和战略设计和提出项目与项目组合，根据项目和项目组合的实际需要集成配置资源，根据项目和项目组合需要开展集成计划和实施，以及根据组织或企业的发展需要进行项目或项目组合的变更与变更总体控制等多项目管理工作。

（九）项目管理办公室的其他功能

除上述功能外，项目管理办公室还具有很多其他方面的功能。例如，企业或组织的各种项目信息的集成管理功能，企业或组织的全部项目的合同管理功能，企业或组织的全部项目的文档和资料管理功能，企业或组织的项目与日常运营之间的协调功能，企业或组织开展项目并与外部组织所发生的各种关系的统一管理功能（即统一对外的功能）等。实际上一个组织或企业设立项目管理办公室的根本功能是为了提高组织或企业的总体管理能力，从而能够更好地实现企业或组织资源的最佳配置和价值的最大化。但是，由于每个企业或组织的使命、愿景、战略以及所做的项目不同，所以在此无法全面列举项目管理办公室的各种功能。

 小 结

本章首先介绍了项目经理、项目团队在项目及企业中的地位和作用，讨论了项目经理的责任与权力、项目经理的素质特征及必备技能；项目团队的目标、任务及创建与发展。现代项目管理认为项目团队是一组个体成员为实现一个具体项目的目标而组建的协同工作的队伍。其次阐述了组织、项目组织的概念，着重介绍了项目的各种组织结构形式，以及每种组织结构形式的优缺点。最后介绍了项目管理办公室的相关概念及其分类和主要功能。

 **思考题**

1. 项目组织与一般日常运营组织在组织结构上有哪些不同?形成这些不同的原因是什么?

2. 你认为项目团队有哪些特性?在项目实施过程中如何才能更好地发挥项目团队的特性?

3. 你认为项目经理应该如何针对项目团队生命周期的四个阶段开展项目团队的建设?

4. 项目经理的概念性技能、人际关系技能和专业技术技能三者中哪一个最重要?为什么?

5. 你认为项目管理办公室应该具备哪些基本的职能?这些职能有何用途?

 **案例分析**

利用"软技巧"管理"奇葩"团队

小刘,拥有两年的项目管理经验,最近刚刚入职到一家新公司,并承担一项具体项目的管理工作。这个项目的规模和难度一般,虽然在技术上不能做到样样精通,但毕竟是一个大的行业背景,所以小刘在技术方面还算得心应手。

团队一共有7个人,总的来说工作氛围还不错,但是有两个成员真的让小刘有些挠头。这两位一个是技术大拿王凯,一个是新员工赵亮。王凯算是这公司的技术骨干,负责研发工作,为人倒是不错,跟谁都挺客气的。但是这位王专家最大的问题就是只关心技术,对项目的进度及规划等完全不在意。他最爱说的一句话就是:"科学的事要科学办",就算你这边急得火上房,他该干吗还是干吗,完全一副天马行空的样子。赵亮是个应届生,硕士学历,名校毕业,人确实聪明,理论知识也比较强。但是似乎很享受和项目经理唱反调的感觉,特别是在开项目例会的时候,项目经理不管说个什么事儿,他都能挑出点儿问题,然后就是自己的一大套想法,也不管别人爱听不爱听,开个会都能吵半天。虽然有时真的让人感觉很烦,但有时候他确实还能说到点儿上,你又不得不采纳他的意见。昨天的例会上,项目经理让他整理出一份技术文档,他却说现成的文档模板太复杂,按照那个写太浪费时间。

小刘很困惑,自己是项目经理,要对项目目标负责,但是面对这样一个团队,特别是这两位"奇葩"成员,应该怎么管理比较好呢?

第四章 项目整体管理

本章首先阐述项目整体管理的定义和特点、项目整体计划的编制及项目计划的执行。然后,介绍整体变更控制的内容、工具与技术。最后,介绍项目整体变更控制的要求和结果。

第一节 概　　述

一、项目整体管理概念

项目整体管理(project integration management)是指在项目的整个生命周期内,汇集项目管理的知识领域,对所有项目计划进行整合执行及控制,以保证项目各要素相互协调的全部工作和活动过程。它从全局的、整体的观点出发,通过有机地协调项目各个要素(进度、成本、质量和资源等),在相互影响的项目各项具体目标和方案中权衡与选择,尽可能地消除项目各单项管理的局限性,从而实现最大限度地满足项目干系人的需求和期望的目的。

项目整体管理对于项目的成功起着关键作用,项目经理是项目整体管理的责任者,也是项目的综合协调者。项目团队成员在项目经理指导下制定相应的项目计划,项目经理要领导项目团队根据项目目标进行决策,负责协调所有团队成员、计划和工作,并解决他们之间的冲突,同时还应与所有的项目干系人进行很好的沟通。

项目整体管理正是基于项目计划的以下三个主要过程。

(1) 项目计划制订——收集其他计划过程的结果,并将其汇总成为一份连贯的、一致的文档。

(2) 项目计划实施——通过进行项目计划规定的活动,实施项目计划。

(3) 综合变更控制——协调整个项目期间的变更。

二、项目整体管理的特点

(1) 综合性。项目单项管理都是针对项目某个特定的方面所进行的管理,如项目进度管理主要是针对项目进度进行管理的,不涉及或很少涉及项目管理的其他方面,项目整体管理则是综合每个单项项目管理的所有方面,平衡项目各个方面之间的冲突,对它们的目标、工作和过程进行协调、管理,如项目的某个目标要求的提高,可能会以降低或牺牲其他目标为代价,这时就有必要分析和权衡这两个方面的综合作用对项目总体绩效所产生的影响。

(2)全局性。全局性是指为了最大化地实现项目总体目标,从全局出发协调和控制项目各个方面,消除项目各单项管理的局部性,有时甚至可以不惜牺牲或降低一些项目的单项目标,以协调统一项目各方面的单项管理。例如,奥运会筹建项目的整体目标如果以进度作为第一位的话,为了加快项目的进度就不得不增加项目的成本,这是在项目成本管理和进度管理这两个单项管理中所无法达到的。

(3)系统性。系统性是指项目整体管理把项目作为一个整体系统来考虑,将项目的内部、外部影响因素相结合,不仅要对系统内部进行管理和控制,还要兼顾来自外部环境的影响因素、问题等,并对之进行管理和控制,如在项目的实施过程中客户所提出的一些任务的变动要求等,项目整体管理则响应这一变化要求,对项目做出相应的调整,但是项目的单项管理则不会考虑这一方面的变动。

第二节　项目整体计划的编制

一、项目计划的定义

项目计划是一个用来协调所有其他计划,用以理解和控制项目执行的文件。项目计划要记录计划的假设以及方案的选择,要便于各干系人的沟通,同时还要确定关键的管理审查的内容、范围和时间,并为进度测评和项目控制提供一个基准线。计划应该具有一定的动态性和灵活性,并能够随着环境和项目本身的变更而进行适当的调整。

二、项目计划的作用

(1)指导项目实施;

(2)把编制项目计划的所有的假设编制成文档;

(3)将有关已选方案的项目计划编制决策编制成文档;

(4)促进项目干系人之间的沟通;

(5)对有关内容、范围和时间安排的关键性管理审查做出定义;

(6)为进度测量和项目控制提供基准计划。

三、项目整体计划编制的过程

（1）信息资料的收集阶段。该阶段的工作主要是收集项目各项的目标、计划和数据等信息资料。

（2）项目整体计划编制阶段。该阶段的工作主要是以项目各单项计划为基础，结合收集到的信息资料，运用各种定性、定量的分析方法和相关的项目管理知识对项目各种单项计划进行整体协调等。

（3）项目整体计划发放阶段。项目整体计划编制完成后，根据不同使用者的不同需要，向其发送详细程度不同的项目整体计划。

四、项目整体计划应包括的内容

（一）项目计划

项目计划是一份经过批准的正式文件，用来管理项目执行。项目进度计划列出执行各项目活动以及达到项目计划中各里程碑所计划的日期。项目计划和进度计划应当按沟通管理计划中所定义的方式进行分发。在一些应用领域，集成项目计划（integrated project plan，IPP）便被认为是此类文件。应该明确区分项目计划和项目绩效测量基准计划。项目计划是一个文件或文件集，随着有关项目信息的获得而不断变化。而项目绩效测量基准计划通常仅间歇地改变，并且一般只是对已批准的工作范围变更或可交付成果变更做出响应时才改变。

尽管组织和表示项目计划的方法可能各不相同，但项目计划通常包括以下内容。

（1）项目章程。

（2）项目管理方法和策略的描述（来自其他知识体系的各个管理计划的综述）。

（3）范围说明，包括项目可交付成果和项目目标。

（4）执行控制层面上的工作分解结构（WBS），作为一个基准范围文件。

（5）在执行控制层面上的工作分解结构之中，每个可交付成果的成本估算、所计划的开始和结束时间（进度）和职责分配。

（6）技术范围、进度和成本的绩效测量基准计划，即进度基准计划（项目进度计划）、成本基准计划（随时间的项目预算）。

（7）主要的里程碑和每个主要里程碑的实现日期。

（8）关键的或所需的人员及其预期的成本和工作量。

（9）风险管理计划，包括主要风险（包括约束条件和假定），以及在适当的情况下针对各个主要风险所计划的应对措施和应急费用。

(10) 辅助管理计划,包括范围管理计划、进度管理计划、成本管理计划、质量管理计划、人员管理计划、沟通管理计划、风险应对计划、采购管理计划等。如果有必要,可以包括这些计划中的任一个,详细程度根据每个具体项目的要求而定。

基于各个项目的具体要求,在正式的项目计划中还包括其他项目计划编制的输出。例如,一个大型项目的项目计划中,通常包括项目的组织结构图。

(二)详细依据

用于项目计划的详细依据包括如下内容。

(1) 不包含在项目计划中的来自其他计划编制过程的输出。

(2) 在项目计划制订过程中产生的辅助信息和文档(如先前不了解的约束条件和假定)。

(3) 技术文档,如所有要求、规范和概念设计等的历史记录。

(4) 有关的标准。

(5) 早期的项目开发计划编制中的规范。

这些材料应被恰当地加以组织,以便它们在项目计划执行期间使用。

第三节　项目计划的执行

项目计划实施是执行项目计划的主要过程——项目预算的绝大部分将在执行过程中消耗。在这个过程中,项目经理和项目管理队伍需要协调、管理存在于项目中的各种技术和组织接口。项目的产品实际上产生于这个过程中,因此,这个过程受项目应用领域的影响最大。必须持续监控相对于项目基准计划的绩效,以便将实际绩效和项目计划进行对照,并以此为基础采取相应的纠正措施。应当对最终成本和进度结果进行定期预测,以支持上述对照分析。

一、项目整体计划执行的依据

在项目整体计划执行的过程中,项目组织需要获得一些依据,才能保证项目整体计划的高效、准确执行。项目整体计划执行的依据如下所述。

(1) 各种计划性文件。主要包括项目计划阶段所产生的各种计划性文件,即项目整体计划、各种单项计划以及各种项目计划文件的支持细节。

(2) 项目组织的政策和规定。任何一个项目组织都会有自己的政策和规定,这样才能保证项目整体计划能够得以顺利实施。良好的项目组织的政策和规定可以激励项目团队成员更加努力地工作,而糟糕的项目组织的政策和规定则阻碍项目的顺利进展。

(3)纠偏行动信息。纠偏行动信息是指将项目的执行情况与项目计划比较后所产生的偏差信息及采取纠偏行动的信息。如果在项目整体计划的执行过程中,项目团队不了解纠偏行动信息,就会按照以前的计划来执行项目,这样必然会产生更大的错误。

二、项目计划执行的工具和技术

(一)分析项目干系人

对于项目经理来说,花点时间进行项目干系人分析,以便更好地理解和满足项目干系人的需要和期望是非常必要的。因为项目管理的最终目的是要使项目满足或超过项目干系人需要和期望。此类分析要记录重要的项目干系人的姓名、所属组织或机构、个人的基本情况,他们各自在项目中的角色、在项目中的利益大小和对项目的影响程度以及管理这些项目干系人关系的有关建议等。

由于项目干系人分析经常会有一些比较敏感的信息,这最好不要作为项目整体计划的一部分,因为每个项目干系人都会看到整体计划。在许多小项目中,只有项目经理和其他一些关键的项目组成员才能看到项目干系人分析。

(二)把握组织程序

为了执行好项目计划,项目经理必须有效地对项目、项目组成员和其他项目干系人实施管理,这需要遵循组织程序。组织程序可能有助于,也可能有碍于项目计划的执行。有时项目经理还会发现有必要适时打破组织的条条框框以实现项目成果。当项目经理需要突破组织规则行事时,为避免麻烦,他需要具备优秀的领导才能、沟通能力和政治技巧。

(三)工作授权系统

工作授权系统就是一个用来确保合格的人员在正确的时间、以合适的顺序进行工作的方法。工作授权系统可以是一个人为的过程,在该系统结构下,通过正式的文件和签字授权某个人开始进行某个项目活动或工作包的实施工作。也可以用自动授权系统简化这个过程,对于一些小项目,口头授权就可以了。

(四)状态审查会议

状态审查会议是用来交流项目信息的定期会议,状态审查会议同样也是一个极好的激励工具。如果项目成员知道他们每月要向某些关键的项目干系人正式汇报,他们就一定会确保完成工作任务。一般情况下,每周或每月交一份书面的状态报告,没有作一次正式口头汇报那样有效果。状态审查会议可定期或不定期召开,确定参加状态审查会议的人选很重要,审查的内容和程序应有助于项目计划的实施。

(五)项目管理软件

项目管理软件是专门为项目管理而设计的专用软件,它对项目计划的制定和执行帮助非常大。例如,项目经理和其他项目人员可以通过使用 Microsoft Project 软件,生成项目整体计划的甘特图。这些甘特图含有与其他计划文档的超链接。例如,一个整体项目计划可能包括"制定软件测试计划"这样一个可交付成果。甘特图上的这一项可以与特定的软件测试计划的 Microsoft Word 文档建立超链接。如果某个项目人员更新了包括该测试计划在内的 Word 文档,甘特图的超链接部分就能够自动链接到更新的文件。

三、项目整体计划执行的工作内容

(一)编制项目工作计划和项目任务书

项目整体计划是项目执行前编制的整体的、综合的计划,虽然它是指导整个项目实施的主要计划,但是项目整体计划不可能面面俱到,所以要根据项目的整体计划、项目单项计划和项目的执行情况来编制项目工作计划和项目任务书,来具体地指导项目执行的各个方面。

(二)记录好项目的执行情况

在项目的执行过程中,要记录好项目的执行情况并及时报告,这样才能更好地掌握项目执行的实际情况,而且还可为项目整体计划执行过程中的检查、分析、控制、协调提供信息。

(三)做好协调、控制和纠偏工作

做好协调、控制和纠偏工作主要包括两个方面:一是调度项目各项工作,采取措施排除项目执行过程中的问题,努力实现项目执行中的动态平衡;二是保证项目执行按照项目的既定计划进行,当项目实际进展情况与项目的计划出现偏差时,要采取一定的措施来纠正偏差。

(四)做好项目整体计划的修订工作

当项目的内部或者外部出现了较大的变化时,就需要根据项目各种变化后的情况,对项目的整体计划进行修订。

(五)将新的项目整体计划及时通知给项目的整体计划需求者

如果修订的项目整体计划没有通知相关的需求者,就等于项目整体计划没有修订,所以要及时地把修订好的项目整体计划通知给项目的整体计划需求者,这样才能保证项目按照正确的方向执行。

四、项目整体计划执行结果

项目整体计划执行结果包括如下两个方面。

(一)工作结果

工作结果是为完成项目工作而进行的具体活动结果。关于工作结果的信息都被收集起来,作为项目计划执行的一部分,并将其输入绩效报告。随着项目整体计划的不断落实,根据项目的实际情况对项目整体计划不断地修改和完善,产生项目执行的结果,具体包括:哪些项目工作已经完成;哪些项目工作没有完成;项目工作达到什么程度;项目工作消耗了多少成本和时间等。

(二)项目变更申请

项目执行过程中,会出现一些难以应付的情况,可能发生的变更会对进度计划产生影响。所以,随着项目工作的进行,时常会提出变更申请。当客户提出变更要求时,项目团队应该估计变更对项目预算和进度产生的影响,然后在实施之前征得客户的同意。

第四节　整体变更控制

一、整体变更控制概述

对于项目而言,变更是必然的。项目整体变更控制是针对项目单项变更控制而言的,当项目某个方面,如项目的进度、成本、计划、范围等发生变更时,必然会对其他方面产生影响。项目变更的整体控制就是协调和管理好项目各个方面的变更要求,达到整个项目的目标。

为了将项目变更的影响降低到最小,就需要采用变更控制的方法。综合变更控制主要包含以下内容:找出影响项目变更的因素,判断项目变更范围是否已经发生等。进行综合变更控制的主要依据有项目计划、变更请求和提供项目执行状况信息的绩效报告。

为保证项目变更的规范和有效实施,这个控制小组可以称之为变更控制委员会(change control board,CCB)。通常,项目变更控制委员会有一个变更控制系统。变更控制系统是一个正式的和文档化的程序,它定义了项目绩效如何被监控和评估,并且包含了哪种级别的项目文件可以被变更的内容。它包括文书处理、系统跟踪、过程程序、变更审批权限控制等。综合变更控制的结果主要有更新的项目计划、纠正措施、经验总结。

二、项目整体变更控制的原则

(一)尽量不改变项目业绩衡量的指标体系

项目业绩衡量的指标体系是一种行业化、标准化的体系,如果发生了改变,评价的标准就不连续,失去了客观性和科学性,所以尽量不要改变项目业绩衡量的指标体系。

(二)确保项目的工作结果与项目的计划相一致

一旦项目的工作结果发生变化,就必须反映到项目的计划中来。因此,要根据项目工作结果的变化来更新项目的计划,使项目的计划和项目的工作成果保持一致。

(三)注重协调好项目各个方面的变化

由于项目某一个方面发生变化,必然会影响到项目的其他方面使之发生变化,因此要协调好项目发生变化的部分,以便顺利实现项目变更的整体控制。

三、项目整体变更控制的依据

(一)项目计划

项目计划提供了一个控制变更的基准计划。项目正式开始后,它可用来与实际进展计划进行比较、对照、参考,便于对变化进行管理与控制,从而确保每项活动顺利进行。

(二)绩效报告

绩效报告包括收集和发布绩效信息,从而向项目干系人提供为达到项目目标如何使用资源的信息。绩效报告提供了项目的实际进展情况,包括范围、进度计划、成本和质量、定期检查记录和典型事件记录等方面的信息,项目管理者可据以进行项目的变更。绩效报告可以是综合性的,也可以是针对某一特例的。

必须定期评测项目绩效,以发现执行情况与既定计划间存在的偏差。一旦发现出现了重大偏差(如对项目目标构成威胁的偏差),就需要重新正确执行计划过程,对计划加以调整。比如,一项计划延误了,就需要根据所延误的时间,或根据对成本预算及进度安排的权衡来调整目前的人员安排计划。

(三)变更申请

对项目绩效的分析,常常产生对项目某些方面做出变更的要求。变更申请有很多形式:可以是口头的,也可以是书面的;可以是直接的,也可以是间接的;可以是内在的,也可以是外在的;可以是法律要求的,也可以是任选的。项目变更申请可以由项目团队提出,也可以由项目业主提出,或者由其他项目干系人提出。在此必须注意的是,项目变更的申请是项目整体变更控制最重要的依据。

四、项目整体变更控制的工具与技术

(一)变更控制系统

变更控制系统是一系列正式的、文档化的程序,这些程序定义了如何对项目绩效进行监控和评价。变更控制系统就是正式汇集资料、创建文件程序,这个文件程序必须是经权威项目文件认可了的发展阶段的文件。建立这种正规变更控制程序的目的如下:为了对所有提出的变更要求进行审查;明确所有任务间的冲突;将这些冲突转换成项目的质量、成本和进度;评估各变更要求的得与失;明确产出相同的各替代方案的变化;接受或否定变更要求;与所有相关团体就变更进行交流;确保变更的合理实施;准备月报告,按时间总结所有的变更和项目冲突。

变更控制系统的结构包括以下几个方面。

1. 控制小组

小组的作用和职责在变更控制系统中有明确界定,就是为准备提交的变更请求提供指导,对变更请求做出评价,经过所有关键干系人一致同意,并对批准的变更的实施过程进行有效管理。这种控制小组的定义随组织的不同而各不相同,负责批准或否定变化要求。控制委员会的权力和责任应该得到仔细的界定,并且要取得主要参与者的同意。

2. 责任追踪和变更审批制度

用来处理无须预先审查就可以批准的变更。对于这些变更也必须形成文档并且加以保存,以便能够对基准计划的发展过程形成文档。或者对一些确定的变化类别实行"自动放行处理"许可。这些变化也必须能被记录并让人们获得,以避免在项目后期引发一些问题。

3. 人员和权限

对于任何一个管理流程来说,保证该流程正常运转的前提条件就是要有明确的角色、职责和权限的定义,特别是在引入了变更控制系统之后。

4. 必要的表格和其他书面文书

为了控制和借鉴,将引起变更的原因、各相关人必须记录在案是必要的。

(二)配置管理

配置管理(或结构管理)是任何成文的程序,这些程序用于对以下方面进行技术和行政的指挥与监督:

(1)识别一个工作项或系统的物理特性和功能特征,并将其形成文档;

(2)控制对这些特征所作的任何变更;

（3）记录和报告这些变更及其执行情况；

（4）审计这些工作项和系统以证实其与要求相一致。

（三）绩效测量

绩效测量技术用来评定工作结果与计划是否保持一致，即将实际绩效和基准计划进行比较分析，并以此为基础采取相应的纠正措施，从而达到绩效控制的目的。因此，在这个过程中必须持续测量相对于项目基准计划的绩效。挣值分析（earned value analysis，EVA）法是一种测量项目绩效的常用方法。

挣值分析法（EVA），又称偏差分析法，它是评价项目成本实际发生额与进度情况的一种方法。它通过测量和计算计划工作量的预算成本 BCWS、已完成工作量的预算成本 BCWP、已完成工作量的实际成本 ACWP，得到有关计划实施的进度和费用偏差，从而可以衡量项目成本的执行情况。

所谓挣值，一般可表述为：是一个表示已完成作业量的计划价值大小的中间变量，它是一个使用计划价值量来表示在给定时间内，已完成实际作业量的一个中间变量。简单来说，项目完成一定工作量后，就"挣得"了一个价值，这个价值是按预算价格计算出来的，把实际花费与"挣得"的价值进行比较分析，就是挣值分析。

要使用该方法，首先要明确这三个基本值的含义。

（1）计划工作量的预算成本（budgeted cost for work scheduled，BCWS），是指根据批准认可的进度计划和预算计算的截至某一时点应当完成的工作所需投入的资金累计值。一般来说，BCWS 在工作实施过程中应保持不变，除非合同有变。如果合同变更影响了工作的进度和成本，经过批准认可，BCWS 基线也应作相应的调整。在我国习惯称之为"计划投资额"。

（2）已完成工作量的预算成本（budgeted cost for work performed，BCWP），是指项目实施过程中某阶段实际完成工作量按预算定额计算出来的成本。由于业主是根据这个值对承包商完成的工作量进行支付，也就是承包商获得的金额，故称做"挣得值"。

（3）已完成工作量的实际成本（actual cost for work performed，ACWP），是指到某一时点已完成的工作所实际花费的总金额。我国通常称之为"实际消耗投资额"。

由以上三个基本值可以导出以下几个重要指标：

（1）费用偏差（cost variance，CV）。它是指在某个检查点上 BCWP 与 ACWP 之间的差异，即

$$CV = BCWP - ACWP$$

CV 为正值时，表明项目成本处于节支状态，说明项目执行的效果较好；当 CV 为负值

时,表明项目成本处于超支状态,如果在多个检查点上都出现了类似的情况,说明项目执行的效果不好。

（2）进度偏差（schedule variance,SV）。它是指在某个检查点上 BCWP 与 BCWS 之间的差异,即

$$SV=BCWP-BCWS$$

SV 为正值时,表明项目进度超前;为负值时,表明项目的实施落后于进度。

（3）成本绩效指数（cost performance index,CPI）。它是指预算成本与实际成本的比值,即

$$CPI=BCWP/ACWP$$

当 CPI>1 时,表示节支,实际成本低于预算成本;当 CPI<1 时,表示超支,实际成本高于预算成本。

（4）进度绩效指数（schedule performed index,SPI）。它是指项目的挣得值与计划值的比值,即

$$SPI=BCWP/BCWS$$

当 SPI>1 时,表示进度提前,即实际进度比计划进度快;当 SPI<1 时,表示进度延误,即实际进度比计划进度慢。

五、项目整体变更控制的结果

项目整体变更控制的结果是形成书面文件,主要包括以下三点。

（一）项目计划更新

项目计划为项目变更的识别和控制提供了基准,如果在项目执行期间发生了某些变更,项目计划就必须加以更新。项目计划的更新是对项目计划内容或详细依据的内容所作的修改,项目变更整体控制的主要结果是项目计划。它是对项目整体计划、项目各种单项计划和其他的支持性细节内容所作的修改和更新的结果。

（二）纠正措施

它是为了确保项目始终按计划执行而采取的任何措施。它是各种控制过程的输出,确保项目的有效管理的反馈循环。项目经理不能简单地认为问题会在不采取任何措施的情况下自动消失。根据实际进度并结合其他可能发生的改变,项目经理必须决定是否需要纠正措施、选择什么样的措施方案以及何时行动。

（三）取得的经验教训

除了项目更新和纠正措施外,项目变更整体控制的最后结果就是吸取经验教训,找出

项目变更的原因,以此作为下一个项目的参考和借鉴。

小　结

　　项目整体管理是从集成的观点出发,协调项目各个要素之间的关系,避免了项目各单项管理的局限性。本章首先阐述项目整体管理的定义和特点、项目整体计划的编制及项目计划的执行。然后,介绍整体变更控制的原则、内容、依据、工具与技术,简要介绍整体变更控制中的挣值分析方法。最后,介绍了项目整体变更控制的结果。

　　项目整体变更控制是针对项目单项变更控制而言的,当项目某个方面,如项目的进度、成本、计划、范围等发生变更时,必然会对其他方面产生影响。项目变更的整体控制就是协调和管理好项目各个方面的变更要求,以达到整个项目的目标。

思考题

1. 项目整体管理的内容是什么?
2. 简述项目整体计划编制的意义。
3. 简述项目整体计划执行的依据。
4. 整体变更控制的内容是什么?
5. 如何理解挣值分析的概念?
6. 项目整体变更控制的工具与技术有哪些?
7. 简述项目整体变更控制的结果。

案例分析

老高的困惑

　　老高承接了一个信息系统开发项目的项目管理工作。在进行了需求分析和设计后,项目人员分头进行开发工作,其间客户提出的一些变更要求也由各小组人员分别解决。各小组人员在进行自测的时候均报告正常,因此老高决定直接在客户现场进行集成。各小组人员分别提交了各自工作的最终版本进行集成,但是却发现存在很多问题,针对系统各部分所表现出来的问题,开发人员又分别进行了修改,但是问题并未明显减少,而且项目工作和

产品版本越来越混乱。

问题：

（1）请分析出现这种情况的原因。

（2）请说明配置管理的主要工作并作简要解释。

（3）请说明针对目前情况可采取哪些补救措施。

第五章 项目范围管理

项目组织要想成功地完成一个项目,在明确了项目的预定目标之后,必须开展一系列的工作或活动,这些必须开展的工作或活动就构成了项目的工作范围。项目管理的首要工作就是进行项目范围管理。

第一节 项目范围概述

一、项目范围和项目范围管理

(一)项目范围

所谓项目范围(project scope)是指为了满足客户的要求,成功达到项目的目标,项目所规定要做的所有工作,也称工作范围。它是使客户满意的途径,是交付物要满足项目开始时所指定的认定标准与要求。

确定项目范围就是为项目界定一个界限,划定哪些方面是属于项目应该做的,而哪些是不应该包括在项目之内的,定义项目管理的工作边界,确定项目的目标和主要的项目可交付成果。

在项目环境中,"范围"(scope)一词可能指:

(1)产品范围,即一个产品或一项服务应该包含哪些特征和功能;

(2)项目范围(工作范围),即为了交付具有所指特征和功能的产品所必需要做的工作。

要注意区分产品范围和项目范围的概念,产品范围(product scope)是指客户对项目最终产品或服务所期望包含的特征和功能的总和;项目范围是为了交付满足产品范围要求的产品或服务所必须完成的全部工作的总和。项目范围最终是以产品范围为基础而确定的,产品范围对产品要求的深度和广度决定了项目工作范围的深度和广度。产品范围和项目范围的完成情况都是参照客户的要求来衡量的。

（二）项目范围管理

项目范围管理（project scope management，PSM）实质上是一种功能管理，它是对项目所要完成的工作范围进行管理、控制的过程和活动，包括确保项目能够按要求的范围完成所涉及的所有过程，如启动一个新项目、编制项目范围计划、界定项目范围、明确项目干系人、确认项目范围、对项目范围变更进行控制，上述这些也就是项目范围管理的内容构成。

（三）项目范围管理实现的步骤

（1）把客户的需求转变为对项目产品的定义；

（2）根据项目目标与产品分解结构，把项目产品的定义转化为对项目工作范围的说明；

（3）通过工作分解结构，定义项目工作范围；

（4）项目干系人认可并接受项目范围；

（5）授权与执行项目工作，为保证项目进展进行控制。

二、项目范围管理的作用

（1）为项目实施提供工作范围的框架。项目范围管理最重要的作用就是为项目实施提供了一个项目工作范围的边界和框架，并通过该边界和框架去规范项目组织的行动，在澄清了项目工作范围和条件之后，就可以让人们放弃不必要的工作和各种不切合实际的想法。

（2）提高资金、时间、人力和其他资源估算的准确性。项目的具体工作内容明确以后，项目组织就可以依据各项具体工作来规划其所需的资金、时间、人力和其他资源，这样对整体和各项工作的需求估计就准确多了。

（3）确定进度测量和控制的基准，便于对项目的实施进行有效的控制。项目范围是项目计划的基础，项目范围确定了，就为项目进度计划的执行和控制确定了基准，从而可以采取相应的纠偏行动。

（4）有助于清楚地分派责任。一旦项目范围界定了，也就确定了项目的具体工作任务，为进一步分派任务奠定了基础。

第二节　项目范围管理的启动

一、项目启动的定义与需求分析

（一）项目启动的定义

启动是指正式批准一个新项目或批准一个已有项目下一个阶段是否应该继续进行下去的过程。在某些组织中，一个项目只有在可行性研究或初步计划完成之后才能正式启动。

这里的启动阶段与整个项目的正式启动阶段有所不同，这里指的是项目范围管理中的开始，是正式认可一个新项目的存在，或者是对一个已经存在的项目让其继续进行下一阶段工作的过程。项目的启动可以是正式的，也可以是非正式的。正式的项目启动要进行一系列正规的可行性研究；非正式的项目启动工作相对简单，在项目的构思初步形成之后，几乎不需要进行任何正式的可行性研究就可以直接进入项目的规划和设计阶段。非正式启动通常适合一些小项目和开发性、科研性的项目。下面详细介绍在选择项目时要考虑的各种需求。

（二）项目启动的需求分析

（1）市场需求。比如，一家石油公司核准一个建立新炼油厂的项目，是在对市场需求分析基础上做出的长期的汽油发展战略反应。

（2）商业需求。不管是公司的每项新活动、企业的每个新产品还是商家的每个新项目，都是针对业务的商业需求而策划的。如一个旅游公司为了满足自身增加收入的商业需求，核准的项目是开辟一条新的旅游线路。

（3）客户需求。客户需求分析包括了解暗示需求和明确需求。暗示需求就是客户对难点、困难、不满的陈述；明确需求就是客户对难点、困难、不满的具体陈述。如一家电力公司核准一个新建发电厂的项目，目的是为新的工业园服务，方便解决工业园的电力使用需求。

（4）技术进步的需求。如影视公司核准一个引进音像设备的项目，提高了公司的技术竞争力，同时能够满足影视娱乐业技术进步的需求。

（5）法律需求。如涂料生产厂的工业污染物需要满足法律规定的排放标准，则其核准的项目是建立一个处理有毒物品的生产线。

二、项目启动的依据

（一）项目目的

项目目的是指项目的客户期望项目结束时所能够实现的项目结果,明确项目的目的是项目成功的重要保证。项目团队应该根据自身条件以及资源的获取能力,对能否实现项目目的、满足客户需求做出客观、合理的判断。

（二）产品说明

产品说明应该能阐明项目工作完成后,所生产出的产品服务的特征。产品说明通常在项目工作的早期阐述得少,而在项目的后期阐述得多,因为产品的特征是逐步显现出来的。产品说明也应该记载已生产的产品或服务同商家的需要或别的影响因素间的关系,因为它会对项目产生积极的影响。尽管产品说明的形式和内容是多种多样的,但是它应能对项目规划提供详细的、充分的资料。许多项目都包括一个按购买者的合同进行工作的销售组织。在这种情况下,最初的产品说明通常是由购买方提供的。如果买者的工作本身就是制定项目,则买者的产品说明就是对自己工作的一种陈述。

（三）战略目标

所有项目都要服从企业的整体战略目标,项目选择要以公司的战略目标作为决策标准。项目从事的一切活动都要以实现其战略目标为中心。

（四）项目选择标准

项目的备选方案可能不止一个,项目选择标准通常是通过项目产品界定的,就是在什么情况下项目可以考虑进行。这就需要建立一套评价体系作为选择方案的标准,项目选择的标准一般根据项目最终成果的性质和客户的要求来决定,同时还要考虑经济效益、社会效益以及项目环境等。

（五）历史资料

历史资料包括以前项目选择决策的结果和以前项目执行的结果,在可获得的范围内对它们加以考虑。

三、项目启动的方法

（一）定量分析方法

（1）成本—收益分析:利用成本和效益指标进行项目选择。如净现值法、内部收益率法、投资回收期法、效益分析法和要素加权分析法等。

（2）制约最优化方法：利用数学模型，利用线性的、非线性的、动态的、完整的及混合目标项目规划系统。

（二）定性分析方法

如专家评分法和德尔菲法等。

四、项目启动的结果

（一）项目章程

项目章程就是正式承认项目存在的文件，它可以是一个专门的文件，也可以是企业需求说明书、成果说明书、签订的合同等替代文件。项目章程赋予了项目经理运用、组织生产资源，进行生产活动的权力。项目章程是由项目的客户或者项目团队所属的上级领导组织的决策者签发的。

（二）项目说明书

项目说明书是说明项目总体情况的文件，主要包括项目的实施动机、项目目的、项目总体情况的相关描述、项目经理的责任和权利等。

（三）项目经理选派

项目应该尽早选定项目经理，并且在计划开始前指派到位。优秀的项目经理是项目成功的关键因素。项目经理既可以来自于企业内部，也可以来自于职业项目经理人市场，还可以由咨询公司推荐。在选择项目经理的同时，还要明确项目经理的责、权、利，并建立适当的激励和约束机制。

（四）项目制约因素的确定

制约因素就是限制项目团队行动的因素。例如，事先确定预算是制约项目团队的操作范围、职员调配和进一步计划的一个很重要的因素。再如，当一个项目按照合同执行时，合同条款通常是受合同制约的。

（五）项目假设条件的确定

制订项目计划时一般会假设某些因素是真实的和符合现实的，这些因素就是假设条件。作项目计划时，一般假定项目所需的资源都会及时到位，但是现实情况可能不会这么理想，因此，假设条件通常包含着一定的风险。

第三节　项目范围计划

项目范围计划就是以项目的实施动机为基础,确定项目范围并编写项目范围说明书的过程。项目范围说明书(project scope statement)说明了进行该项目的目的、项目的基本内容和结构,规定了项目文件的标准格式,其形成的项目结果核对清单既可作为评价项目各阶段成果的依据,也可作为项目计划的基础。项目范围说明书是项目团队和项目客户之间对项目的工作内容达成共识的结果。

一、项目计划的内容

项目计划应包括足够的信息,以便使项目经理在任何时候都知道还有什么未做完、何时做、用什么资源做、由谁做、任务何时完成及结果应符合什么规格等。在项目从开始到结束的过程中,项目经理也需要知道项目计划中是否会有变化、是否可能出现一些问题。

项目计划有几种不同的类型。项目总体计划包括如下内容:

(1) 概述。包括项目的简略描述和其可交付成果以及项目里程碑或重要事件列表,这是为高级管理层准备的。它还应包括预计的竞争效果以及最可能的技术结果。

(2) 目标。这是对项目可交付成果和结果更详细的描述,描述方法是采用项目使命说明书的形式。使命说明书的目的是让项目团队成员和其他人了解项目的目的,以便使他们可以做出与项目总体目标一致的决定。为了从整体上保证团队对项目的理解,通常在起草使命说明书时,成立一个由项目成员代表组成的小组。

(3) 一般方法。在这一部分中描述项目的技术和管理方法,包括对项目性质的确定以及这一项目与组织正在执行或酝酿的其他项目的关系。同时也要注意到那些超出组织标准管理惯例范围的计划。

(4) 合同方面。这一部分包括对与客户或其他第三方签订的协议的完整描述。这包括:对所有报告的要求;所有可交付产品的技术规范;就交付日期、奖励和未履行合同的惩罚达成的协议;对可交付成果做出变更的具体程序;项目评审的日期和程序及相似的协议。

(5) 进度。这一部分包括所有进度和里程碑的概要。项目中的每一项任务在项目行动计划或工作分解结构中列出,与每一项任务列在一起的是执行该任务所需要的时间。项目进度就是根据这些数据编制的。

(6) 资源需求。项目所有费用的估算都包括在这里。与每一项任务相关的成本、管理费和固定费用,就组成了项目预算。

（7）人员。这部分包括项目人力的详细内容。要注明任何特别的技能要求、必要的培训和特殊的法律程序，如安全和不泄密协议，并将其与进度结合起来，注明所有不同时期的人力需求。

（8）评估方法。在这一部分中可以看到所有对项目评估程序和标准的详细介绍，同时还包括所有监督、收集和储存项目绩效数据的程序和要求，还有所需项目历史的描述。

（9）潜在的问题。计划者应列出常发生的困难，以及对付这些困难的计划。需要记住的是，计划做得再充分也不能杜绝危机的发生，但事先计划可以防止危机的发生或减少一些由危机所带来的影响。

二、项目范围计划的工具和方法

（一）成果分析

成果分析可以加深对项目成果的理解，由项目产品的功能和特性着手分析，反向推导项目的工作范围，目的是使项目团队开发出一个更好、更明确的项目产品。对项目成果进行分析时，可以综合运用不同的分析方法，如系统工程、价值工程、功能分析等技术，达到指导项目范围计划制订的目的。

（二）项目方案识别技术

项目方案识别技术一般是指用于提出项目目标方案的所有技术，如头脑风暴法，目的是针对项目的每个问题提出尽可能多的备选方案。在此注重的是方案的数量而不是方案的质量。将所有备选方案都记录下来以后，再运用各种经济评价方法，找出最佳方案，从而根据该方案制定项目的范围计划。

（三）专家判断法

专家判断法即利用各领域的专家来帮助项目团队制订范围计划。专家可以是来自各领域的具有专业知识和技能的人员，也可以来自咨询公司、行业协会等。

三、项目范围计划的结果

（一）项目范围说明书

项目范围说明书是未来项目实施的基础，它有助于项目干系人之间达成共识。项目范围说明书一般包括以下内容：

（1）项目的合理性说明，即说明为什么要进行该项目；

（2）项目的可交付成果，形成项目产品清单；

（3）项目成果的定量标准，包括成本、进度、技术性能和质量标准；

（4）项目目标的实现程度，因为项目是一个创新性的活动，因此这个程度不是一成不变的，而是随项目的实施进展和外界环境的变化发生相应的变动；

（5）辅助说明，包括已识别的假设条件和制约因素等。

（二）项目范围管理计划

范围管理计划描述了对项目范围如何进行管理、项目范围怎样变更才能与项目要求相一致等问题。该文件包括以下内容：

（1）说明如何控制项目的范围以及项目范围的变更；

（2）说明如何识别项目范围变更并对其进行分类；

（3）对项目范围的稳定性进行评价，即项目范围变化的可能性频率和幅度。

项目在一开始时，项目团队和客户就应该对项目范围变更的显著性水平做出概念性的界定。例如，项目团队和客户约定项目成本计划只允许有 20% 的偏差，那么如果实际成本已经超过计划的 30%，并且没有任何挽救的可能，这时项目的计划就应该做调整，项目的范围也就要随之变更。

第四节　项目范围管理过程

一、项目范围定义

项目范围定义（project scope definition，PSD）就是把项目的主要可交付成果划分为更小的、更加容易管理的组成部分。为了达到项目目标，首先要确定为达到目标所要完成的具体任务。在项目范围计划中对这些任务进行了概括说明；在项目范围定义中，要将这些任务再逐步细化，直至落实到完成它的每一个人或每一个小组。项目范围定义不但要力求准确、细致，而且要有利于项目资源的合理调配和成本的估算。

范围定义是通过任务分解实现的，任务分解就是把笼统的、不能具体操作的任务细分成较小的且易执行和控制的、包括具体细节的可操作任务。任务分解有助于提高项目成本估算、进度和资源估算的准确性，有利于对项目的执行情况进行评价，便于明确项目团队成员的职责和进行资源分配。

二、项目范围定义的工具

工作分解结构（WBS）是一种为了便于管理和控制而将项目工作分解的技术，是项目范围定义中最有价值的工具。WBS 逐层把项目分解成子项目，子项目再分解成更小的、更易管理的工作单元(或工作包),直至具体的活动(或工序)。工作分解结构可以把整个项目联系起来,把项目目标逐步细化为许多可行的,并且是相对短期的任务。

三、项目范围定义的结果

1. 项目工作分解结构(WBS)图

WBS图是通过分解技术,将项目任务按照其内在性质和内在结构逐层细化而形成的示意图,呈分级树形结构。该图涵盖了项目的所有工作任务,即确定了项目的整个范围,直观地说明了每个独立的工作任务在项目中的地位。

2. 项目工作分解结构词典

项目工作分解结构词典是对项目工作分解结构进行说明的文件,它详细说明了工作分解结构中所有工作包的重要情况。一般来讲,项目工作分解结构词典应该包含如下几项基本的工作信息:工作细节、前期工作投入、工作产出、人员联系、持续时间、需要的资源、紧前工作和紧后工作等。

第五节 项目范围确认

项目范围确认(project scope verification,PSV)是指项目干系人最终认可和接受项目范围的过程。在范围确认工作中,要对范围定义的工作结果进行审查,确保项目范围包含了所有的工作任务。项目范围确认既可以针对一个项目的整体范围进行确认,也可以针对某个项目阶段的范围进行确认。项目范围确认要审核项目范围界定工作的结果,确保所有的、必需的工作都包括在项目工作分解结构中,而一切与实现目标无关的工作均不包括在项目范围中,以保证项目范围的准确。

一、项目范围确认的依据

(1)工作成果,即项目可交付成果的情况,反映了项目按计划书执行的实际情况。

(2)成果说明,即对项目成果的全面描述,如项目规格书、项目技术文件或项目图纸等。

(3)项目范围说明书。

(4)项目范围管理计划。

(5)项目工作分解结构图。

二、项目范围确认的工具

项目范围确认的常用工具只有如下两张核检表,即项目范围的核检表和项目工作分解结构核检表,实践证明它们在项目范围管理中是十分有效的。

(一) 项目范围的核检表的主要内容

(1) 项目目标是否完整、准确。

(2) 项目目标的衡量标准是否科学、合理和有效。

(3) 项目的约束条件、限制条件是否真实并符合实际。

(4) 项目的假设前提是否合理,不确定性的程度是否较小。

(5) 项目的风险是否可以接受。

(6) 项目成功的把握是否很大。

(7) 项目的范围界定是否能够保证上述目标的实现。

(8) 项目范围所能产生的收益是否大于成本。

(9) 项目范围界定是否需要进一步开展辅助性研究。

(二) 项目工作分解结构核检表的主要内容

(1) 项目目标描述得是否清楚、明确。

(2) 项目产出物的各项成果描述得是否清楚、明确。

(3) 项目产出物的所有成果是否都是为实现项目目标服务的。

(4) 项目的各项成果是否以工作分解结构为基础。

(5) 项目工作分解结构中的工作包是否都是为形成项目某项成果服务的。

(6) 项目目标层次的描述是否清楚。

(7) 项目工作分解结构的层次划分是否与项目目标层次的划分和描述相统一。

(8) 项目工作、项目成果与项目目标之间的关系是否一致、统一。

(9) 项目工作、项目成果、项目分目标和项目总目标之间的逻辑关系是否正确、合理。

(10) 项目目标的衡量标准是否有可度量的数量、质量或时间指标。

(11) 项目工作分解结构中的工作是否有合理的数量、质量和时间度量指标。

(12) 项目目标的指标值与项目工作绩效的度量标准是否匹配。

(13) 项目工作分解结构的层次分解得是否合理。

(14) 项目工作分解结构中各个工作包的工作内容是否合理。

(15) 项目工作分解结构中各个工作包之间的相互关系是否合理。

(16) 项目工作分解结构中各项工作所需的资源是否明确、合理。

(17) 项目工作分解结构中各项工作的考核指标是否合理。

(18) 项目工作分解结构的总体协调是否合理。

三、项目范围确认的结果

项目范围确认的结果即对项目范围定义工作的接受,同时还要编制经项目干系人确认并已经接受的项目范围定义和项目阶段性工作成果的正式文件。这些文件应该分发给有关的项目干系人。如果项目范围没有被项目干系人确认,则项目宣告终止。

第六节　项目范围变更控制

在项目执行时,进度、费用、质量以及客户需求等各种因素的变化都会导致项目范围的变化;同时,项目范围的变化会要求上述各方面做出相应的变化。因此,必须进行整体的控制和管理。项目变更控制是对项目存在的或潜在的变化,采用相应的策略和方法予以处理。项目范围变更控制是指当项目范围发生变化时对其采取纠正措施的过程,以及为使项目朝着目标方向发展而对某些因素进行调整所引起的项目范围变化的过程。

一、项目范围变更的原因

项目干系人常常由于各种原因要求对项目范围进行修改。造成范围变更的原因很多,主要有:

(1) 项目的外部环境发生变化,如政府的有关规定发生变化;

(2) 在项目范围计划或定义时出现错误或遗漏;

(3) 项目团队提出了新的技术、手段或方案;

(4) 项目实施的组织本身发生了变化;

(5) 客户对项目或项目产品的要求发生变化。

二、项目范围变更控制的依据

1. 项目工作分解结构

项目工作分解结构是确定项目范围的基准,它定义了完成项目所需的所有工作任务,如果实际工作超出或没有达到工作分解结构的要求,就认为项目的范围发生了变化。这时,就要对工作分解结构进行修改和调整。

2. 项目执行情况报告

项目执行情况报告包括两部分:一是项目的实际完成情况;二是有关项目范围、进度、成本和资源变化的情况。执行情况报告还能使项目团队注意到一些可能在未来会导致项目范围发生变化的因素。

　　3. 项目范围的变更申请

　　项目范围的变更申请是指对可能扩大或缩小项目的范围所提出的要求。项目范围的变更申请可以采取很多形式,如口头的或书面的、直接的或间接的、从内部开始的或从外部开始的等。

　　4. 项目范围管理计划

　　项目范围管理计划对如何控制范围的变化作了规定。它可以是正式计划或非正式计划,也可以是详细性描述或是基于项目需要的一个大致的约定。

三、项目范围变更控制的工具和方法

　　1. 项目范围变更控制系统

　　项目范围变更控制系统规定了项目范围变更的基本控制程序、控制方法和控制责任等,包括范围文件系统、项目执行跟踪系统、偏差系统、项目范围变更申请和审批系统等。在项目执行过程中,要对项目的进展情况进行监控,对实际与计划之间的偏差进行分析。如果偏差不利于项目目标的完成,就要及时采取纠偏措施。项目范围的变更会引起成本、进度、质量等项目目标的变化,因此,范围变更控制系统应该与项目的其他变更控制系统相结合使用,从而对项目进行整体管理。

　　2. 绩效测量

　　绩效测量技术可以帮助项目团队评估发生偏差的程度,分析导致偏差的原因,并且做出相应的处理。一般包括偏差分析、绩效审查、趋势分析等技术。

　　3. 范围计划调整

　　很少有项目能按照初始计划运作,项目的范围随时都有可能发生变化。因此,就要根据范围的变动来随时调整、补充原有的工作分解结构图,并以此为基础,调整、确定新的项目计划,并根据新的项目计划的要求,对项目范围的变更进行控制。

四、范围变更控制的结果

　　1. 范围变更文件

　　范围变更经常会涉及成本、进度、质量和其他项目目标的调整。项目范围变更一旦确定,就要对有关的项目文件进行更新,并将项目范围变更的信息和相应的文件及时通知或发送给相关的项目干系人。

　　2. 纠正措施文档

　　为了完成预定的项目目标,项目团队要对执行过程中的偏差采取有效的纠正措施,并形成文档。纠正措施有两种情况：一是根据项目的实际执行情况，采取措施消除偏差的影响，使项目的进展情况与计划相一致；二是根据经过审批后的项目范围变更要求采取一些纠正措施。

3. 经验教训文档

项目范围变更后，项目团队要把各种变更的原因、选择纠正措施的理由以及从范围变更控制中得出的经验教训等用书面的形式记录下来，将其作为历史资料的一部分，并为项目团队继续执行该项目以及今后执行其他项目提供参考。

4. 调整后的基准计划

项目范围变更后，必须根据范围变更文件相应地修改项目的基准计划，从而反映已批准的变更，并作为未来变更控制的新基准。

小 结

本章首先对项目的范围管理作了总括的阐述，主要有项目范围管理的定义、项目范围管理的作用和项目范围管理的过程等。分别就项目范围管理的五个过程，即启动、范围计划、范围定义、范围确认和范围变更控制展开了讨论，比较详尽地介绍了各过程的依据、可采用的工具和方法以及各自的结果。

思考题

1. 什么是项目范围管理？
2. 如何制订项目计划？
3. 简述项目范围管理的技术方法。
4. 简述如何实施范围变更控制。

案例分析

M 集团的压力

M 集团是希赛信息技术有限公司(CSAI)多年的客户，CSAI 已经为其开发了多个信息系统。最近，M 又和 CSAI 签订了新的开发合同，以扩充整个企业的信息化应用范围，张工担任该项目的项目经理。张工组织相关人员对该项目的工作进行了分解，并参考了公司同

M集团曾经合作的项目,评估得到项目,总工作量60人/月,计划工期6个月。项目刚刚开始不久,张工的高层经理S找到张工。S表示,由于公司运作的问题,需要在4个月内完成项目,考虑到压缩工期的现实,可以为该项目再增派两名开发人员。张工认为,整个项目的工作量是经过仔细分解后评估得到的,评估过程中也参考了历史上与K企业合作的项目度量数据,该工作量是客观真实的。目前项目已经开始,增派的人手还需要一定的时间熟悉项目情况,因此即使增派两人也很难在4个月内完成。如果强行要求项目组成员通过加班等方式追逐4个月完成的目标,肯定会降低项目的质量,造成用户不满意的后果。因此,张工提出将整个项目分为两部分实现,第一部分使用三个半月的时间,第二部分使用3个月的时间,分别制定出两部分的验收标准,这样不增派开发人员也可以完成。高层经理认为该方案可以满足公司的运作要求,用户也同意按照这种方案实施。6个月以后,项目在没有增加人员的前提下顺利地完成,虽然比最初计划延长了半个月的工期,但既达到了公司的要求,客户对最终交付的系统也非常满意,项目组的成员也没有感受到很大的压力。

问题:

(1) 请指出张工是如何保证项目成功的?

(2) 试结合案例指出项目范围管理的工作要点。

第六章 项目时间管理

合理地安排项目时间是项目管理中一项关键内容,它的目的是保证按时完成项目、合理分配资源、发挥最佳工作效率。项目时间管理、项目成本管理和项目质量管理并称项目管理的"三大约束管理"。

第一节 项目时间管理概述

一、项目时间管理

项目时间管理又称为项目进度管理或项目工期管理,是指在项目的进展过程中,为了确保项目能够在规定的时间内实现项目目标,对项目活动进度及日程安排所进行的管理过程。项目时间管理与项目成本管理、项目质量管理协调作用、相辅相成,确保能够准时、合理地安排资源,节约成本,提高项目完工质量。

二、项目时间管理周期

项目时间管理即在限定的工期内,拟订出合理且经济的进度计划,在执行该计划的过程中,经常检查实际进度是否按计划要求进行。若出现偏差,就要及时找出原因,采取必要的补救措施或调整、修改原计划,直至工程竣工。因此,项目时间管理是一种循环的例行活动。在每个周期的活动中大致可以分为四个阶段,先后顺序是编制计划、实施计划、检查与调整计划、分析与总结。在前一循环和后一循环相衔接处,靠信息反馈的作用,使后一循环的计划阶段与前一循环的分析总结阶段保持持续,从而解决前一阶段遗留的问题并应用其经验,使工作向前推进。每一循环构成一个封闭回路,使项目时间管理水平不断提高。

三、项目时间管理的干扰因素及因素分析

(一)干扰因素

在项目进行过程中,很多因素影响项目工期目标的实现,这些因素可称之为干扰因素。

要有效进行项目时间管理,必须对影响项目进度的因素进行分析,事先采取措施,尽量缩小计划进度与实际进度的偏差,实现对项目的主动控制。影响项目工期目标实现的干扰因素主要有以下几个方面:①人的因素;②材料、设备的因素;③方法、工艺的因素;④资金因素;⑤环境因素等。

(二)因素分析

对这些因素作进一步分析,可知干扰项目时间管理的状况有以下几种。

(1)错误估计了项目实现的特点及实现的条件。这其中主要包括低估了项目的实现在技术上存在的困难;未考虑到某些项目设计和实施问题的解决,必须进行科研和实验,而它既需要资金又需要时间;低估了项目实施过程中各项目参与者之间协调的困难;对环境因素、物资供应条件、市场价格的变化趋势等了解不够等。

(2)盲目确定工期目标。不考虑项目的独特性,不采用科学的方法,不进行充分的调研、沟通,仅凭以往的经验就盲目确定工期目标,使得工期要么太短,无法实现,要么太长,效率低下。

(3)工期计划方面的不足。例如,项目设计、材料、设备等资源条件不落实,进度计划缺乏资源的保证,以致进度计划难以实现;进度计划编制质量粗糙,指导性差;进度计划未认真交底,操作者不能切实掌握计划的目的和要求,以致贯彻不力;不考虑计划的可变性,认为一次计划就可以一劳永逸;计划的编制缺乏科学性,致使计划缺乏贯彻的基础而流于形式;项目实施者不按计划执行,凭经验办事,使编制的计划徒劳无益、不起作用。

(4)项目参加者的工作失误。设计者草率设计而实施单位也没有及时作相应的决策;设计进度拖延;突发事件处理不当;项目参加各方关系不协调;总承包施工单位将任务承包给不合格的分包施工单位等。

(5)不可预见事件的发生。如恶劣气候条件,复杂的地质条件,政变、天灾人祸事件的发生等。

以上仅列举了几类问题,而实际出现的问题更多。这其中有些是主观的干扰因素,有些是客观的干扰因素,而这些干扰因素的存在,充分说明了加强项目时间管理的必要性。在项目的实施进程中,加强对这些干扰因素的分析、研究,并运用数学概率统计的方法,逐步掌握其出现的规律和可能性,将有助于我们提高项目时间管理的绩效。

第二节 项目时间管理的内容

一、项目时间管理的主要过程

项目时间管理由六项任务组成:活动定义、活动排序、活动资源估计、活动历时估算、进度计划编制和进度控制。

需要注意的是,项目时间管理的这些工作虽然在理论上界限划分明确,但在项目管理的实践中,它们通常是相互影响、相互制约的,它们会出现相互交叉和相互重叠的关系,很难截然分开。特别是一些小型项目,项目时间管理的一些过程甚至可以合并在一起被视为一个阶段。尽管这样,但由于每个过程所使用的工具和技术不尽相同,因此在理论上还是应将其明确分开进行学习。

二、项目活动定义

(一)项目活动定义的概念

要完成一个项目,并实现项目的目标,事先确定实施项目所需要开展的活动,并拟出一份包括所有活动的活动清单是十分重要的。项目活动定义就是完成这项活动所要进行的项目进度管理的一个过程。

项目活动定义是确定为完成项目目标所需要进行的所有具体活动的一项任务。该任务的目标是确保项目团队对项目范围规定的所有活动有一个完整、具体的理解。

项目活动定义的主要工作如表 6-1 所示。

表 6-1 项目活动定义的主要工作

输 入 依 据	工具和方法	输出结果
项目工作分解结构 范围说明 历史信息 约束条件 假定	分解技术 模板法	辅助性说明 活动清单 更新工作分解结构

(二)项目活动定义的输入依据

活动定义的输入依据包括项目工作分解结构(WBS)、范围说明、历史信息、约束条件、假设条件五个方面的内容。

1. 工作分解结构（WBS）

WBS 是活动定义最基本的依据，它描述了完成项目所要进行的活动。其主要思想是将一个项目整体分解成易于管理、控制的若干个子项目或工作任务。图 6-1 是一个简单的工作分解结构模型示意图，从图中可以看出，整个项目的工作被分解为三个。通过对这一工作分解结构的进一步细化，就可以得到该项目的活动清单。

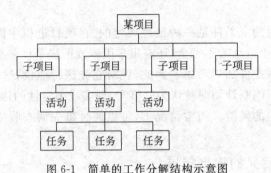

图 6-1　简单的工作分解结构示意图

2. 范围说明

范围说明是项目活动定义的又一个基本依据。范围说明是指在活动定义期间，必须明确考虑其中所列入的项目合理性和项目目标说明。在项目范围定义中把主要的可交付物分解成更小的、更容易管理的单元，可以达到以下目的：①提高对成本、时间及资源估算的准确性；②为执行情况的测量与控制制定一个基准计划；③有利于进行更为明确的职责分配。

正确的范围定义是项目成功的关键。当范围定义不明确时，变更就不可避免地出现，并破坏项目的节奏，造成返工、延长项目工期、降低工作人员的生产效率和士气，从而造成项目最后的成本大大超出预算。由此可见，范围定义的信息资料的完整性，决定了项目团队可以正确地确定项目所要开展的活动，从而不会遗漏也不会增加超过项目范围以外的活动。所以，必须是已经获得确认的项目范围说明才能作为项目活动定义输入的主要依据之一。并且随着项目的进行，这个范围说明可能需要进一步修改以使其更为精确，从而更好地反映项目范围的变化。

3. 历史信息

历史信息包括项目前期工作的实际执行情况，也包括项目组织过去开展的类似项目的例子。在定义项目活动的过程时，应当参考这些信息，特别是以前的、类似的项目中实际必需的那些活动尤其值得借鉴。查找这些历史信息，主要来源包括：①项目档案；②行业渠道；③团队成员。

虽然历史信息很重要，但绝对不能盲目照搬，因为每个项目都具有其独特性。此外，还要考虑到项目环境的差异性,所以应有选择地利用这些历史信息。

4. 约束条件

任何一个项目都会面临各种各样的约束条件,这些约束条件是限制项目管理班子进行选择的因素。在进行项目活动,尤其是资源均衡时我们必须要考虑到这一点。这些约束条件是正确定义项目活动所需的参考因素。

5. 假设条件

上面所讨论的项目约束条件是一种已经确定的、在项目进程中需要考虑的限制条件。然而在项目管理中,由于信息的不完全,还有很多因素或前提条件是尚不确定的,但根据项目的需要还必须对这些条件加以考虑。因此,就对它先进行假设,这就是通常所说的假设条件。假设条件是为了编制计划而被认为是事实、现实或确定性的因素。项目的假设条件无疑会给项目带来一定的风险。通常情况下,可以通过事先调查收集资料,制订应急计划来分散这些风险。

(三)项目活动定义的输出结果

1. 辅助性说明

项目活动定义也会产生一些辅助性的详细资料,它将与具体活动相关的假设和约束条件形成相应的文件。在转移到项目进度管理的下一个过程以前,项目团队应该与项目干系人一起审查修订依据资料。

2. 活动清单(BOA)

活动清单(bill of activities,BOA)作为工作分解结构的补充,确保了包括项目所要进行的所有活动,并且排除超过项目范围的活动。同时,活动清单对每个活动进行了简要说明,从而保证项目团队能够全面、正确地理解项目要进行的所有活动。

3. 更新工作分解结构

在利用工作分解结构识别需要进行哪些活动时,项目队伍成员可以发现漏掉的可交付物或者可以确定哪些交付物的说明需要澄清或更正。所以,要对原有的工作分解结构进行更新。同时,也必须对其他的相关项目管理文档进行更新。

三、项目活动排序

(一)项目活动排序的概念

在项目活动定义完成后,项目进度管理的下一个步骤就是活动排序(activity sequencing)。活动排序涉及审查 WBS 中的活动、产品说明书、假设和约束条件。活动排序确定各活动之间的依赖关系,并形成文档。为了进一步编制切实可行的进度计划,必须首先对前面所定义出的活动进行准确的排序。活动排序过程可以利用现有的计算机管理软件进行(如使用项目管理软件),也可以用手工来做。在较小的项目中,或在大型项目的早期阶段,即其具体细节不清晰时,手工技术更为有效。在实际的运用中,手工和自动技术也可以结合起来使用。

项目活动排序的主要工作如表 6-2 所示。

表 6-2   项目活动排序的主要工作

输 入 依 据	工 具 和 方 法	输 出 结 果
活动清单 产品描述 各活动之间的关系 其他约束条件与假定 里程碑	前导图法 箭线图法 条件图法 网络模板	项目网络图 更新后的项目活动清单

(二)项目活动排序的输入依据

活动排序的输入依据包括活动清单、产品描述、各活动之间的关系、其他的约束条件与假定及里程碑等几个方面。

1. 活动清单

活动清单是活动定义的主要输出,同时也是活动排序的主要输入,是进行活动排序过程的基础。活动清单必须包括项目中所要执行的所有活动,每一项活动都要有准确的文字定义和说明。

2. 产品描述

项目产品也叫项目产出物,是开展项目活动的结果。项目产品描述是有关项目将要创造的产品或服务的特性的文档。产品的特性通常影响到活动排序,在活动排序的过程中更应该明确产品的特征。一般还应该对产品描述进行核对、审查,以确保活动排序的正确性。

3. 各活动之间的关系

各活动之间的关系包括强制性依赖关系、可自由处理的依赖关系、外部依赖关系等。

(1)强制性依赖关系是指所做工作中固有的依赖关系。它们通常包括实际约束条件(如在建设项目中,不可能在基础完成之前进行上部结构施工;在电子项目中,必须先建一个样机,然后才能对其进行试验)。强制性依赖关系也称为“硬逻辑关系”。

(2)可自由处理的依赖关系是指由项目队伍确定的那些依赖关系。由于这些依赖关系可能限制进度计划编制中的方案选择,所以必须慎重使用,并要形成相关的完整文档。

4. 其他的约束条件与假定

与活动定义过程相同,我们在进行活动排序时,也要考虑到对此的约束条件以及我们所做出的相关合理假定。这是项目管理过程所必需的。例如,在没有资源条件限制的情况下,可能同时可以开展两个活动,而在有资源条件限制的情况下,这两个活动可能就需要依次进行。假定是对于开展项目活动所涉及的一些不确定的条件的假设,它会直接影响项目活动的排序。因此,为了制订良好的项目计划,需要考虑各种约束条件与假定。

(三)项目活动排序的输出结果

1. 项目网络图

项目网络图就是项目活动及其逻辑关系(依赖关系)的图解表示。上面讲述了绘制项目网络图的两种不同的方法——PDM、ADM。项目网络图可以手工编制,也可以在计算机上完成。该图可以包括整个项目的全部细节,也可以包含一个或多个概括性活动。图中还应该附有简要的说明以及描述活动排序的基本方法。对于任何特别的排序都应作详细说明。

网络计划技术的一个显著特征就是借助网络图对项目的进行过程及其内在逻辑关系进行综合描述。这是进行计划和计算的基础。因此,研究相应用网络计划技术首先要从网络图入手。

需要特别注意的是,项目网络图常常被用来指 PERT 图(计划评审技术)。PERT 图是项目网络图的一种特殊类型,现在已经很少使用。

2. 更新后的项目活动清单

活动定义过程可以产生对工作分解结构的更新。同样,在编制项目网络图的过程中,可能会发现需要对某些活动进行再分解或重新定义。这就要求及时对项目活动清单进行更新,以编制出正确可行的逻辑关系图。

四、项目活动资源需求估计

(一)项目活动资源的概念

项目活动资源是指为了开展项目中的活动所需的资本或者某种人力、设备或材料。从分类上讲包括自然资源和人造资源、内部资源和外部资源、有形资源和无形资源等。例如,人力、材料、机械、资金、信息、技术方法、市场等。从广义上讲,时间也是项目活动资源中的资源之一。

项目活动资源需求的主要工作如表 6-3 所示。

怎样才能较为准确、全面地估计项目活动的资源需求呢?首先我们需要充分地输入信息,充分地考虑和项目活动资源需求相关的诸多因素,在此基础上选择适当的确定方法,最后给出需要的答案。

表 6-3　项目活动资源的主要工作

输 入 依 据	工 具 和 方 法	输 出 结 果
企业环境因素	专家调查法	活动资源需求
组织的过程资产	资料统计法	更新的活动特性
历史项目信息	统一定额法	资源分解结构
各类资源的定额标准和计算规则	三点技术	资源日历
项目活动清单	项目管理软件法	必要的变更
活动特性		
资源的可获得性		
项目工期及工期管理计划		
项目活动资源需求估计的假设前提条件		

对于一个给定的项目活动,需要考虑很多的因素来估计其资源需求。通常这些影响项目活动资源需求的因素包括以下几个方面。

1. 资源的适用性

在选择资源时,要尽可能地使其具有最大的适用性。这样,我们不但要考虑资源本身的质量和供给状况,还要考虑项目活动的需求、可以付出的成本,以及使用这种资源最想达到的目的,进行综合权衡。

2. 资源的可获得性

在确定项目活动资源的需求时,有关什么资源、在什么时候、以何种方式可供项目利用是必须要加以考虑的,否则,资源需求计划做得再好也是没有实际意义的,而通常项目活动所需的资源并不是可以随时随地获得的。尤其是一些稀缺资源,如具有特殊技能的专家、昂贵的设备等。所以,在确定活动资源需求的时候,应当在满足项目活动顺利实施的前提下,尽量选择通用的资源类型,以确保项目活动资源在需要的时候可以得到。

3. 项目日历和资源日历

项目日历和资源日历确定了可用于工作的资源的时间。资源有资源的可供应的时间,项目有项目的运作时间,这两个时间表并不必然一致(例如,一些项目仅在法定的工作时间内可以进行,而资源随时可以供应)。所以,必须提前做出工作安排。

4. 资源质量

不同的活动对资源的质量水平要求是不同的。在确定资源需求的时候必须保证资源的质量水平能满足项目活动实施的要求。

5. 资源使用的规模经济和规模不经济

一种情况是资源投入得越多,单位时间区段的成本反而会逐渐减小,而且使得项目进度加快。这主要是由于规模经济的原因,分摊了一些成本和加快了学习曲线效应。但是,如果我们不断增加分配给某个活动的资源数量,当该资源的数量达到某一程度时,再增加该类资源,常常不会使该项活动的工期缩短。也就是说,超过这一数值时,再增加资源对于该项活动来说不仅是无效的,而且会逐渐减少收益,这是规模不经济现象。

6.关键活动的资源需求

在确定资源需求的时候,应当分析活动在整个项目中的重要性。如果是关键环节上的活动,那么对该活动的资源需求应当仔细规划。

7.活动的关键资源需求

在活动所需的资源中,肯定有些资源是十分关键的、稀少的和不可替代的。因此,应当着重考虑关键资源的需求问题,通过增加该项资源的储备、加大采购提前期、准备多个供方等措施来确保活动工期不因关键资源的问题而受到影响。

8.项目活动的时间约束和资源成本约束的集成

确定项目活动资源需求是除了要考虑资源的使用性质以外,还应从集成管理的角度来考虑所使用资源的成本和时间。当人们以各不相同的形式来实施项目的活动时,各个活动的资源组合形式影响着项目成本和进度。比如,要完成某项活动,如果采用机械设备需要2天完成,成本是1万元;而采用人工完成需要4天,成本是2 000元。

9.资源蕴含的风险

在确定资源需求时,还应当分析资源蕴含的风险。项目是一次性的和独特性的努力,存在着许多风险因素。这些风险因素都会对项目活动的资源需求产生重大影响。

10.活动资源储备

在进行活动资源需求估计的时候,应当考虑活动资源的储备,特别是对关键活动和活动的关键资源的储备。通过增加活动资源储备可以增强项目的风险承受能力和应对能力。

(二)项目活动资源需求估计的输入依据

1.企业环境因素

在项目活动资源估计过程中,我们需要使用企业环境因素中关于基础资源可得性的信息。这些信息包括但不限于以下内容:

(1)组织或者公司的文化和结构。

(2)政府和行业标准、质量标准和工艺标准。

(3)现有设备和资本资产。

(4)现有人力资源。

(5)人事管理(如雇用和解雇指南、员工绩效评审、培训记录)。

(6)公司授权系统。

(7)干系人风险容忍程度。

（8）商业数据库（如标准化的成本估算数据、行业风险研究信息和风险数据库）。

（9）项目管理信息系统（如自动化的成套工具、进度软件工具、配置管理系统以及信息收集和分发系统）。

2. 组织的过程资产

组织的过程资产包括正式的和非正式的政策、程序、计划和指南，还包括完整的进度计划、风险数据等。组织的过程资产可以根据行业类型、组织和应用领域的不同而用不同的方法来组织。例如，组织的过程资产可以分为两类。

1）组织的过程和程序

（1）组织的标准程序，如标准、政策（如安全健康政策、项目管理政策）、标准产品和项目生命周期，以及质量政策和程序（如过程监督、目标改进、核减清单、标准化的过程定义）。

（2）标准化的指南、工作说明、建议评估标准、绩效评估标准。

（3）组织沟通需求（如沟通技术、沟通媒介、保密要求）。

（4）项目终结指南或需求（如财务审计、项目评估、产品确认和接受标准）。

（5）财务的控制程序（如时间报告、必需的花费和支出评审、会计法规、标准的合同条款）。

（6）问题和缺陷管理程序，该程序确定了问题和缺陷控制、问题和缺陷识别与解决以及缺陷管理的追踪。

（7）变更控制程序，包括正式的公司标准、政策、计划和程序，任何项目文档确定的步骤，每项变更如何批准和确认。

（8）风险控制程序，包括风险分类、可能性定义和影响、可能性和影响矩阵。

2）获取和保存信息以及共享知识库

（1）项目文档（如范围、成本、进度和质量基准、绩效测度基准、项目日历、项目进度网络图、风险等级、计划的反映行动和定义的风险影响）。

（2）历史的信息和经验教训知识库。

（3）问题和缺陷管理数据库。

（4）配置管理知识数据库。

（5）财务数据库。

3. 历史项目信息

这是指已完成的同类项目在项目所需资源、项目资源计划和项目实际消耗资源记录等方面的历史信息。此类信息可以作为新项目编制资源计划的参考资料，它可以使人们为新项目建立的资源需求和计划更加科学。通常一个项目结束后就应该做出项目有关文件的备份和档案，以便将来作为历史信息使用。

4. 各类资源的定额、标准和计算规则

这是指项目资源计划编制中需要参考的国家、地方、民间组织和企业有关各种资源消耗的定额、标准和计算规则等方面的规定。

5. 项目活动清单

项目活动清单是在项目工作分解结构的基础上进一步分解得到的。项目活动清单应当内容完整,又不包括任何不必成为项目范围一部分的活动。

6. 活动特性

活动特性包括职责(由谁执行这项工作)、地理位置或地点(在何处进行这项工作)和活动类型(总结或详述)。活动特性是活动定义过程的交付物,它会随着项目计划过程的开展而不断得到更新和完善。

7. 资源的可获得性

一般来说,可以使用潜在的资源可获得性的信息来估计资源需求。这种知识包括资源从哪些地方可以得到、什么时候可以获得等。例如,在项目的早期设计阶段,资源库可能只是限于初级工程师和高级工程师。但是,到了项目的收尾期,资源库可能缩小为那些参加过早期的工作并对项目非常了解的人。

8. 项目工期及工期管理计划

工期管理计划是项目管理计划的组成部分,虽然最初的项目工期及其管理计划还没有完全制订出来,但是初步的一些工期要求信息完全可以用在活动资源需求估计中,而且日渐成熟的工期计划和日渐成熟的资源需求估计还是相互影响和相互制约的。

9. 项目活动资源需求估计的假设前提条件

项目活动资源需求估计的假设前提条件是对项目活动所涉及的一些不确定性条件的人为假设认定,这是为了开展需求估计工作所必须做出的假设认定。项目活动的假设前提条件同样会直接影响项目活动资源需求的估计,而且不同的假设前提条件会要求有不同的项目活动需求估计。

(三) 项目活动资源需求估计的输出结果

通过采用各种项目活动资源估计方法,最终可以确定每项活动需要的资料目录和资源水平,同时还可以获得其他一些与资源需求相关的文档资料。

1. 活动资源需求

活动资源估计过程的输出应当包括各个工作包中每项活动所需要的资源类型和数量的描述与说明。这些需求累计之后就能够确定各个工作包中的资源需求。资源需求描述的数量和详细水平可以根据应用的不同而有所不同。每项活动的资源需求文档包括每项资源的基本估算,决定使用哪种资源类型的假设以及它们的可获得性,此外还有数量。活动资源需求估计还要明确什么时候需要什么资源。必要时,可以画出资源的需求曲线和示意图,可供将来活动历时估算时使用,并且可以配合项目的进度计划。

2. 更新的活动特性

与输入的活动特性相比较,输出的活动特性中包括每个活动需要的资源类型和数量,而且还反映了来自活动资源估计过程中的变更。同时,它也是活动历时估算的输入条件之一。

3. 资源分解结构

资源分解结构是通过资源分类和资源类型来识别资源的层次结构,它是项目分解结构的一种。通过它可以在资源需求上制定出进度计划,并可以通过汇总的方式向更高一层汇总资源需求和资源可用性。

当一个项目的组织分解结构将项目的工作分别分配给了项目团队和项目组织的其他成员以后,项目管理还需要使用这种项目资源分解结构去说明在实施这些工作中有权得到资源的情况,以及项目资源的整体分配情况。

4. 资源日历

资源日历确定了项目中所有资源在该项目中要共同遵守的工作日和工作时间。项目资源日历确定了每个可能的工作时期中每项资源可获得的数量。

5. 必要的变更

活动资源估计过程可能导致作一些变更,增加或者减少活动清单中计划的内容。必要的变更可以通过集成变更控制来予以评审和变动。

五、项目活动历时估算

(一)项目活动历时估算的概念

活动历时估算是指根据项目范围和资源的相关信息为进度表设定历时输入的过程。历时估算的输入通常来自项目组中对特定活动最熟悉的个人或群体。估算通常是逐步拟定的,同时此过程需考虑输入数据的质量和可获取性。因此,可以假定此估算将逐步精确,并且其质量水平是已知的。项目队伍中最熟悉具体活动性质的个人或团队应当完成(至少是批准)历时估算。

项目的活动历时估算在项目管理中起到很重要的作用,在此基础上可以进行工作计划的制定与项目进度控制,并给各种活动分配相应的资源,而项目成本是与完成项目所需要的时间紧密相关的。只有比较准确地估算出项目的时间之后,才能够对项目各方面的工作有比较全面的了解,实现有效的项目管理。

对项目的时间进行估算,需要分别估算项目各个活动所需要的时间,然后根据项目活动的排序来确定整个项目所需要的时间。若项目的活动时间估算过短,则会使项目组织处于被动紧张的状态;若项目活动的时间估算过长,则会延迟项目的完成,可能使项目失去大好的获利机会。

项目活动历时估算需要考虑活动所消耗的实际工作时间,其中可以利用前述的 WBS 工作方法。在估算出为完成一个活动所需要的工作时段数后,通常也要考虑间歇时间。例如,如果混凝土养护需要 4 天时间,则根据下列情况它可能需要 2.4 个工作时段数:①每周从哪一天开始;②周末是否作为工作日。大多数编制进度计划的计算机软件会自动解决这一问题。

项目总历时也可以用这里介绍的工具和方法来估算,但是,通过进度计划编制结果来计算更为适当。项目组可将项目历时作为概率性随机分布或作为单点估计。

项目活动历时估算的主要工作如表 6-4 所示。

表 6-4 项目活动历时估算的主要工作

输 入 依 据	工 具 和 方 法	输 出 结 果
活动清单	专家评定法	活动历时估算
约束条件	类比估算法	估算的基础
假定	基于数量的历时法	更新的活动清单
资源需求及资源能力	三点法	
历史信息	预留时间	
已识别风险		

(二)项目活动历时估算的输入依据

项目历时估算输入依据包括活动清单、约束条件、假定,资源要求及资源能力,历史信息和已识别风险 4 个方面。

1. 资源要求及资源能力

项目活动的时间取决于资源的数量和质量。大多数项目活动的时间将受到分配给该工作的资源数量的影响。如当人力资源减少一半时,工作的延续时间一般来说将会增加一倍。另外,大多数项目活动的时间也受到项目所能够得到的资源质量的影响。这种资源要求及资源能力因素包括参与人员的熟练程度、突发事件、工作效率、误解和错误等方面。

1)参与人员的熟练程度

对项目活动的时间进行估算一般是以典型的工人或者工作人员的熟练程度为基础而进行的。但在实际工作中,事情很难正好如此。相关活动人员的熟练程度可能高于平均水平,也可能低于平均水平,这就使得活动进行的实际时间会与计划时间不一致。

2)突发事件

在项目的实际进行中,总是会遇到一些意料不到的突发事件,在比较长期的项目中尤其如此。这些突发事件均会对活动的实际需要时间产生影响。在计划和估算阶段考虑所有的可能突发事件是不可能的,也是不必要的,但是在项目实际进行时,需要有所准备,并随时进行相应的调整。

3）工作效率

参与项目的工作人员不可能永远保持同样的工作效率。例如,一个人的工作被打断,继续进行时就需要一定时间才能达到原来的工作速度,而干扰无时无处不在,且无法预知,也无法完全消除。因此,它的影响也是事前无法确定的。

4）误解和错误

虽然在计划时尽可能详尽,但总是无法避免实施过程中的误解和失误。这就需要随时加以控制,以便一旦出现错误及时予以纠正。而这又会使得实际工作所需要的时间与预计时间不相同,从而造成一定程度的延误。

2. 历史信息

许多种类活动的历史信息可以从下列一个或多个来源获取,即项目文档、商业历时估算数据库、项目队伍的知识。

1）项目文档

参与项目的一个或多个组织可能保存了对以前项目结果的详细记录,而这样的记录细节可能有助于进行历时估算。在一些应用领域,项目队伍成员个人可能保留了这样的记录。

2）商业历时估算数据库

历史信息通常可通过商业渠道获取。当活动历时不是由实际工作内容(如项目中混凝土养护需要多长时间,政府组织对某项请求做出回应需要多长时间等)决定时,这些数据库将特别有用。

3）项目队伍的知识

项目队伍中成员应该保存对以前项目的实际或估算历时的记忆。这类记忆信息可能非常有用,但其可靠程度通常比文档记录要低。

3. 已识别风险

项目组在估算活动历时的时候需要考虑有关已识别风险的相关信息,因为风险对于历时有着重要的影响。项目队伍需考虑在每一活动的基线历史估算中应以何种程度计入风险的影响,包括可能性较高或影响较大的风险。

（三）项目活动历时估算的输出结果

1. 活动历时估算

活动历时估算是对完成某一活动可能需要的工作时段数量的定量估算。这种估算的结果要求在任何时候都以某种指标表明可能结果的变动范围。例如:

(1) 3 周±2 天,表明该活动至少需要 13 天(15-2),最多不超过 17 天(15+2)。

(2) 超过 3 周的概率为 15%,表明该活动只需要 3 周或少于 3 周的概率高达 85%。

这种定量指标需要利用合适的形式表达出来,以作为项目风险管理对不确定性的关注。

2. 估算的基础

在进行估算时,我们所作的各种合理假定都必须以基础文档的形式保留下来,以作为备查资料。这也是我们进行风险管理和控制的关键依据之一。

3. 更新的活动清单

与活动定义阶段一样,我们每一步的工作之后,都要进行活动清单的更新工作。这也是本阶段的重要输出物之一。

六、项目进度计划编制

(一)项目进度计划编制的概念

1. 编制项目进度计划

项目进度计划就是确定项目活动的起始和完成日期。它是在工作分解结构的基础上,对项目活动进行一系列的时间安排。它要对项目活动进行排序,明确项目活动必须何时开始以及完成项目活动所需要的时间。编制项目进度计划的主要目的是控制项目的时间,保证项目能够在规定的时间内完成。

项目进度计划的编制应依据前面所涉及的项目进度管理过程的结果,主要是用来决定项目活动的开始日期和结束日期。如果起始日期和完成日期不现实,则项目就不大可能按期完成。在进度计划定稿之前,进度计划的编制过程必须反复进行(连同提供输入的过程,尤其是历时估算和成本估算过程)。编制进度计划的最终目标,是建立一个现实的项目进度计划,并为监控项目进展情况提供一个基础。项目进度计划的主要工作如表 6-5 所示。

表 6-5　项目进度计划的主要工作

输 入 依 据	工 具 和 方 法	输 出 结 果
项目网络图	数学分析	项目进度计划
活动历时估算	历时压缩	详细依据
资源需求	模拟法	进度管理计划
项目作业制度安排	资源平衡导向器	资源需求更新
资源库描述	项目管理软件	
日历		
约束条件		
项目活动提前和滞后的时间		

总之,通过编制项目进度计划,有利于项目实施的井然有序,并使项目的各个子项目及任务都能以进度计划为依据形成一个有机的整体。

2. 制约因素

项目进度计划的编制受到多种制约因素的影响。应该采用哪一种进度计划方法,主要应考虑项目的规模大小、项目的复杂程度、项目的紧急性、对项目细节掌握的程度、总进度是否由一两项关键事项所决定、有无相应的技术力量和设备六种因素。

1) 项目的规模大小

很显然,小项目应采用简单的进度计划方法;大项目为了保证按期按质达到项目目标,就需要考虑比较复杂的进度计划方法。

2) 项目的复杂程度

这里应该注意到,项目的规模并不一定总是与项目的复杂程度成正比。

3) 项目的紧急性

在项目急需进行阶段,特别是在开始阶段,需要对各项工作发布指示,以便尽早开始工作。此时,如果用很长时间去编制进度计划,就会延误时间。

4) 对项目细节掌握的程度

如果在开始阶段的细节无法掌握,CPM 法和 PERT 法就无法应用。

5) 总进度是否由一两项关键事项所决定

如果项目进行过程中有一两项活动需要花费很长时间,而这期间可把其他准备工作都安排好,那么对其他工作就不必编制详细复杂的进度计划。

6) 有无相应的技术力量和设备

例如,没有计算机,CPM 和 PERT 这两种进度计划方法有时就难以应用。而如果没有受过良好训练的合格技术人员,也无法胜任用复杂的方法编制进度计划。

此外,根据情况不同,还需要考虑客户的要求、能够用在进度计划上的预算等因素。到底采用哪一种方法来编制进度计划,要全面考虑以上各个因素。

(二)项目进度计划编制的输入依据

1. 项目网络图

项目网络图确定了项目活动的顺序以及这些活动相互之间的逻辑关系和依赖关系,项目进度计划的编制主要就是按照项目网络图来确定项目活动之间的关系。

2. 活动历时估算

项目活动历时估算是通过一定的估算方法和估算程序得到的,具体的方法和程序将在下一节中加以介绍。

3. 资源需求

资源需求是指项目活动对资源数量和质量方面的需求,它对项目进度产生影响。具体来说,资源需求就是项目的各项活动在何时需要何种资源,以及当项目的几项活动共用一种资源时,如何进行合理的资源平衡,从而确定如何安排项目各项活动的进度。

4. 项目作业制度安排

项目作业制度安排直接关系着项目进度计划的编制,如项目进度计划编制必须考虑项目团队一周的工作日是 5 天还是 7 天。

5. 资源库描述

在编制进度计划时,知道在何时以何种形式取得何种资源是必要的。例如,如果某种共享或关键资源的可用性很不可靠,那么就很难对共享资源编制进度计划。在资源库描述中,详细资料的数量和程度是不同的。例如,某咨询项目的初步进度计划的编制可能只需要知道在某一具体时间范围内有两个咨询工程师可供调用,然而,同一项目的最后进度计划却必须说明具体哪两个咨询工程师可供调用。

6. 日历

项目和资源日历表明了可以工作的时段。项目日历影响所有的资源,如一些项目只能在正常营业时间进行,而另一些项目则可全部在三班进行。

资源日历影响某一具体资源或一类资源。例如,某一项目团队可能在休假或参加培训;一个劳务合同可能限定某些工人在一周内的某几天工作。

7. 约束条件

约束条件在前面的章节里也有描述。在制订项目进度计划过程中,必须考虑以下两类约束条件。

1) 强制日期

项目发起人、项目顾客或其他外部因素(如技术项目的市场窗口、环境恢复项目的法院裁决完成日)可能要求在某规定的日期之前完成某些可交付物。

2) 关键事件或主要里程碑

项目发起人、项目顾客或其他项目干系人可能要求在某一规定日期前完成某些可交付物。一旦确定下来,这些日期就成了预期时间,一般只有在非常困难时才可能改动。

8. 项目活动提前和滞后的时间

项目进度计划定义项目活动的关系时,需要了解项目活动提前和滞后的时间。如项目某些活动需要提前的准备时间,也有些活动需要一些滞后的时间,才能开始后续的活动。

(三)项目进度计划编制的输出结果

1. 项目进度计划

项目进度计划至少包括每一详细活动的计划开始日期和预期完成日期。需要注意的是,项目进度计划在资源分派被确认之前只是初步方案。一般情况下,资源分派应该在项目计划制订完成前进行。

项目进度计划可以以摘要或详细的形式表示,称为"控制性进度计划"。它可以用表格(如带日期的工作任务分配表)表示,但更经常的是利用一种或多种格式的图形表示。

1）带日期的项目网络图

这种图一般既表示项目逻辑关系,又表示处在项目关键路径上的活动,如图 6-2 所示。

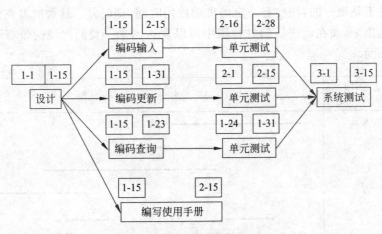

图 6-2　带日期的项目网络图

2）甘特图

甘特图又叫横道图,表示活动的开始、完成日期及预期的活动历时,但一般不表示依赖关系。这种图主要用于项目计划和项目进度安排。甘特图是一个二维平面图,横轴表示进度或活动时间,纵轴表示工作包内容。它简便易懂,常用于管理计划的介绍,如图 6-3 所示。

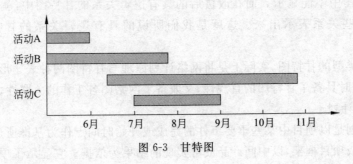

图 6-3　甘特图

图 6-3 中横道线显示了每项工作的开始时间和结束时间,横道线的长度表示了该项工作的持续时间。甘特图的时间维决定了项目计划粗略的程度,根据项目计划的需要,可以用小时、天、周、月等作为度量项目进度的时间单位。如果一个项目需要 1 年以上的时间才能完成,则可选择周甘特图或月甘特图;若一个项目需要一个月左右的时间就能完成,则选择日甘特图将更有助于实际的项目管理。

除了传统的甘特图以外,还有带有时差的甘特图和具有逻辑关系的甘特图。

(1)带有时差的甘特图。网络计划中,在不影响工期的前提下,某些工作的开始时间和完成时间并不是唯一的,往往有一定的机动使用时间,即时差。这种时差在传统的甘特图中并未表达出来,而在改进后的甘特图中可以表达出来。我们所说的带有时差的甘特图,如图 6-4 所示。

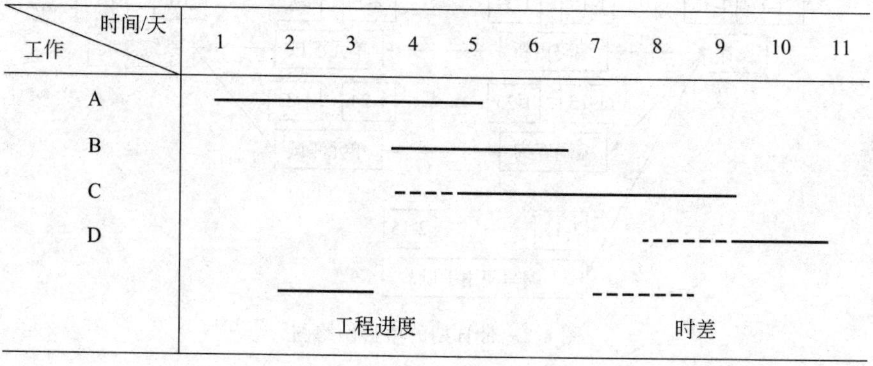

图 6-4　带有时差的甘特图

(2)具有逻辑关系的甘特图。甘特图把项目计划和项目进度安排两种职能组合在一起。所以,在绘制甘特图时,必须能表示各项工作之间的关系。但是,传统的甘特图并不能做到这一点。例如,如果某一项工作不能如期完成,将有哪些工作会受到影响,这些在传统的甘特图中不能显示。而在改进后的具有逻辑关系的甘特图中,就可以清楚地将工作之间的这些关系表示出来。这就是我们所说的具有逻辑关系的甘特图,如图 6-5 所示。

上述两种类型的甘特图,实际上是将网络计划原理与甘特图两种表达形式进行有机结合的产物,其同时具备了甘特图的直观性,又兼备了网络图各工作的关联性。

3)里程碑计划

里程碑计划是以项目中某些重要事件的完成或开始时间点作为基准所形成的计划,是一个战略计划或项目框架,以中间产品或可实现的结果为依据。它显示了项目为达到最终目标而必须经过的条件或状态序列,描述了项目在每一阶段应达到的状态,而不是如何达

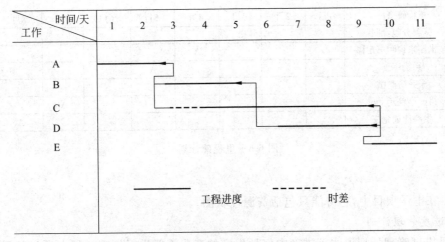

图 6-5 具有逻辑关系的甘特图

到。里程碑计划是项目进度计划的表达形式之一。

里程碑计划的编制方式主要有两种。

(1)编制进度计划以前,根据项目特点编制里程碑计划,并以该里程碑计划作为编制项目进度计划的依据。

(2)编制进度计划以后,根据项目特点及进度计划编制里程碑计划,并以此作为项目进度控制的主要依据之一。

里程碑计划的编制一般按以下步骤进行。

(1)从达到项目的最后一个里程碑,即项目的最终成果开始反向进行。

(2)里程碑设置。项目一般都分为许多阶段,有各种事件,到底哪些事件可作为里程碑事件需采用一定的方法加以确定,其中最常用的方法是"头脑风暴法"。

(3)里程碑复查。有些里程碑可能是某个里程碑的一部分,有些里程碑则可能应该设置而尚未设置,这些问题均需通过复查的方式加以处理。

(4)分析每条因果路径。找出逻辑依存关系,并加以修改、完善。

(5)编制里程碑计划。里程碑计划通常可用里程碑图或表的形式表达。

里程碑计划与甘特图相似,但仅表示主要可交付成果的计划开始和完成时间以及关键的外部界面,如图 6-6 所示。

2. 详细依据

项目进度计划的详细依据至少包括所有设定的假设和约束条件文档以及各种应用方面的详细说明。详细依据的数量因应用领域而异。

(1)在建筑项目中,它可能包括资源柱状图、现金流预测,以及订货时间表和交货时

里程碑事件	1月	2月	3月	4月	5月	6月	7月	8月
签署分包合同			△					
技术要求说明书定稿				△				
系统审查					△			
子系统测试						△		
第一个单元支付							△	
生产计划完成								△

图 6-6 里程碑计划

间表。

(2) 在电子项目中,它可能只包括资源柱状图。

3. 进度管理计划

项目进度管理计划说明了进度中何种程度的变化需要进行管理。根据项目的需要,它可以是正式的或是非正式的、十分详细的或基本框架的。它是整体项目计划的一个附属部分。

4. 资源需求更新

资源平衡和活动清单更新对资源需求的初步估算可能产生很大的影响。所以,在项目进度计划的编制中,会出现对初步估算的资源需求的改动。因此,在进度计划的编制过程中应对这些改动进行整理,重新编制项目资源需求文件。

七、项目进度控制

(一)项目进度控制的概念

项目的进度计划为项目的实施提供了科学、合理的依据,从而确保了项目可以如期完成。但是在进度计划的实施过程中,由于外部环境的变化,项目的实际进度经常会与进度计划发生偏离。如果不能及时纠正这些偏差,就可能会导致项目延期完成,甚至影响到项目目标的实现。

项目进度控制就是根据项目进度计划对项目的实际进展情况进行对比、分析和调整,从而确保项目进度目标的实现。项目进度计划控制的主要内容包括:

(1) 确定项目的进度是否发生了变化。如果发生了变化,找出变化的原因,如有必要就要采取措施加以纠正。

(2) 对影响项目进度变化的因素进行控制,从而确保这种变化朝着有利于项目目标实现的方向发展。

项目进度控制的主要工作如表 6-6 所示。

表 6-6　项目进度控制的主要工作

输入依据	工具和方法	输入结果
项目进度计划	偏差分析	进度计划变更
绩效报告	进度变更控制系统	纠正措施
变更请求	绩效测量	从中吸取的教训
进度管理计划	补充计划编制	
	项目管理软件	

（二）项目进度控制的输入依据

1. 项目进度计划

批准后的项目进度计划也称为进度基准计划,它是整体项目计划的一个组成部分,是项目进度控制的主要依据。它为衡量进度的执行情况提供了基准尺度,是测量和报告进度绩效的基础。

2. 绩效报告

绩效报告提供了有关项目进度计划执行的实际情况,以及进度绩效的相关信息。例如,哪些活动已经如期完成,哪些活动尚未按期完成。绩效报告还可以提醒项目团队关注哪些是可能会影响进度的活动。

3. 变更请求

变更请求就是项目团队对项目进度任务提出改动的要求,可以要求推迟进度或者加快进度。变更请求可能以多种形式表达(口头或书面的、直接或间接的、从外部提出的或从内部提出的、法律强制的或可以选择的)。

4. 进度管理计划

进度管理计划是指调整原定计划的计划。它是进行项目进度调整的主要原则依据。

（三）项目进度控制的输出结果

项目进度控制的输出结果包括进度计划更新、纠正措施、从中吸取的教训三个方面。

1. 进度计划更新

进度计划更新就是对用于管理项目的进度信息所进行的修正。必要时,要将变更通知有关的项目干系人。进度更新可能要求也可能不要求对整体项目计划进行调整。

修订是一种特殊的进度计划更新。修订是指对已经批准的项目进度计划的开始和完成日期进行修改。这些日期通常只为反映项目范围的变化时才作相应修订。在某些情况下,进度延误可能非常严重,所以需要"重新确定基准计划"才能提供测量进度执行所需的真实数据。

2. 纠正措施

为了将项目未来预期的执行情况控制在项目计划范围内所做的任何事情都称纠正措施。在时间管理方面的纠正措施通常是加快进度，即为确保某一活动按时完成或尽可能少延误而采取的特殊措施。

3. 从中吸取的教训

有关偏差的原因，所选纠正措施的理由以及从时间控制吸取的其他形式的教训都应记录归档，使之成为本项目以及日后执行组织其他项目时可加以利用的历史数据库的组成部分。

第三节　项目时间管理的工具和技术

一、项目活动定义的工具和技术

（一）分解技术

分解是指将主要的项目可交付物细分为更小的、更易于管理的单元，直到可交付物细分到足以用来支持未来的项目活动，如计划编制、执行、控制及收尾等，以便更好地进行管理和控制。

分解涉及的主要步骤包括：确定项目的主要元素；确定在每个详细元素的层次上能否编制出恰当的费用和历时估算；确定可交付物的组成元素；核实分解的正确性。

1. 确定项目的主要元素

通常情况下，项目的主要元素就是项目的可交付物和项目管理的主要内容。然而，主要元素通常应该依据项目的实际管理方式进行定义。例如，在某项目具体活动中，项目生命周期的各个阶段可能作为分解的第一层次，而项目可交付物可能作为分解的第二层次。下面以某学校举办庆祝"五四"的活动为例进行说明，如图 6-7 所示。

2. 确定在每个详细元素的层次上能否编制出恰当的费用和历时估算

"恰当"的含义意味着：一是每项活动耗用多长时间和费用与其他活动是独立的，可以单独进行估算；二是可能随项目的进程而变化——一劳永逸地完成分解工作是不可能的，对在遥远的将来才产生可交付物的项目进行的分解是不可能实现的。每个元素如果已经足够详细，则进入步骤 4；否则，进入步骤 3——这意味着不同的元素可能有不同的分解层次。

3. 确定可交付物的组成元素

组成元素的描述应该是切实的、可进行验证的，以便于执行情况时进行测量。与主要

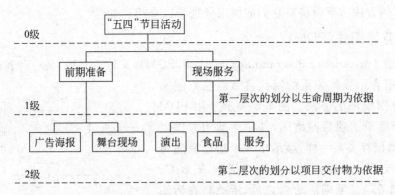

图 6-7　项目生命周期的阶段层次划分

元素不同,组成元素应该依据项目工作实际上是如何完成的来精确定义,而不是概念定义。切实、可验证的结果既可以包括产品,也可以包括服务(例如,状态报告能够被描述成状态周报;对生产制造的项目,组成元素可能包括几个单独的成分加上最后的装配)。如果需要的话,在每个组成元素上重复步骤2。

4. 核实分解的正确性

(1)最低层次的活动对项目分解来说是否是必需的而且是充分的呢?如果不是的话,组成元素应当被修改、添加、减少或重新定义。

(2)每项活动的定义是否清晰完整?如果不是的话,则需要修改或扩展描述。

(3)每项活动是否都能恰当地编制进度和预算?是否能够分配到接受职责并能够圆满完成这项工作的具体组织单元(如部、项目组或项目成员)?如果不能,需要作必要的修改,来提供合适的管理控制,以利于今后的管理。

按照这样的方法进行工作分解,最终将能顺利完成项目的各层工作中所包含的所有具体活动。在一些应用领域,工作分解结构和活动清单是同步开发的。

(二)模板法

模板法是使用已经完成的类似项目的活动清单或部分活动清单,作为一个新项目活动定义的模板,根据新项目的实际情况,在模板上调整项目活动,从而定义出新项目的所有活动。在定义项目活动时,它是一种简洁、高效的技术。

二、项目活动排序的工具和技术

确定了活动之间存在某种依赖关系之后,就需要运用一定的工具和方法来描述项目活动的排序。一般来说,进行活动排序时最为常用的工具和技术是前导图法(PDM)和箭线图法(ADM)。它们是网络图的两大类绘制方式,同时还有利用条件图法和网络模板的技术进行排序的方法。下面将对它们的使用分别予以介绍。

（一）前导图法（PDM）

前导图法（precedence diagramming method，PDM），又称节点法，是一种利用节点代表
活动，并利用表示依赖关系的箭线将节点联系起来
的编制项目网络图的方法。图 6-8 表示了用 PDM
编制的一个简单的项目网络图，其中活动用方框表
示，如同逻辑依存关系一样，显示出一个活动紧随另
一个活动的节点式关系。图中有四个活动 A、B、C、
D，活动 B 和活动 C 紧随活动 A 之后，活动 D 在活动
B 和活动 C 之后。因此，这种方法也称为单代号网

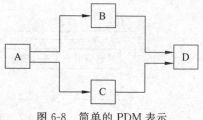

图 6-8　简单的 PDM 表示

络图法（AON），是大多数项目管理软件包所采用的方法。它可以由手工或计算机完成。

PDM 包括四种依赖关系或先后关系：

（1）完成—开始（end-to-start）型——后续工作的开始依赖于前置工作的完成。

（2）完成—完成（end-to-end）型——后续工作的完成依赖于前置工作的完成。

（3）开始—开始（start-to-start）型——后续工作的开始依赖于前置工作的开始。

（4）开始—完成（start-to-end）型——后续工作的完成依赖于前置工作的开始。

在 PDM 中，"完成—开始"型是最为常用的逻辑关系类型，"完成—完成"型和"开始—
开始"型节点式关系是最自然的，它允许某项工作与紧随其后工作在某种程度上可以同时
进行。使用"完成—完成"型和"开始—开始"型节点式关系，可以使项目跟踪和项目设施的
建立更加快捷。至于"开始—完成"型节点式关系的建立却只是完全数学意义上的，现实生
活中比较少见，仅被编制进度计划的职业工程师象征性地采用。由于"开始—开始"型、"完
成—完成"型、"开始—完成"型的逻辑关系还没被一致采用和执行，所以在项目管理软件中
使用它们可能会产生意想不到的结果。

（二）箭线图法（ADM）

箭线图法（arrow diagramming method，ADM），又称为双代号网络图法，是一种利用箭
线来代表活动，而在节点处将活动联系起来表示依赖关系的编制项目网络图的方法。

图 6-9 表示了用 ADM 绘制的一个简单项目网络
图。这种方法虽然不如前导图法用得广泛，但在某
些应用领域仍然是可供选择的方法。箭线图可用手
工或计算机编制。

在箭线图中，活动由连接两个节点中间的箭线
来表示，每个活动可以由这两个节点的数字来表示。

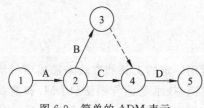

图 6-9　简单的 ADM 表示

箭线式网络表示出的活动 A 变成了活动(1,2),活动 B 变成了活动(2,3),等等。由于不同的活动不能由相同的两个节点来标识,因此活动 B 和活动 C 分别完成在节点 3 和节点 4 上,然后用一个虚活动(dummy activity)连接起来。由于活动是通过节点联系起来的,因此箭线图法中逻辑关系只能是"完成—开始"型的。为了正确地确定所有逻辑关系,可能需要引入虚线活动来表示其他三种节点式关系。

（三）条件图法

有些绘图技术,如 GERT(图形评审技术)和系统动态模型,允许有诸如回路(如必须重复多次的试验)的非顺序活动或条件分支(如只有检查发现错误时才需要修改设计)的存在。PDM 和 ADM 都不允许存在回路或条件分支。

（四）网络模板

可以利用标准化的网络加快项目网络图的编制。这些标准网络可以包括整个项目或其中一部分。网络的一部分通常被称作子网络或片网络。当项目包括几个一样的或几乎一样的成分时,子网络特别有用。例如,高层办公楼的楼层,药品研究项目的临床试用,软件项目的程序块,一个开发项目的启动阶段等。

三、项目活动资源需求估计的工具和技术

对项目活动资源需求进行精确估计是不容易的。对于比较熟悉的、常规的项目活动可以获得相对比较准确的估计。而在缺乏经验的时候,估计结果的精度会大大下降(如对一些创新项目中的活动资源需求估计)。根据项目特点的不同,可以选择以下方法来进行项目的活动资源需求估计。

（一）专家调查法

所谓专家调查法是指运用一定的方法,将专家们个人分散的经验和知识集成为群体的经验和知识,进而对事物的未来做出主观预测的过程。这里的"专家"是指对预测问题的有关领域或学科有一定专长或有丰富实践经验的人。常用的有专家个人判断、专家会议和德尔菲法。

1. 专家个人判断

专家个人判断是指由项目管理专家根据自己的经验进行判断,最终确定项目活动资源需求的方法。

2. 专家会议

专家会议的优点在于召开专家会议时,可以互相启发。通过讨论或辩论,互相取长补短,求同存异。同时,由于会议参加人多,占有信息多,考虑的因素也会比较全面,有利

于得出较为正确的结论。但其缺点是容易受一些心理因素的影响(例如,专家面对面讨论时,容易屈服于权威和大多数人的意见),这些都不利于得出活动资源需求的合理的预测结论。

3. 德尔菲法

德尔菲法是在专家个人判断和专家会议的基础上发展起来的。它最早出现于20世纪50年代末期,美国兰德公司首次将德尔菲法应用于预测中。德尔菲法是采用匿名函询的方法,通过一系列简明的调查征询表向专家们进行调查并通过有控制的反馈,取得尽可能一致的意见,对事物未来做出预测。德尔菲法预测过程实际上是一个由被调查专家们集体交流信息的过程。其主要特点是匿名性、反馈性和收敛性。德尔菲法简单易行、用途广泛、费用较低,在大多数情况下可以得到比较准确的预测结果。

(二)资料统计法

资料统计法是进行活动资源估计的一项重要方法。它是指使用历史项目的统计数据资料,计算和确定项目活动资源需求的方法。在这种方法中使用的历史统计资料要求有足够的样本量,总量指标可以分为实物量指标、劳动量指标和价值量指标。其中,实物量指标是指项目所需资源的数量;劳动量指标是指项目所需人力的数量;价值量指标是指项目所需资源的货币价值。利用这种方法计算和确定项目资源计划,能够得出比较准确、合理和切实可行的结果。但是,这种方法要求有详细的历史数据,所以这种方法的推广存在一定的难度。

(三)统一定额法

统一定额法是指使用国家或民间统一的标准定额和工程量计算规则去制定项目资源计划的方法。所谓统一的标准定额是由权威部门制定的、为完成一定量项目工作所需消耗和占用的资源质量和数量限额标准。

(四)三点技术

三点技术(three duration technique)经常使用在活动历时估算上,也可以应用在活动资源需求估计中。活动资源需求总是受到多种因素的影响,即使重复进行同一项活动,其实际资源消耗量也不一定总保持一致。因此,我们可以选用三点技术来进行活动资源的需求估计。

这种方法要求对活动作三类估计:乐观估计、悲观估计和最可能的估计。乐观估计假设活动所涉及的所有事件均对完成该活动有利,这时的需求估计是完成活动的最少资源需求;悲观估计假设所有活动涉及的事件均对完成活动不利,此时的资源需求是完成活动的最多资源需求;最可能的估计是指通常情况下完成活动的资源需求。在得到这三类估计值以后,通过以下公式可得到作业的平均时间 E,即 $E=(O+4M+P)/6$,如图 6-10 所示。

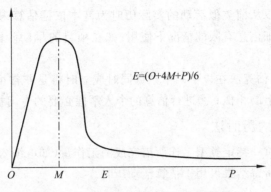

$E=(O+4M+P)/6$

图 6-10 三点技术确定活动项目资源需求

(五)项目管理软件法

项目管理软件可以有助于计划、组织和管理资源库,并可以编制项目活动资源需求估计。现在市场上已经有许多项目资源计划编制方面的通用软件系统(如美国微软公司开发的 PROJECT 系列软件、美国 Primavera 公司开发的 P3 软件等)。使用这类软件系统一般必须首先对项目活动所需要的每项资源进行编码,每一类型的资源需要一个资源代码。由于不同的软件系统有不同的功能和特性,所以对这些软件需要根据项目活动的具体情况进行选用。

四、项目活动历时估算的工具和技术

对活动所需要的时间进行精确估算是不容易的,因此比较熟悉的业务可获得相对比较准确的估计,而在缺乏经验的时候估算就带有相当的不确定性。在项目进展中,可以获得更多的经验和认知,从而得出比事前更准确的估算,这就需要进行重新计划、重新安排剩余的工作。进行时间估算的方法主要有专家评定法、类比估算法、基于数量的历时法、三点法、预留时间(应急)等几种,在具体的实际应用过程中可根据需要来决定采用其中的哪一种。

(一)专家评定法

当项目涉及新技术领域或不熟悉的领域时,项目管理人员由于不具备专业技能,通常很难做出正确的、合理的时间估算。这就要借助项目管理专家的知识和经验,对项目活动的时间做出权威的估算。如果找不到合适的专家,估算结果往往不可靠且具有较大的风险。

（二）类比估算法

类比估算法是指以从前类似活动的实际历时为基本依据估算未来活动的历时。类比估算法经常在项目详细信息有限的情况下使用(如在项目的早期阶段)。类比估算法也是一种专家评定法。

通常情况下,类比估算法在以下两个条件同时成立时将是非常可靠的:①与以前活动在本质上而不是表面上的相似;②进行估算的个人掌握必要的专门技术。

（三）基于数量的历时法

由工程所确定的每一特定类型工作所需完成的工作量(如电缆米数等)乘以生产率(如每小时电缆米数等),所得结果可用于估算活动历时。

（四）三点法

三点法是最常用的一种模拟法。其步骤是首先确定项目各个活动所需要的时间分布,进而利用各个活动时间分布的结果来确定各个活动可能的时间分布。三点法首先估计出项目各个活动的三种可能时间:最乐观时间、最悲观的时间和最可能的时间,然后应用概率的方法计算出各项活动作业时间的平均值和方差。具体见图 6-10。

（五）预留时间（应急）

项目队伍可以选择编制一个附加的时间表,称为预留时间或应急时间,并将之作为认可的进度风险添加至活动历时或进度计划的其他地方。预留时间可以是估算时间的一个百分比,或者若干工作时间段。在日后可获取更准确的项目信息时,预留时间可减少或去除。这种预留时间应当与其他数据和假定一起归档。

五、项目进度计划编制的工具和技术

在编制项目进度计划时,先用数学分析方法计算出每一个活动最早开始时间和结束时间与最迟开始时间和结束时间,得出时间进度网络图,再根据资源因素、活动时间等来调整活动的进度,最终形成最佳活动进度计划。

（一）数学分析

数学分析就是在不考虑资源库约束条件的情况下,计算所有项目活动的最早和最迟开始时间与完成时间。计算出来的时间还不是进度计划,仅表明在给定的资源限制和其他约束条件下该活动可能安排的时段。最常用的数学分析技术有以下几种。

1. 关键路径法（CPM）

关键路径法(critical path method,CPM)是根据指定的网络顺序逻辑关系和单一的历时估算,计算每一个活动的单一的、确定的最早和最迟开始时间与完成时间。CPM 的核心是计算浮动时间,确定哪些活动的进度安排灵活性最小。基本的 CPM 算法经常应用在其他类型的数学分析中。

2. 图形评审技术(GERT)

图形评审技术(graphical evaluation and review technique,GERT)用以对网络逻辑关系和历时估算进行概率处理(即某些活动可能根本就不实施,某些活动可能只有部分实施,而另一些活动则可能实施多次)。

3. 计划评审技术(PERT)

计划评审技术(program evaluation and review technique,PERT)是利用网络顺序逻辑关系和加权历时估算来计算项目历时。虽然有些表面的差别,但是,PERT 与 CPM 的主要差别在于前者使用分布平均(期望值),而不是像 CPM 那样使用最大可能估算。现在PERT 本身已很少使用,PERT 活动历时计算如图 6-11 所示。

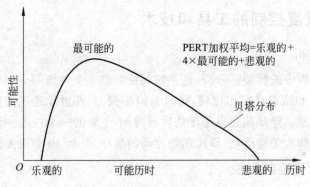

图 6-11　PERT 活动历时计算

(二) 历时压缩

历时压缩是数学分析的一种特殊情况,用来寻找在不改变项目范围的条件下缩短项目进度的途径。例如,在满足强制日期或其他进度目标的条件下,通过历时压缩尽量有效地缩短项目运行周期。历时压缩的技术主要有赶工和快速跟进。

1. 赶工

赶工是指对成本和进度进行权衡,确定如何以最小的成本增加取得最大的历时压缩。赶工并不一定能提出切实可行的替代方案,相反有时会导致成本的增加。

2. 快速跟进

快速跟进是指将一般情况下顺序实施的串行多项活动改为并行进行的一种历时压缩方法。例如,对软件项目在设计完成之前就开始编写程序;对石油加工项目在设计完成

25%之前就开始基础施工。这种快速跟进的方法同样也会有风险存在,即它经常导致返工,而且一般要增加成本。

(三)模拟法

这种方法在前一节中已经有所描述,在此就不再重复说明。

(四)资源平衡导向器

数学分析得到的初步进度计划通常会在某些时段中,由于需求的资源超过实际可利用的资源或者需求的资源水平发生变化无法进行管理。利用资源平衡导向器可以用来编制一个反映这一类约束条件的进度计划。这种导向器可以把比较紧缺的资源优先分配到关键路线活动上去。资源平衡的结果通常会使得整体项目进度计划历时比初步进度计划长。这种技术有时称作"资源基本法",特别是在用计算机进行优化的时候。资源限制下的进度编制是资源平衡的一种特殊情况,它的导向器是可用资源的数量限制。

六、项目进度控制的工具和技术

(一)偏差分析

在进度监控过程中进行偏差分析,这是时间控制的一个关键部分。将目标日期与实际的预测的开始日期和结束日期相比较,可以为检测偏差、在进度延迟的情况下执行纠正措施等提供有用的信息。浮动偏差也是评估项目时间-绩效的一个核心的计划编制部分。应特别注意关键活动和次关键活动(即按递增浮动的顺序,分析 10 个次关键路径)。

(二)进度变更控制系统

进度变更控制系统定义了改变项目进度计划应该遵循的程序。它包括书面文字工作、追踪系统以及核准变更所必需的批准层次。进度变更控制应当作为项目整体控制的一部分,与整体变更控制系统有机地结合起来进行。

(三)绩效测量

绩效测量技术有助于估算确实发生的任何变化的大小。进度计划控制的一个重要部分就是决定进度的偏差是否需要采取纠正措施。例如,非关键路径活动的大延误,对整体项目进度可能影响不大;而处于关键路径或接近关键路径的活动即使有非常小的延误,也可能要求立即采取纠正措施。

(四)补充计划编制

很少有项目能完全精确地按照预定计划进行。为了实现项目进度或者进度要求,在项目实施的过程中,需要不断地对原有计划进行调整或者增加新的内容。因此,未来的变化可能需要新的或修订的活动历时估算、更新活动顺序或替代进度计划分析。

（五）项目管理软件

项目管理软件能够跟踪和比较计划日期和实际日期,预测(实际的或潜在的)进度变更的后果,因此是进度计划控制的有力工具。

第四节　网络计划技术

网络计划技术是运筹学的分支,它是 20 世纪 50 年代后期在美国产生和发展起来的,是一种应用于组织大型项目或生产计划安排的科学的计划管理方法。它以网络图的形式,反映组成一项生产任务或一项工程中各项作业的先后顺序及相互关系,并通过相应的计算方法找出影响整个生产任务或项目的关键作业和关键路线,对生产任务或项目进行统筹规划和控制,是一种能缩短工期、降低成本、用最快的速度完成工作的有效方法。

一、网络计划技术的基本原理

网络计划技术的基本原理,首先是把所要做的工作、哪项工作先做、哪项工作后做、各占用多少时间以及各项工作之间的相互关系等,运用网络图的形式表达出来。利用这种图解模型和有关的计算方法,可以看清计划任务的全局,分析其规律,以便揭示矛盾,抓住关键,并用科学的方法调整计划安排,找出最好的计划方案。最后是组织计划的实施,并且根据变化了的情况,搜集有关资料,对计划及时进行调整,重新计算和优化,以保证计划执行过程中自始至终能够最合理地使用人力、物力,保质、保量、按时地完成任务。

二、网络图的组成

网络图是一种图解模型,形状如同网络,故称网络图。网络图是由作业、事件和路线三个因素组成的。下面以图 6-12 为例,解释网络图的三要素。

（一）作业

作业是指一项工作或一道工序,是需要消耗人力、物力和时间的具体过程。在网络图中,作业用箭线表示,箭尾 i 表示作业开始,箭头 j 表示作业结束。

作业的名称标注在箭线的上面,该作业的持续时间(或工时)T_{ij} 标注在箭线的下面。有些作业或工序不消耗资源也不占用时间,称为虚作业,用虚箭线表示。在网络图中设立虚

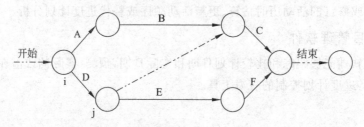

图 6-12 用箭线图法绘制的项目网络图

作业主要是表明一项事件与另一项事件之间相互依存、相互依赖的关系,是属于逻辑性的联系。

(二)事件

事件是指某项作业的开始或结束,它不消耗任何资源和时间,在网络图中用"○"表示。"○"是两条或两条以上箭线的交结点,又称为节点。网络图中第一个事件(即"○")称网络的起始事件,表示一项计划或工程的开始;网络图中最后一个事件称网络的终点事件,表示一项计划或工程的完成;介于始点与终点之间的事件叫作中间事件,它既表示前一项作业的完成,又表示后一项作业的开始。为了便于识别、检查和计算,在网络图中往往对事件编号,编号应标在"○"内,由小到大,可连续或间断数字编号。编号原则是:每一项事件都有固定编号,号码不能重复,箭尾的号码小于箭头号码(即 $i<j$,编号从左到右、从上到下进行)。

(三)路线

路线是指自网络始点开始,顺着箭线的方向,经过一系列连续不断的作业和事件直至网络终点的通道。一条路线上各项作业的时间之和是该路线的总长度(路长)。在一个网络图中有很多条路线,其中总长度最长的路线称为"关键路线"。关键路线上的各事件为关键事件,关键事件的周期等于整个工程的总工期。有时一个网络图中的关键路线不止一条,即若干条路线长度相等。除关键路线外,其他的路线统称为非关键路线。关键路线并不是一成不变的,在一定条件下,关键路线与非关键路线可以相互转化。

三、网络图绘制步骤

(一)确定作业项

对一些简单的工程或任务计划,人们也许能直接将其分解,列出作业项目。但是对于复杂的情况,直接列出作业项目较困难,可以采取逐级逐层分解的办法将复杂项目的情况加以细化。也就是说,将大型的复杂项目看作一个总项目,然后将总项目分解成几个子项目,对于子项目再将其分解成几个三级子项目,由此分下去,直至下一级子项目的情况较简单,最后形成一棵树形的项目细分图。

(二)确定作业之间的逻辑关系

作业项确定后,必须确定这些作业之间的逻辑关系,即确定该作业的紧前作业和紧后作业是哪些。一般来说,首先从工艺要求上确定作业的工艺关系,然后从组织关系上由时间、工程的资金和设备等方面来考虑该作业的安排,合理确定其紧后作业。

(三)确定作业的持续时间

在确定作业的持续时间时,始终要按正常速度进行估计,绝不要受上级规定完成期限的影响而少估,也不要由于作业的重要性而多考虑时间。若作业的持续时间定得多,会造成时间上的浪费;反之,则会造成人为的紧张局面,两者都可能影响全局任务的完成。

(四)列出作业明细表

把调查研究的结果列成作业明细表。作业明细表包括以下几项内容:作业代号、作业名称、紧前作业、紧后作业、持续时间。

(五)绘制网络图

在绘制网络图时,首先根据作业明细表,从起点节点出发将作业的逻辑关系正确地表示出来,接着检查网络草图是否正确反映了作业的逻辑关系,纠正错误。在确认草图的正确性后,进行整理,尽可能地消除那些不必要的交叉线,将曲线形状的箭线改为直的或折的箭线,删去多余的虚作业和节点。最后,对整理后的草图给节点编号,找出关键路线,进行整体布局,从而确定网络图。

四、网络时间参数计算

双代号网络计划的时间参数既可以采用工作计算法,也可以采用节点计算法。

(一)按工作计算法

所谓按工作计算法,就是以网络计划中的工作为对象,直接计算各项工作的时间参数。这些时间参数包括工作的最早开始时间和最早完成时间、工作的最迟开始时间和最迟完成时间、工作的总时差和自由时差。此外,还应计算网络计划的计算工期。

为了简化计算,网络计划时间参数中的开始时间和完成时间都应以时间单位的终了时刻为标准。如第 3 天开始即是指第 3 天终了(下班)时刻开始,实际上是第 4 天上班时刻才开始;第 5 天完成即是指第 5 天终了(下班)时刻完成。

下面是按工作计算法计算时间参数的过程。

1. 计算工作的最早开始时间和最早完成时间

工作最早开始时间和最早完成时间的计算应从网络计划的起点节点开始,顺着箭线方向依次进行。其计算步骤如下所述。

(1) 以网络计划起始节点为开始节点的工作,当未规定其最早开始时间时,其最早开始时间为零。

(2) 工作的最早完成时间可利用式(6-1)进行计算。

$$EF_{i-j} = ES_{i-j} + D_{i-j} \tag{6-1}$$

(3) 其他工作的最早开始时间应等于其紧前工作最早完成时间的最大值。

(4) 网络计划的计算工期应等于以网络计划终点节点为完成节点的工作的最早完成时间的最大值。

2. 确定网络计划的计划工期

网络计划的计划工期应按式(6-2)或式(6-3)确定。

(1) 当已规定了要求工期时,计划工期(T_p)不应超过要求工期(T_r),即

$$T_p \leqslant T_r \tag{6-2}$$

(2) 当未规定要求工期时,可令计划工期等于计算工期,即

$$T_p = T_c \tag{6-3}$$

3. 计算工作的最迟完成时间和最迟开始时间

工作最迟完成时间和最迟开始时间的计算应从网络计划的终点节点开始,逆着箭线方向依次进行。其计算步骤如下所述。

(1) 以网络计划终点节点为完成节点的工作,其最迟完成时间等于网络计划的计划工期。

$$LF_{i-n} = T_p \tag{6-4}$$

(2) 工作的最迟开始时间可利用式(6-5)进行计算。

$$LS_{i-j} = LF_{i-j} - D_{i-j} \tag{6-5}$$

(3) 其他工作的最迟完成时间应等于其紧后工作最迟开始时间的最小值。

4. 计算工作的总时差

工作的总时差等于该工作最迟完成时间与最早完成时间之差,或该工作最迟开始时间与最早开始时间之差。

5. 计算工作的自由时差

工作自由时差的计算应按以下两种情况分别考虑。

(1) 对于有紧后工作的工作,其自由时差等于本工作之紧后工作最早开始时间减本工作最早完成时间所得之差的最小值。

（2）对于无紧后工作的工作,也就是以网络计划终点节点为完成节点的工作,其自由时差等于计划工期与本工作最早完成时间之差。

需要指出的是,对于网络计划中以终点节点为完成节点的工作,其自由时差与总时差相等。此外,由于工作的自由时差是其总时差的构成部分,所以当工作的总时差为零时,其自由时差必然为零,可不必进行专门计算。

在上述计算过程中,是将每项工作的六个时间参数均标注在图中,故称为六时标注法。为使网络计划的图面更加简洁,在双代号网络计划中,除各项工作的持续时间以外,通常只需标注两个最基本的时间参数——各项工作的最早开始时间和最迟开始时间即可,而工作的其他四个时间参数均可根据工作的最早开始时间、最迟开始时间及持续时间导出。这种方法称为二时标注法。

（二）按节点计算法

所谓按节点计算法,就是先计算网络计划中各个节点的最早时间和最迟时间,然后再据此计算各项工作的时间参数和网络计划的计算工期。

下面是按节点计算法计算时间参数的过程。

1. 计算节点的最早时间和最迟时间

节点最早时间的计算应从网络计划的起点节点开始,顺着箭线方向依次进行。其计算步骤如下所述。

（1）网络计划起始节点,如未规定最早时间,其值等于零。

（2）其他节点的最早时间应按式（6-6）进行计算。

$$ET_j = \max\{ET_i + D_{i-j}\} \tag{6-6}$$

（3）网络计划的计算工期等于网络计划终点节点的最早时间,即

$$T_c = ET_n \tag{6-7}$$

式中：ET_n 表示网络计划终点节点 n 的最早时间。

2. 确定网络计划的计划工期

网络计划的计划工期应按式（6-2）或式（6-3）确定。

3. 计算节点的最迟时间

节点最迟时间的计算应从网络计划的终点节点开始,逆着箭线方向依次进行。其计算步骤如下所述。

（1）网络计划终点节点的最迟时间等于网络计划的计划工期,即

$$LT_n = T_p \tag{6-8}$$

（2）其他节点的最迟时间应按式（6-9）进行计算。

$$LT_i = \min\{LT_j - D_{i-j}\} \tag{6-9}$$

4. 根据节点的最早时间和最迟时间判定工作的六个时间参数

(1) 工作的最早开始时间等于该工作开始节点的最早时间。

(2) 工作的最早完成时间等于该工作开始节点的最早时间与其持续时间之和。

(3) 工作的最迟完成时间等于该工作完成节点的最迟时间。即

$$LF_{i-j} = LT_j \qquad\qquad (6-10)$$

(4) 工作的最迟开始时间等于该工作完成节点的最迟时间与其持续时间之差,即

$$LS_{i-j} = LT_j - D_{i-j} \qquad\qquad (6-11)$$

(5) 工作的总时差为

$$TF_{i-j} = LF_{i-j} - EF_{i-j} = LT_j - (ET_i + D_{i-j}) = LT_j - ET_i - D_{i-j} \qquad (6-12)$$

由式(6-12)可知,工作的总时差等于该工作完成节点的最迟时间减去该工作开始节点的最早时间所得差值再减其持续时间。

(6) 工作的自由时差等于该工作完成节点的最早时间减去该工作开始节点的最早时间所得差值再减其持续时间。

特别需要注意的是,如果本工作与其各紧后工作之间存在虚工作时,其中的 ET_j 应为本工作紧后工作开始节点的最早时间,而不是本工作完成节点的最早时间。

五、关键工作及关键路线的确定

(一)关键工作确定

关键工作是网络计划中总时差最小的工作。若按计算工期计算网络参数,则关键工作的总时差为 0。若按计划工期计算网络参数,则

$T_p > T_c$ 时,关键工作的总时差为 0;

$T_p = T_c$ 时,关键工作的总时差最小,但大于 0;

$T_p < T_c$ 时,关键工作的总时差最大,但小于 0。

(二)关键路线确定方法

(1) 根据关键工作确定关键路线。首先确定关键工作,由关键工作所组成的路线就是关键路线。

(2) 根据关键节点确定关键路线。凡节点的最早时间与最迟时间相等,或者最迟时间与最早时间的差值等于计划工期与计算工期的差值,该节点就称为关键节点。关键路线上的节点一定是关键节点,但关键节点做成的线路不一定是关键路线。因此,仅凭关键节点还不能确定关键路线。当一个关键节点与多个关键节点相连时,对其连接箭线需根据最大路径的原则一一加以判别。

(3) 根据自由时差确定关键路线。关键工作的自由时差一定最小,但自由时差最小的

工作不一定是关键工作。若从起始节点开始,沿着箭头的方向到终止节点为止,所有工作的自由时差都最小,则该路线是关键路线,否则就是非关键路线。

六、网络的优化

绘制网络图、计算网络时间和确定关键路线,得到一个初始计划方案。但通常还要对初始计划方案进行调整和完善。根据计划的要求,综合地考虑进度、资源利用和降低费用等目标,即进行网络优化,确定最优的计划方案。

(一) 时间—资源优化

在编制网络计划安排工程进度的同时,要考虑尽量合理地利用现有资源,并缩短工程工期。但是,由于一项工程所包括的工序繁多,涉及的资源利用情况比较复杂,往往不可能在编制网络计划时,一次对进度和资源利用做出统筹合理的安排,常常需要在进行几次综合平衡以后,才能得到在时间及资源利用方面都比较合理的计划方案。具体的要求和做法如下所述。

(1) 先安排关键工序所需要的资源。

(2) 利用非关键工序的总时差,错开各工序的开始时间,拉平资源需要量的高峰。

(3) 在确实受到资源限制,或者在考虑综合经济效益的条件下,也可以适当地推迟工程完工时间。

(二) 时间—费用优化

在编制网络计划过程中,研究如何使得工程完工时间短、费用少或者在保证既定的工程完工时间的条件下,所需要的费用最少或者在限制费用的条件下,工程完工时间最短,也就是时间—费用优化所要研究和解决的问题。为完成一项工程,所需要的费用可分为两大类。

1. 直接费用

直接费用包括直接生产工人的工资及附加费,以及设备、能源、工具及材料等直接与完成工序有关的费用。为缩短工序的作业时间,需要采取一定的技术组织措施,相应地增加一部分直接费用。在一定条件下和一定范围内,工序的作业时间越短,直接费用就越多。

2. 间接费用

间接费用包括管理人员的工资、办公费等。间接费用,通常按照施工时间的长短分摊,在一定的生产规模内,工序的作业时间越短,分摊的间接费用越少。完成项目的直接费用、间接费用、总费用与工程完工时间的关系,一般情况下如图 6-13 所示。

图 6-13 中的正常时间,是指在现有的生产技术条件下,由各工序的作业时间所构成的工程完工时间。极限时间是为了缩短各工序的作业时间而采取一切可能的技术组织措施之后,可能达到的最短的作业时间和完成项目的最短时间。

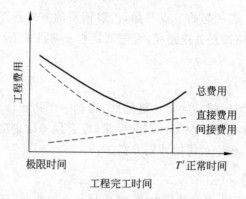

图 6-13　工程费用与完工时间的关系

在进行时间—费用优化时,需要计算在采取技术组织措施之后,项目的不同的完工时间对应的工序总费用和项目所需要的总费用,使得工程费用最低的工程完工时间称为最低成本日程。编制网络计划时,无论是以降低费用为主要目标,还是以尽量缩短工程完工时间为主要目标,都要计算最低成本日程,从而提出时间-费用的优化方案。

（三）时间优化

（1）根据对计划进度的要求,缩短工程完工时间。

（2）采取技术措施,缩短工程完工时间。

（3）采取组织措施,充分利用非关键工序的总时差,合理调配技术力量以及人、财、物等资源,缩短关键工序的作业时间。

小 结

项目时间管理,又称为项目进度管理或项目工期管理,是指在项目的进展过程中,为了确保项目能够在规定的时间内实现项目目标,对项目活动进度及日程安排所进行的管理过程。项目时间管理由六项任务组成:活动定义、活动排序、活动资源估计、活动历时估算、进度计划编制和进度控制。本章首先阐述了项目时间管理的概念,然后分别介绍了各项任务的概念、具体内容以及具体的操作方法,最后重点描述了项目的网络计划技术。

思考题

1. 什么是项目时间管理? 它的主要过程是什么?

2. 项目进度管理的干扰因素有哪些？

3. 进度计划在执行中的调整有哪几种情况？

4. 你是如何理解项目活动定义的？为什么要对项目活动进行定义？简述活动定义的主要过程。

5. 进行项目活动资源需求估计的时候应考虑哪些主要因素？

6. 比较各项目进度计划编制方法的区别。

7. 计划评审方式有哪些优势与不足？

8. 关键路径是什么？项目经理为什么应当关心它？

9. 关键路径时间的何种特性使其具有关键性？关键路径是如何确定的？

 案例分析

如何处理项目进度问题

某软件公司属于一个发展中的公司，公司从一个小公司通过与大公司合股，发展到2004年成为上市公司的一个子公司，2006年又通过和大公司的合股成为一个上市公司，但是市场人员买软件及实施人员实施软件，仍然是小公司的运作模式，现在我主要介绍一下我们现在实施的一个项目，因为这个项目属于我们所有软件项目实施中最大的一个，我们是做行业软件的，这个大项目是省一级的项目，用户是省级的养老保险局，所做的项目是养老保险指纹身份验证系统，主要工作是采集省养老保险局统筹管理的企业内的离退休人员指纹。省养老保险局管理的企业达500多家，离退休人员达1 000～4万人的企业有200多家，由于企业多，企业管理的离退休人员多，离退休人员居住地方不集中，所以采集时有困难，但这不是最主要的问题，对于采集我们有一套详细的方案，困难的是以下几个问题：第一，该项目由省局的一个处室负责，该处室还有一项重要工作是保证离退休金足额发放，所以在项目运行过程中，项目进度都是那个处室在控制，处室说时间段内做什么我们就写相应时间段内的项目计划；第二，当项目进度计划写好后，在计划的时间段内90%不能按计划执行，因为处室要和企业协调，企业不积极，处室又要处理其他工作；第三，每次讨论阶段内的计划时，基本上是用户安排阶段内的事情，所以该公司的主动权很少；第四，写的项目进度在遇到"五一""十一""元旦""春节"等这样的节假日时，一般节假日的前后15天之内基本上也做不成事，中国人的习惯过节就是放松，政府部门更是这样。

试分析影响该项目进度的主要问题是什么？

第七章　项目成本管理

本章将全面讨论有关项目成本管理的内容,讨论的重点是如何进行项目成本估算和项目成本预算,以及如何做好项目成本控制和项目成本报告与预测等工作。深入细致地分析由项目成本估算与预算等构成的项目成本确定方法和项目成本控制方法。

第一节　项目成本管理概述

项目成本管理是项目管理知识体系中最为重要的组成部分之一,因为人们开展任何项目的根本目的就是要以最小的成本去获得最大的价值,而成本和项目价值的管理都属于现代项目成本管理的范畴,所以这是一个非常重要的项目管理的专门知识领域或专业。

一、项目成本的内涵

项目成本的英文为"project cost",但是"cost"本身既有"花费多少钱"的意思,也有"值多少钱"的意思,所以项目成本不仅仅是"花费"的意思。

(一)项目成本的定义

狭义的项目成本是指在为实现项目目标而开展的各种项目活动中所消耗资源而产生的各种费用,广义的项目成本还包括项目中涉及的税金与承包商利润等内容。

所以,项目成本在有些情况下也被称为项目造价或者项目费用,如有承发包的建设项目成本通常被称为项目造价,因为这种项目成本中包含有国家收取的税金以及承包商利润。但是,对于自我开发项目而言,因其所有项目业主和实施者是一家而没有税金和利润问题,所以人们多数就将这种项目成本称为项目花费或项目费用。

无论人们如何称呼项目成本,其本质特性是不变的。但是,不同国家的会计制度规定不同,所以项目成本的范畴也不完全等于项目费用的总和。例如,我国不允许将正在建设项目中的某些项目业主所发生的项目费用计入项目造价,以保证项目业主不能从承包商处支取费用。但这只是项目成本核算方面的法律或规定问题,并不影响项目成本的定义和特性。从经济观点出发,在满足项目时间和质量等指标要求的前提下,项目成本是越小越好。所以,为实现项目成本最小化(这是项目利益最大化的关键要素之一),就必须开展项目成本管理。

(二)项目成本的内涵

从价值工程的角度上讲,项目成本的内涵并不只是花费,而是能够买到一定"功能"或"价值"的"花费"。所以,项目成本的内涵可以使用下面的公式给出更好的描述。

$$V = F/C \quad 或 \quad 价值 = 功能 / 成本 \tag{7-1}$$

由式(7-1)可以看出,成本只是价值的要素之一,而且是为了实现价值所做出的投入。所以,实际上项目成本就实现成本而言只是为了实现项目价值所做出的投入,是为了获得项目各种功能而付出的项目投入(或投资)。因此,项目成本管理必须以这种项目成本的内涵为出发点去开展和进行,项目成本管理的方法必须从项目价值管理的角度入手去做好。

二、项目成本管理定义和内涵

项目成本管理的根本目标是为了使吸纳的项目价值最大化,所以项目成本管理的定义和内涵就有广义和狭义之分,现分述如下。

(一)项目成本管理的定义

狭义的项目成本管理是指为保障项目实际发生的成本不超过项目预算而开展的项目成本估算、项目预算编制和项目预算控制等方面的管理活动;广义的项目成本管理是指为实现项目价值的最大化所开展的各种项目管理活动和工作。狭义的项目成本管理也是为确保在既定项目预算内按时按质的实现项目目标所开展的一种项目管理专门工作。广义的项目成本管理应该涉及项目成本、项目功能和项目价值三个方面的管理工作。近年来,项目成本管理的理论越来越朝着项目价值管理的方向倾斜,以更好地满足人们对项目价值的追求,这使项目成本管理的范畴不断扩大,而且它的作用也显得日益重要。

PMI认为:"项目成本管理首先考虑开展项目各种活动所需资源的成本方面的管理,同时项目成本管理还需要考虑项目决策的效应,这包括使用项目产出物的成本问题。例如,降低项目设计评估次数可以节约项目的成本,但是其代价可能是顾客的使用成本得以增加。这种广义的项目成本管理也被称为项目全生命周期成本核算的方法。项目全生命周期成本核算和价值工程技术共同使用可以降低项目成本和时间,改进项目质量和项目绩效并做出最优的项目决策。"由此可见,项目成本管理的范畴有了很大的拓展和扩展。

(二)项目成本管理的内涵

长期以来,我国对项目成本管理方面的认识基本上停留在对于建设项目造价的确定与控制上。随着现代项目管理理论和方法的引进,人们开始认识各种其他种类项目的成本管理规律和方法,这对深化和发展项目成本管理的内涵起到了很大的推动作用。项目成本管理内涵的发展和变化主要表现在两个方面:一是现代项目成本管理包括各种项目的成本管理;二是现代项目成本管理的主要内涵即项目价值的管理。

现代项目成本管理认为项目成本是由于人们开展项目活动而占用和消耗资源形成的,而项目活动是为实现项目目标服务的,因此在确保项目目标的前提下人们可以通过从控制项目活动多少、规模和内容等方面入手而最终实现对项目成本的有效管理。同时,项目成本管理的主要内涵应该包括三个方面和多种途径,下式给出了示意。

$$V\uparrow = \left(\frac{F\uparrow}{C}\right)_1 + \left(\frac{F}{C\downarrow}\right)_2 + \left(\frac{F\uparrow\uparrow}{C\uparrow}\right)_3 \tag{7-2}$$

由式(7-2)可以看出,当项目成本不变而项目功能上升时(式中脚标 1 的情况),或项目功能不变而项目成本下降时(式中脚标 2 的情况)以及项目成本上升而项目功能大大上升时(式中脚标 3 的情况),项目的价值都能够上升。所以,项目成本管理不仅仅是努力降低成本的事情,而应该是努力提升价值的事情。实际上,项目全生命周期成本核算和价值工程等方法都是为实现项目价值最大化服务的,项目价值最大化才是项目成本管理的真正目标和根本内涵。

三、项目成本管理的内容

项目成本管理的核心内容包括项目成本的计划与确定、项目成本的监督与控制和努力保障项目成本不要超过项目批准预算等方面。

(一)项目成本管理的主要内容

项目成本管理不仅要通过管理去努力实现以最低成本完成项目的全部活动,同时也强调必须努力实现项目价值的最大化,以及努力避免项目成本问题对项目产出物质量和项目工期的影响。这些是现代项目成本管理与传统项目成本管理最重要的区别,因为盲目地降低项目成本可能会造成项目价值、项目质量或项目时间的损失。例如,如果项目决策支持工作上的成本投入不足,就会造成各种项目决策的纰漏或失误,这会给项目产出物质量和项目时间带来影响,甚至可能会大大降低项目的价值。

因此项目成本管理要求人们不能只考虑项目成本的节约,还必须考虑项目经济收益的提高。另外,预测和分析项目产出物未来的经济价值与收益也是项目成本管理的重要核心工作之一,因此还需要运用投资回收期分析、现金流量分析、收益回报分析等方法,以便从项目费用的最小化和项目利益的最大化两个方面综合平衡考虑,以管理好项目的成本与收益。

（二）项目成本管理的具体内容

现代项目成本管理的具体内容可以用图 7-1 给出示意。

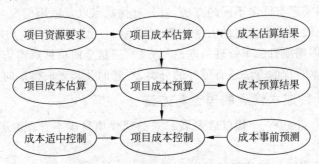

图 7-1 项目成本管理工作内容示意图

由图 7-1 可知,项目成本管理的具体内容包括下述几个方面。

1. 项目成本估算

项目成本估算是指根据项目活动资源估算以及各种资源的市场价格或预期价格等信息,估算和确定项目各种活动的成本和整个项目全部成本的一项项目成本管理工作。项目成本估算中最主要的任务是确定整个项目所需人、机、料、费等成本要素及其费用。

2. 项目成本预算

项目成本预算是一项制定项目成本控制基线或项目成本计划的管理工作。这项工作包括根据项目的成本估算分配项目的各项活动预算和确定整个项目的总预算两项工作。项目成本预算的关键是合理、科学地确定项目成本的控制基线。

3. 项目成本控制

项目成本控制是指在项目实施过程中依据项目成本预算,努力将项目实际成本控制在项目预算范围之内的管理工作。这包括不断度量项目实际发生的成本,分析和度量项目实际成本与项目预算之间的差异,采取纠偏措施或修订项目预算的方法实现对项目成本的控制。

另外,项目成本预测也是项目成本控制的一个组成部分,它是依据项目成本和各种相关因素的发展与变化情况,分析和预测项目成本的未来发展和变化趋势以及项目成本最终可能结果的项目成本管理工作,它为项目成本控制和预算调整及变更等提供依据。事实上,项目成本管理各项工作之间并没有严格而清晰的界限,它们多数是相互重叠和相互影响的。

四、现代项目成本管理方法的发展

现代项目成本管理有许多不同的方法,且各有优缺点以及适用情况与条件。在现代项目成本管理方法发展中最新提出的方法主要有三种:一是全过程项目成本管理的理论与方法;二是全生命周期项目成本管理的理论与方法;三是全面项目成本管理的理论与方法。同时,现代项目成本管理的方法还有另外的分类,对它们及其集成模型的讨论分述如下。

(一)现代项目成本管理的理论与方法

这主要是指 20 世纪 80 年代以后发展起来的现代项目成本管理的思想、理论和方法,主要包括如下几种。

1. 全过程项目成本管理的理论与方法

全过程项目成本管理理论与方法是自 20 世纪 80 年代中期开始,由中国及一些其他国家的项目成本管理理论工作者和实际工作者提出的,它是一种从整个项目活动全过程的角度分析确定和管理项目成本的思想与方法。进入 90 年代以后,中国的项目成本管理学者和实际工作者进一步对全过程项目成本管理的思想与方法作了完善和验证,使这种项目成本管理的理论和方法逐步成为中国项目成本管理的主导方法。

2. 全生命周期项目成本管理的理论与方法

全生命周期项目成本管理理论(life cycle costing,LCC)是由英美的一些学者和实际工作者于 20 世纪 70 年代末和 80 年代初提出的。进入 80 年代以后,以英美项目成本管理学者与实际工作者为主的一批人,在全生命周期项目成本理论方面做了大量的研究工作和应用工作。全生命周期项目成本管理的方法已经成为项目投资决策工具和项目成本控制的一种思想与技术方法,是考虑项目建设期、运营期和拆除期全部成本的管理方法。

3. 全面项目成本管理的理论与方法

根据国际全面成本管理促进会(AACE-I)前主席 R. E. Westney 先生的说法,全面项目成本管理是在 1991 年该协会的春季研讨会上他们借用全面质量管理的思想提出来的一套项目成本管理的方法,其目的是用它去实现对所有项目成本的全面管理。AACE-I 对全面成本管理的定义为,"全面成本管理就是通过有效地使用专业知识和专门技术去计划和控制项目资源、成本与盈利和风险",他们认为这种方法是 21 世纪项目成本管理中最有效的技术和方法。

(二)现代项目成本管理知识体系模型

项目成本管理除了上述主流学派或重要理论和方法外,还有其自身独立的项目成本管理知识体系。这种现代项目成本管理的知识体系也称为项目成本管理的方法论,它可由

图 7-2 中的模型给出示意。

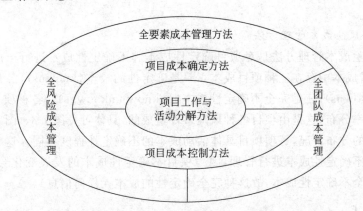

图 7-2　现代项目成本管理方法论的集成模型示意图

由图 7-2 可见,项目工作与活动分解方法是现代项目成本管理的基础。因为现代项目成本管理使用"基于活动的成本核算方法"(activity based costing)确定项目成本,使用"基于活动的管理方法"(activity based management)控制项目成本,所以项目成本的确定与控制都必须依赖这种项目工作与活动分解方法,因此它是这一方法论(模型)的核心部分。有关这一方法已在前面第六章的项目时间管理中作了详尽的讨论,读者可参阅该章。

模型中间项目成本的确定方法和控制方法是这个知识体系中的主导内容,它们同项目工作与活动分解方法构成了现代项目成本管理的基本方法体系。其中,项目成本确定方法是一种基于活动的成本核算方法,而项目成本控制方法是一种基于活动的成本管理方法。所以,实际上现代项目成本管理的基本方法是一种基于活动的项目成本管理方法,有关这两个部分的内容将在后续章节中详细讨论。

模型外围的项目全要素成本管理、全风险成本管理和全团队成本管理是现代项目成本管理理论体系的重要组成部分。其中,项目全要素成本管理、全风险成本管理和全团队成本管理的主要内容分述如下。另外,项目全生命周期成本管理也是辅助方法之一,相关论述也在下面列出。

1. 项目全要素成本管理方法

项目全要素成本管理方法是根据美国国防部提出的项目"成本/周期控制系统规范"或叫"挣值管理系统"的原理发展而来的。这是一种项目成本与项目其他要素集成管理的先进方法,这种项目成本管理方法的基本思想和概念就是任何项目要素的发展变化都会造成项目成本的变化或损失,所以人们必须全面考虑各种项目要素的发展变化,才有可能真正管理好项目成本。因此,现代项目成本管理不应该局限于项目成本管理本身,而应该按照项目集成管理的原理通过全面管理项目的全部要素,最终形成鲜明的成本管理成果。其中,项目挣值管理只是项目全要素成本管理的起点,因为它只是项目成本和时间两要素的集成管理方法。

2. 项目全风险成本管理方法

项目全风险成本管理方法是对项目确定性成本和不确定性成本进行全面管理的一种方法,因为项目成本中存在三种项目成本:一是确定性的成本(knowns);二是风险性的成本(know unknowns);三是完全不确定性成本(unknow unknowns)。各种项目不确定性成本有不同的概率分布,这是由项目各种风险事件造成的,具体可见图7-3。图中给出了五个项目活动成本的分布情况,每项项目具体活动成本的不确定性程度不同。这表明项目成本管理更应该对不确定性成本进行管理,因为项目不确定性成本的发展变化会很大(注:图中无法画出完全不确定性成本,故这种完全确定性的成本无任何信息)。

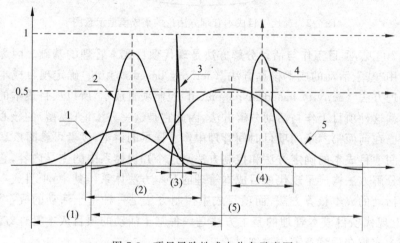

图 7-3 项目风险性成本分布示意图

3. 项目全团队成本管理方法

项目全团队成本管理方法就是项目全体相关利益主体一起参与和共同做好项目成本管理的方法。由于不同的项目相关利益者有不同的利益,因此必须使大家能够"求同存异"形成合作伙伴式关系,最终通过项目全团队的合作实现项目成本管理的目标。项目全团队成员之间的合作关系一方面通过相互签署的合同来保障;另一方面通过共同签署的项目合作伙伴协议来保障。项目全团队成员在项目合作中的地位是完全平等的,人们只有通过真正平等的合作才可能使用项目全团队成本管理的方法管理好项目的成本。这种方法中的全团队关系示意见图7-4。

4. 项目全生命周期成本管理方法

这一方法可以用英国皇家特许测量师协会(RICS)所给的定义来说明,RICS认为:"项

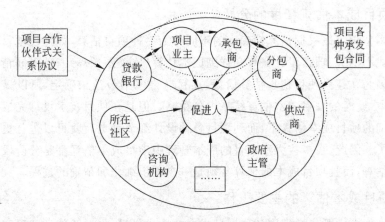

图 7-4　项目全团队造价管理中的各种关系示意图

目全生命周期包括整个项目建造、使用以及最终清理的全过程",“项目建造、运营和清理阶段还可以进一步划分为更详细的阶段,这些阶段构成了一个项目的全生命周期"。这种利用项目全生命周期最低成本的方法就是所谓的项目全生命周期成本管理方法,其公式为

$$LCC = Min\{C_1 + C_2 + C_3\}\qquad(7-3)$$

式中,C_1 表示项目建造成本;C_2 表示项目运营维护成本;C_3 表示项目拆除成本。上述项目成本管理的原理和方法适合于各种项目的成本管理,但是不同专业所属领域的项目都有其自己独特的项目成本确定与控制方法,这些需要学习专门的课程和知识。

第二节　项目成本估算

项目成本估算是项目成本管理的首要和核心工作,其实质是通过分析估计来确定项目的成本。这项工作的成果是开展项目成本预算和项目成本控制的基础与依据。

一、项目成本估算的概念

项目成本估算是指根据项目的资源要求或计划以及各种资源的价格信息,通过估算和预计的方法而得到项目各种活动成本和项目总成本的工作。当项目按照承发包合同实施时,还需要仔细地区分项目业主/顾客的成本估算与项目承包商/分包商成本估算的概念,因为二者的范畴和内容会有所不同。另外,对小项目的成本估算和项目成本预算可以结合在一起进行,甚至可以将这两个步骤看成是一个项目成本管理的步骤。

(一)项目成本估算精度的分类

项目成本估算可以根据估算精确度的不同分为多种项目估算,如建设项目成本估算就可分为初步成本估算、项目设计概算和详细成本估算(施工图预算)三种不同精确度的项目成本估算。因为在建设项目初步估算阶段,项目有许多细节尚未确定,所以只能粗略地估计项目的成本,此时的项目成本估算结果十分粗略。但是在项目技术设计完成之后就可以进行较为详细的项目成本估算了,而到项目各种设计细节确定后就可以进行更为精确的项目成本估算了。因此,在一些大型项目的成本管理中项目成本估算都是分阶段做出不同精确度的成本估算,而且项目成本的估算必须是一个逐步细化和精确的过程。

(二)项目成本估算的主要工作

项目成本估算中既包括识别各种项目成本的构成科目,也包括估计和确定各种项目成本科目的数额大小。例如,在大多数项目中人工费、设备费、管理费、咨询费、物料费、开办费等都属于项目成本的构成科目,甚至在这些科目下面还可以进一步细分出二级科目甚至三级科目。同时,项目成本估算还包括分析和考虑各种不同项目实施方案,并分别做出各项目方案的成本估算的工作。例如,许多项目可能会有多种不同的项目设计方案或者是项目实施方案,这些不同的项目设计与实施方案会有不同的项目成本,在项目成本估算中人们必须努力给出不同项目设计与实施方案成本估算,并通过这种项目成本估算努力选择最优的项目设计和实施方案。实际上,现行的项目招投标过程中人们主要解决的便是这个问题。

(三)项目成本估算的细节

项目成本估算所给出的结果一般都要用某种货币单位表述(多数使用本币),以便人们可以进行必要的比较(包括同一项目不同方案和不同项目的比较并且为进一步进行新颖的项目成本管理与控制奠定基础)。在很多时候项目成本工程师或估算师(我们国家叫造价工程师)需要使用度量单位和综合单价估算项目成本,如使用人工工时或工日进行估算。

项目成本估算的基础信息主要有两个来源:一是项目的计划工作所生成的信息,这包括项目集成计划、项目范围计划、项目质量计划、人力资源和采购计划等;二是项目所需各种资源的价格信息,这包括项目所需资源的市场价格信息和未来发展变化的趋势信息。项目单项活动成本的估算就是对所有为完成这一项目活动所需占用和消耗的资源数量与价格的总体测算,而整个项目成本的估算就是一个项目所有活动成本的累计,这就是所谓基于活动的项目成本估算的方法及构成要素。

二、项目成本构成及影响因素

项目成本构成是指项目总成本或者是项目工作包的成本构成,而项目成本影响因素是指能够对项目成本变化造成影响的各种要素。

(一)项目成本构成

项目成本是指项目形成过程中所耗用的各种费用的总和。项目成本通常是由一系列的项目成本细目构成的,主要的项目成本细目包括以下几个方面。

1. 项目定义与决策工作成本

这是每个项目都必须经历的一个项目阶段,其好坏对项目设计与实施和项目建成后的经济效益与社会效益都会产生十分重要的影响。为了科学地定义和决策一个项目,在这一阶段要进行各种调查研究、收集信息和可行性研究的工作,最终做出项目的抉择。这些工作都需要耗用人力和物力资源,这些就构成了项目定义与决策工作的成本。这些项目的设计与计划工作同样会发生成本,所以这种工作的成本同样是项目成本的一个重要组成部分。需要特别指出的是,项目定义与决策在很大程度上决定了项目的成败,所以这部分成本或投入不足一定会造成项目"先天不足",会使整个项目遭受不必要的损失。

2. 项目设计与计划工作成本

项目做出决策之后就可进入设计与计划阶段了,任何一个项目都要开展项目的设计和计划工作,只是不同项目的设计与计划工作内容不同而已。例如,建设项目就需要开展项目的初步设计、技术设计和施工图设计工作,同时还需要开展项目集成计划和项目时间、成本、质量、范围和风险应对等方面的专项计划工作。这些项目的设计与计划工作同样会发生成本,所以这种工作的成本同样是项目成本的一个重要组成部分。需要指出的是,项目设计与计划工作在很大程度上决定了项目的质量和最终绩效,如果这部分成本或投入不足同样会给整个项目造成不可估量的损失或麻烦,所以在这部分成本管理中更应该注重价值。

3. 项目采购与获得的工作成本

这是指项目组织为获得项目所需的各种占用和消耗的资源(包括人力、物料、设备等)而必须开展的询价、选择供应商、承发包和招投标等工作的成本,这部分成本也必须全面计入项目资源的成本之中。例如,项目所需进口设备的采购需要开展的询价、供应商选择、合同谈判、合同履行、设备运输、运输保险、通关缴税、国内运输等工作,这些工作都需要发生成本,这些成本就构成了项目采购与获得工作的成本。需要特别注意的是,这种项目成本往往会在项目成本估算中出现疏漏,不是漏掉国际运费或保费就是漏掉关税或国内运费。

4. 项目实施与作业成本

在项目实施与作业过程中,为生成项目产出物所耗用的各项资源所构成的成本统一称为项目实施与作业成本。这既包括在项目实施过程中所消耗资源的成本(这些成本以转移价值的形式转到了项目产出物中),也包括项目实施中所占用资源的成本(这些成本以租金等形式出现)。项目实施与作业成本的主要科目包括项目人工成本(工资、津贴、奖金等全部活劳动成本)、项目设备费用(使用设备、仪器和工具等费用)、项目物料成本(各种原材料的成本)、项目顾问费用(专家技术人员、咨询师或专业顾问的成本)、项目其他费用(不属于上述科目的其他费用)、项目不可预见费(针对意外情况而设立的项目管理储备费用)。这是项目成本的主要组成部分,因此它也是项目成本管理和控制的主要对象。

(二)项目成本的影响因素

影响项目成本高低的因素有许多,而且不同应用领域中的项目其项目成本影响因素也不同。但是最为重要的项目成本影响因素包括如下几个方面。

1. 资源数量和价格

狭义的项目成本主要受两个因素的影响:一是项目各项活动消耗与占用资源的数量;二是项目各项活动消耗与占用资源的价格。所以,项目成本管理必须管理好这两个要素,从而直接降低项目的成本。在这两个要素中资源消耗与占用数量是第一位的,资源价格是第二位的。因为通常情况下资源消耗与占用数量是一个相对可控的内部要素,而资源价格是一个相对不可控的外部要素,主要是由外部市场条件决定的。

2. 项目活动时间

在项目实现中各项活动消耗或占用的资源都是在一定的时点或时期发生的,项目成本与这些资源的使用和占用时间直接相关并相互影响。其根本原因是项目所消耗的资金、设备和各种资源都具有自己的时间价值,就是等额价值量的资源在不同时间被消耗或占用造成的这些资源价值之间的差额。项目消耗或占用资源可以看成是对货币资金的占用,其时间价值的表现为应付利息。这既是构成项目成本的科目之一,也是项目成本的影响因素之一。

3. 项目要求质量

项目要求质量是指项目能够满足业主或客户需求的特性与效用,项目的实现过程就是项目质量的形成过程。在这一过程中为达到项目质量要求,人们需要开展两方面的工作:一是项目质量检验与保障工作;二是项目质量失败的补救工作。这两项工作都要消耗资源,从而都会产生项目的质量成本。项目质量要求越高,项目质量工作的成本就越高,项目总成本也就越高。因此,项目质量要求也是项目成本的直接影响因素之一。

4. 项目范围大小

任何项目成本的多少最主要是取决于项目的范围,即项目究竟要做多少事情和做到什么程度。项目范围越大则做的事情越多,所以项目成本就会越高。项目所需完成的任务越复杂,则消耗的资源越多,项目的成本也就会越高;反之,项目的任务越少、越简单,项目的成本就会越低。因此,项目范围更是一个项目成本的直接影响因素。

根据上述分析可以看出,在项目成本管理中必须对项目资源耗用、价格、项目时间、质量和范围等要素进行集成管理与控制。如果仅仅对项目成本进行单个要素的管理和控制,那么无论如何也无法实现项目成本管理的目标,这也是当今项目成本管理中存在的核心问题。

三、现有项目成本估算方法存在的问题

我国现有项目成本估算的方法有很多,许多地方仍沿用我们在计划经济体制下从苏联(1956 年)引进的"标准定额法",这种项目成本的估算方法存在下列几方面的问题。

(一)资源消耗的成本估算问题

按照标准定额法估算建设项目的成本是一种"本末倒置"的估算方法,这种方法不是从一个项目下面开展哪些活动及这些活动所需消耗和占用资源的多少入手,而是根据国家或地方的"统一定额"确定项目所需资源(量的定额)和资源单价(价的定额)从而估算出项目成本。这种方法不能科学地考虑项目实际所需活动、实际所用技术和方法、项目具体的时间和地点,而是千篇一律地套用国家或地方的标准定额,所以不科学,也不能适应市场经济的要求和技术的迅猛发展。最新的研究成果证明,一个项目的活动以及活动过程和方法是形成项目成本的根本动因,因为只有开展项目活动才会消耗和占用资源。人们要科学、正确地确定项目成本就应该从分析项目具体活动的内容与过程入手,然后依据开展项目活动所用的技术与方法确定项目的资源消耗和占用数量,最终才能科学地确定项目成本,所以"基于活动的成本核算方法(ABC)"应该是正确的项目成本估算方法。

(二)各种取费的成本估算问题

这种标准定额法的另一个主要问题是项目成本中各种取费(现场管理费、企业管理费和其他费用等)的估算方法问题,这种方法将那些不直接形成项目实体的活动费用以承包商资质等级记取的方式估算和确定。例如,同一个建设项目的不同承包商可以按照自己企业的资质估算应该记取的费用,而且其中特级资质和甲级资质的企业取费比例会比乙级企业的取费比例高出很多。因为这类费用是按照项目直接费乘以这个取费比率的办法来确定的,结果是资质高的企业成本估算在这方面会高于资质低的企业。这就出现了两个方面的问题:一是这种项目间接费的估算办法并不是依据项目真实需要估算和确定的;二是这种办法规定的比率严重违背了市场经济的规律和科学估算的要求。所以,这种项目成本估算方法一方面会引发和造成对落后企业的保护或偏袒从而破坏市场竞争;另一方面会鼓励各种项目实施组织(设计商和承包商等)为争取较多间接费而对项目成本直接费进行高估

冒算。

（三）成本估算依据方面的问题

这种标准定额法的项目成本估算的依据主要是国家或地方的"统一定额"，这是由国家或地区主管部门统一制定的项目成本标准定额(有关项目工程量和工程价格方面的标准定额以及价格指数等各种定额修订参数等)，这些是官方规定的项目成本估算依据。不管是国家还是地方的统一定额都是相对时期内固定不变的成本估算依据，但是就具体项目而言这种依据存在局限性和时滞性。因为这种定额依据编制出来后在相当一段时期内是固定不变的，然而项目所用的技术、管理方法和实施环境等都是动态的，尤其是当今技术的高速进步和技术的不断创新，这些动态变化既会影响项目实施的工作绩效，又会影响项目消耗和占用资源的数量，从而全面影响项目的成本。所以，这种方法相对静态的项目成本估算依据是不科学的，它也无法很好地适应市场与技术不断发展变化的要求。

现在全世界多数国家已经抛弃了标准定额法，而使用以历史统计数据作为参考依据确定具体项目的成本和按照工程测量结果确定项目成本的方法。其中，美国的项目成本估算主要是依据历史统计数据做出的。美国有许多项目咨询企业专门从事不同项目的成本数据收集、整理和加工，并将加工后的历史统计数据作为项目成本的确定依据，如设立在美国弗吉尼亚州的美国项目独立分析公司（America Independent Project Analysis Corporation)就是一家专门从事化工建设项目的咨询公司，在该公司的项目成本数据库中有大量的化工企业建设项目的成本统计数据可供全社会参考。英国和多数英联邦国家则使用工程量测量的方法确定项目成本，这种方法是以全国统一的合同标准规定的工程量和工料测量方法作为依据估算项目成本。

四、项目成本估算的依据和方法

项目成本估算的依据涉及很多方面，项目成本估算方法也有很多不同种类。

（一）项目成本估算的主要依据

虽然项目成本估算的依据有很多，但是最主要的是两个方面，这可以由图 7-5 给出示意。

另外，项目成本估算的其他依据还包括如下几个方面。

1. 项目已有的各种文件

这包括项目章程、项目范围管理的文件、项目集成计划、项目时间管理计划等。

2. 估算所需的各种信息

这包括项目所需资源的种类、租赁、数量和投入时间等方面的信息，项目具体活动所需资源的信息，项目所需人力资源估算和雇用方面的信息，项目各种已识别风险的相关信息，

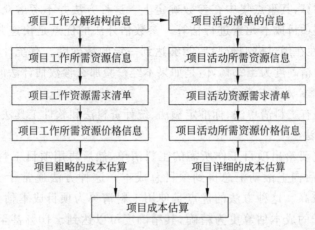

图 7-5　项目成本估算依据示意图

项目的事业环境因素信息,组织的过程资产信息,社会化的商业数据库的信息以及各种历史项目的信息与参考资料等。

另外,项目团队的知识和经验以及项目的教训等也是项目成本估算中使用的信息。

(二)项目成本估算的主要方法

项目成本估算的方法可以分为相对粗略的自上而下项目成本估算方法和相对精确的自下而上项目成本估算方法。

1. 自上而下项目成本估算方法

自上而下项目成本估算方法主要有类比估算法和参数估计法等。

(1)类比估算法

这是在项目成本估算精确度要求不高的情况下,通过比照已完成的类似项目实际成本而估算出新项目成本的一种方法。类比估算法通常比其他方法简便易行、费用低,但它的精确度也低。有两种情况可以使用这种方法:一是以前完成的项目与新项目非常相似;二是项目成本估算专家或小组具有必需的专业技能。这种方法的局限性在于很多时候都没有真正类似项目的成本数据,因为项目的独特性和一次性使多数项目之间不具备可比性。其优点是这种估算基于实际经验和数据,具有较好的可信度。但是这种估算的精确度不高,有统计资料显示,其精确度一般为±30%。

(2)参数估计法

这也叫参数模型法,它是利用项目特性参数建立数学模型来估算项目成本的方法。例如,工业项目可用项目生产能力作为参数,民用项目可以使用每平方米单价等作为参数估算项目的成本。参数估计法使用一组项目费用的参数估算关系式对整个项目或其中某个部分的费用进行估算,其重点集中在参数确定上。这种方法并不考虑众多项目成本细节,所以它能针对不同项目成本元素进行估算。参数估计法的优点是快速并易于使用且所需信息不多,其准确性在经过模型校验后能够达到一定的精确度。有统计资料显示,这种项目成本估算方法的精确度为±20%,但是如果不经校验那么参数估计法的进度会比较慢。

2. 自下而上项目成本估算方法

这类方法主要有工料清单法、标准定额法、统计资料法和软件工具法等。

(1) 工料清单法

这种方法首先要给出项目工作所需的工料清单,然后再用项目工料清单进行项目活动成本的估算,最后向上滚动汇总得到项目总成本。这种方法通常十分详细而且耗时,但是估算精确度较高。这种方法的优点是使用工料清单为项目成本估计提供详细信息,所以它比其他方式的成本估算更为精确,其精确度可以达到±10%甚至可高达±5%,其缺点是要求有详细的工料消耗和占用量信息,而获得这种信息本身就需要大量的时间和经费的支持。另外,这种项目成本估算方法所需的工料消耗与占用数据本身也需要有数据来源,并且需要在项目成本估算中对这些数据做出各种各样的成本费率调整和预测等。这种方法实际上综合考虑了项目时间和成本两个要素。我国和英国等国家规定使用的都是这种项目成本估算的基本方法,我国将其称为"建设工程工程量清单报价规范"(GB50—500—2003)。

(2) 标准定额法

这种方法已经在前面一节(项目成本估算方法现存问题)中作了比较详尽的讨论,并且指出了标准定额法的问题和不足。但是,前面讨论的标准定额法是一种计划经济体制下使用的国家或政府统一配置资源(平调)的方法,这并不代表所有的标准定额法都是不对或不好的。因为实际上如果不是使用国家或地方的"统一定额",而是使用企业自己的"标准定额"估算项目成本那就是比较科学的方法。这种项目成本估算的标准定额法使用企业自己积累和不断更新的各种"标准定额"(人工定额、材料定额、费用定额等)估算所要实施的项目成本,这也是一种自下而上的科学项目成本估算方法,因为这种企业的"标准定额"实际上就是企业自己劳动生产率的实际或规定水平。特别需要指出的是,在国际建设项目承发包过程中任何低于成本价的投标都是违法的,这种企业的"标准定额"(企业劳动生产率)是投标不低于成本价的根本证明和依据。

(3) 统计资料法

这种方法包括两类:一是使用企业自己的历史项目统计资料进行项目成本估算的方法;二是使用市场上存在的商业数据库的统计资料进行项目成本估算的方法。两种方法都必须给出具有统计意义的各种资源消耗或占用量的平均水平和先进水平,同时还应该给出各种资源市场价格以及价格信息的平均水平和最高水平等数据,从而人们可以由此做出项目成本的估算。实际上第一种方法就是上述的企业"标准定额法",而第二种方法就是前面所说的美国独立项目分析公司提供的方法。这种方法是最接近实际情况和最适合市场经济使用的项目成本估算方法,所以这也是国际上使用最多的项目成本估算方法。

（4）软件工具法

这只是一种运用现有计算机成本估算软件确定项目成本的现代化技术方法,经过 30 多年的发展目前市场上已有大量的项目成本管理软件。它们根据功能和价格水平分为两类:一类是专业的项目成本管理软件(供专业项目成本管理人士使用)。这类软件功能强大、价格高,能够较好地估算项目的成本。另一类是通用的项目管理软件。它带有项目成本管理功能,这类软件功能不是很齐全,但价格较便宜,也能做中小型项目的成本估算。大部分项目成本管理软件都有项目成本估算的功能,但是无论如何项目成本的估算主要还是依靠人来完成的,计算机软件只是一种辅助手段。

五、项目成本估算的结果

项目成本估算的结果主要包括如下几个方面。

（一）项目成本估算书

项目成本估算书是对完成项目所需费用的估计和计划安排,是项目管理文件中的一个重要组成部分。项目成本估算书要对完成项目活动所需资源、资源成本和数量进行必要的说明,这包括对项目所需人工、物料、设备和其他科目成本估算的全面描述和说明。另外,这一文件还要全面说明和描述项目的不可预见费等方面的内容。项目成本估算书中的主要指标是价值量指标,同时为了便于项目绩效考核它也需要使用其他的一些数量指标对项目成本进行描述。例如,它也需要使用劳动量指标(工时或工日)或实物量指标(吨、千克、米等),甚至在某些情况下它还需要使用多种度量指标进行描述,以便开展项目成本的控制。

（二）相关支持细节文件

这是对项目成本估算文件依据和所考虑细节的说明文件,这一般作为项目成本估算书的附件使用。这一文件的主要内容包括:项目范围的描述,因为项目范围是直接影响项目成本的关键因素;项目成本估算的基础和依据文件,这包括制定项目成本估算的各种依据文件、成本估算方法的说明以及所参照国家规定的说明等;项目成本估算的各种假定条件说明,这包括在项目成本估算中所假定的各种项目实施效率、项目所需资源价格水平、项目资源消耗的定额估计等;项目成本估算可能出现的变动范围的说明,这包括在各种项目成本估算假设条件和基础与依据发生变化后,项目成本可能会发生何种以及多大变化的说明。

（三）项目成本管理计划

这是关于如何管理和控制项目成本以及项目成本变更的说明文件,它是项目成本管理文件的一个重要组成部分。项目成本管理计划文件可繁可简,具体取决于项目规模和项目管理工作的需要。项目开始实施后可能会发生各种无法预见的情况,从而危及项目成本目标的实现(如某原材料的价格高于最初估计成本的价格)。为防止和预测或克服各种意外情况,人们就需要计划安排好各种可能需要的应急措施,从而控制项目实施中可能出现的成本变动和变更。项目成本管理计划的核心内容是计划和安排对项目成本的控制工作和对项目成本的变更工作,以及计划、安排和规定对有关项目不可预见费的使用管理等。

（四）成本变更的请求

项目成本估算的过程也是一个不断细化的过程,在这个过程中会出现各种影响项目成本管理计划、项目活动资源要求和项目集成计划的情况,此时就会出现项目成本的变更请求。项目成本的变更请求必须通过一定的程序进行审批,一旦这种申请通过了审批就必须对项目成本估算和预算进行必要的调整和更新。所以,这也是项目成本估算所生成的文件之一。

第三节　项目成本预算

项目成本估算完成以后,人们还需要在估算的基础上进行项目成本预算。所谓项目成本预算是一种制订项目成本计划安排的项目成本管理工作。

一、项目成本预算概念和依据

项目成本预算涉及根据项目成本估算等各方面信息确定的项目成本预算,它涉及项目活动成本预算、项目工作成本预算和项目总预算三个方面。

（一）项目成本预算的概念

项目成本预算就是项目成本的多少和投入时间的计划安排,所以项目成本预算的制定会有两种不同的情况。其一是在项目由业主组织自行实施时,人们需要根据项目成本估算等方面的信息为项目各项具体活动确定预算或额度以及确定整个项目的总预算。其二是在项目由专门的承包商组织实施时,人们会有承包商的预算和项目业主的预算,这也包括为项目各具体活动确定预算以及确定整个项目总预算。因此,项目成本预算工作的具体内容包括:根据项目成本估算信息以及项目承发包过程等为项目各项具体工作或活动确定预算,然后汇总确定项目总的预算,以及制定项目成本控制标准(或基线)和确定项目不可预见费等。项目成本预算书是一种项目成本的计划安排,所以它必须留有一定的余地或裕度,因此一定要有相应比例的项目成本管理储备(包括项目不可预见费等),以备不时之需。

(二)项目成本预算的依据

项目成本预算编制的主要依据包括如下几个方面。

1. 项目成本估算文件或项目合同造价

项目成本估算文件是在上一节项目成本估算工作中所形成的结果文件,项目合同造价是在项目有专门的承发包时的合同价格。在项目成本预算工作中,项目各项工作与活动的预算主要是依据这种文件制定的。

2. 项目工作结构分解和项目活动清单

这是在项目范围界定和确认或者是在项目活动分解与界定中生成的项目工作分解结构文件和项目活动清单文件。在项目成本预算工作中要依据这些文件分析和确定项目各项工作与活动的成本预算。

3. 项目进度计划和项目时间管理计划

这是一种有关项目各项工作起始时间与终结时间的文件,依据它可以安排项目成本预算的投入时间。项目进度计划通常是项目业主/客户与项目组织共同商定的,它规定了项目工作与活动必须完成的时间和所需资源,所以它也是项目预算编制的依据之一。

4. 其他项目计划文件和资源日历

在编制项目成本预算时还应考虑项目集成计划、项目成本管理计划和其他各种项目专项计划等项目计划文件。另外,项目资源日历也是制定项目成本预算的重要依据。人们需要根据这些方面的信息编制项目预算书。

5. 其他方面的信息

这包括项目各种已识别风险的相关信息、项目的事业环境因素信息、组织的过程资产信息(尤其是组织的项目成本预算政策和规定以及项目成本预算平台或模板等)、社会化的商业数据库信息以及各种社会化的统计资料和信息等。另外,项目管理团队的各种知识和经验以及项目本身的教训等也都是项目成本估算中可供使用的信息。

二、项目成本预算的内容和方法

项目成本预算是按时间分布给出的项目成本的计划,是项目成本控制的目标和基线。

(一)项目成本预算的内容

项目成本预算的编制结果是一种呈"S"形曲线的项目成本基线,这可见图7-6给出的示意图。由图7-6可以看出,项目的成本预算包括两个因素:一是项目成本预算额的多少;

二是项目预算的投入时间。需要特别注意的是,项目成本预算并不是越低越好,因为这会造成因预算过低而出现偷工减料的现象,从而使项目质量下降。项目成本预算编制主要有如下工作。

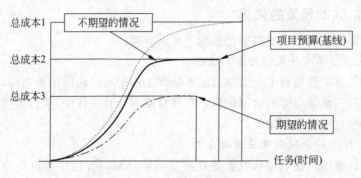

图 7-6　项目成本预算的"S"形曲线图

1. 确定项目预算的风险储备

根据项目风险方面的信息和项目估算信息,制定项目不可预见费和项目管理储备等方面的预算额度,以便确定项目成本的总预算。

2. 确定项目总预算

根据项目成本估算、项目不可预见费和项目管理储备等各种信息,按照"留有余地"的指导思想,确定项目总预算,并且将其作为确定项目各项工作和活动预算的依据。

3. 确定项目工作包的预算

根据项目总预算、项目不可预见费以及项目各工作包的不确定性情况,分析和确定项目工作分解结构中各个工作包的成本预算。这是一种自上而下确定项目工作包预算的方法。

4. 确定项目各活动的预算

根据项目工作包预算、项目不可预见费以及项目工作包中各项活动不确定性情况,分析和确定项目工作包中各项具体活动的成本预算。这也是一种自上而下项目预算的方法。

5. 确定各项活动预算投入时间

根据项目、项目工作包、项目具体活动的预算以及项目进度安排,确定项目各项具体活动预算的投入时间,从而给出项目具体活动预算的具体投入时间和累计的项目预算成本。

6. 确定项目预算的"S"形曲线

根据项目各具体活动的预算额、投入时间以及项目进度计划和项目预算的累计数据,采用在两坐标系(成本和工期)找点连线的方法画出项目成本预算的"S"形曲线(图 7-6)。

（二）项目成本预算的方法

由于影响项目成本预算的因素很多,所以项目成本预算的方法有很多种。在项目成本管理中主要的项目成本预算方法包括如下几种。

1. 常规的项目预算方法

项目预算方法中最常用的是常规的成本预算方法,这种方法多数适合有承发包的业务项目预算,它使用企业财务预算的科目作为项目成本预算的科目,使用项目成本估算的信息作为基本信息,按照项目预算成本科目汇总项目估算信息和项目不可预见费,编制给出项目成本预算书。表 7-1 给出了这种方法的示意,由表中可以看出这种项目预算共有三级科目:人工费和非人工费构成第一级科目,其下面还有两级预算科目。这是一份项目承包商预算的示意表,项目业主也可在此基础上做出自己的项目成本预算书。

表 7-1　项目的三级科目财务预算方法　　　　　　　　（单位：元）

科　目	名　称	描　述	单位	数量	估算成本（B）	预算成本（A）
一级 1	非人工费	全部非人工费			3 049 358.00	3 055 189.00
二级 1.1	本厂硬件	自制硬件费			313 053.00	314 426.00
三级 1.1.1	硬件 1				0	0
三级 1.1.2	硬件 2				316 053.00	314 426.00
二级 1.2	本厂软件	自制软件费			89 839.00	89 839.00
三级 1.2.1	软件 1				89 839.00	89 839.00
三级 1.2.2	软件 2				0	0
二级 1.3	外购	外购配件费			123 063.00	123 063.00
三级 1.3.1	外购配件 1				46 781.00	46 781.00
三级 1.3.2	外购配件 2				7 488.0	7 488.0
三级 1.3.3	外购配件 3				68 794.00	68 794.00
二级 1.4	物流费	物流服务费			5 000.00	5 000.00
三级 1.4.1	物流费 1				2 500.00	2 500.00
三级 1.4.2	物流费 2				2 500.00	2 500.00
三级 1.4.2	物流费 3				0	0
⋮	⋮	⋮	⋯	⋯	⋯	⋯
二级 1.8	担保费	担保造成费用			8 848.31	8 819.71
三级 1.8.1	担保费 1				3 259.95	3 259 395
三级 1.8.2	担保费 2				5 588.36	5 559.76
二级 1.9	财务费	垫款造成费用			2 049.17	14 204.20
三级 1.9.1	财务费 1				2 049.17	1 944.20
三级 1.9.2	财务费 2				11 260.00	12 260.00
三级 1.9.3	财务费 3				0	0

续表

科　目	名　称	描　述	单位	数量	估算成本(B)	预算成本(A)
二级 1.10	其他	其他无法分类			0	0
三级 1.10.1	其他费1				0	0
三级 1.10.2	其他费2				0	0
一级 2	人工费	全部人工费用			59 806.36	74 167.74
二级 2.1	项目管理	管理人工费用			15 182.45	16 970.03
三级 2.1.1	管理费1				10 240.96	10 632.27
三级 2.1.2	管理费2				4 650.13	4 616.79
三级 2.1.3	管理费3				960.00	1 000.00
二级 2.2	项目设计	设计人工费用			1 331.37	1 720.97
三级 2.2.1	设计费1				8 608.95	9 789.89
三级 2.2.2	设计费2				0	0
二级 2.3	分包管理				360.00	360.00
三级 2.3.1	佣金1				0	0
三级 2.3.2	佣金2				260.00	350.00
二级 2.4	项目实施	实施人工费用			1 600.00	1 600.00
三级 2.4.1	实施费1				0	0
三级 2.4.2	实施费2				1 600.00	1 600.00
总成本					3 109 164.36	3 129 356.74
毛利润					2 533 968.95	2 659 953.23
毛利率					8.15	8.50
总计					5 643 133.31	5 789 309.97

2. 专门的项目预算方法

项目预算方法也包括各种项目成本预算的专用方法,甚至可以直接使用项目成本估算的方法。项目成本预算的不同方法适用于不同的项目和项目情况,这里介绍一种利用甘特图进行项目预算计划编制的方法。甘特图原本是一种项目进度计划的方法,但是它也可用来编制项目预算。由于甘特图简单明了、直观和易于编制,因此常被作为综合性的项目成本和进度计划方法。图7-7就是一个带预算的项目进度计划的甘特图。

3. 项目成本预算中的其他方法

在项目预算中还需要使用一些其他的方法,这主要包括项目(不可预见费)管理储备的计算方法、项目成本聚合法和项目费用平衡法等,具体分述如下:

(1) 项目管理储备的计算方法。项目管理储备是在项目预算中为应对各种非计划性但又可能发生的项目变更需要的一种储备。这是针对项目的那些"未知的未知"(unknown unknowns)情况所作的预算储备,这种项目预算储备只有在实际发生了"未知"情况时才能

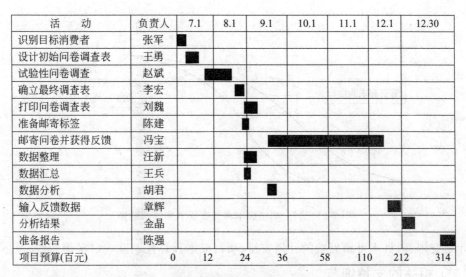

图 7-7　带预算的消费者市场研究项目甘特图

获准使用。项目管理储备不是项目预算基线的组成部分,但却应该包括在项目成本预算之中。项目管理储备不能分配到项目预算的"S"形曲线中,也不能用于项目挣值的计算和分析。项目管理储备不同于项目成本预算中的不可预见费,项目不可预见费是用来对付各种"已知的未知"(known unknowns),所以它属于项目预算基线的构成部分。因此,这种项目管理储备的预算方法是独特的,属于项目风险性成本分析和确定的方法。

（2）项目成本聚合法。项目成本的预算也可以使用按照项目活动到项目工作包再到项目产出物这样自下而上的汇总和聚合的方法得到。这种方法的优点是便于按照项目各个工作包或项目产出物的分解制定项目预算和开展承发包以及项目成本的控制。

（3）项目费用平衡法。任何项目的预算基线都不是一条真正的"S"形曲线。因为有的项目阶段的费用会很大,而有的阶段发生的费用很小,所以在预算中还需要使用能够努力平衡这两种情况,使项目不会出现忽高忽低的项目成本情况的方法,这就需要使用项目费用平衡法。

三、项目成本预算的结果

项目成本预算工作的主要结果一般包括如图 7-8 所示的几个方面。

（一）项目预算文件

通常,项目成本预算工作的结果是生成一份有关项目预算的正式文件。这一文件的内容包括有关项目总预算规模的规定、项目各工作包的预算计划安排、项目各项具体活动的

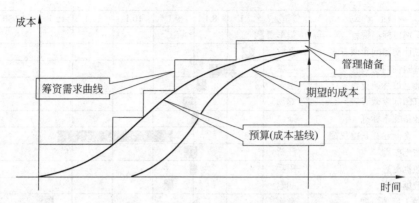

图 7-8 预算、期望成本和筹资要求曲线示意图

预算计划安排、项目不可预见费的计划安排、项目成本预算控制基线("S"形曲线)等。

(二)相关的支持细节

这是关于项目预算主文件的各种支持细节的说明文件,它包括各种预算编制过程中使用的项目集成计划、范围计划、工期计划和项目资源计划等方面的支持细节,项目预算标准和定额等方面的支持细节,项目预算分配的原则等细节文件。

(三)项目筹资计划与安排

这包括项目总的筹资和各个时段的筹资要求和计划安排,它是根据项目预算结果给出的。通常每个阶段的筹资都应该在给出一定的裕量以备出现各种预付款、提前结算和超支的情况,项目总筹资的数额应该是项目总成本加上项目管理储备。项目筹资工作一般都是间断性和不断增加的,一定比例的项目管理储备可以按照逐步增加的方式包括在每一笔筹资之中,这部分资金何时筹措取决于项目业主的财务管理政策。

(四)项目预算管理计划

项目成本预算工作另一个主要结果是生成一份项目预算管理的规定文件,即项目预算管理计划文件。在这一文件中,应该明确规定有关项目预算管理的各种规定和要求,这包括有关项目预算中的管理、储备(项目不可预见费)的管理和使用规定等。

(五)项目估算等文件的更新

在项目成本预算过程中会发现以前的项目成本估算和项目进度、范围以及集成计划等都存在一些问题而需要更新或修订,这样就会产生更新后的项目成本估算书、项目成本管理计划或项目集成计划以及其他的项目文件的更新或修订,这也是项目预算的结果之一。

第四节　项目成本控制

在完成了项目成本的估算和预算以后,人们就可以根据项目成本预算开展项目实施和项目成本控制工作了。项目成本控制的知识主要包括如下几个方面。

一、项目成本控制的概念和依据

没有一个项目在不作项目成本控制的情况下能够按照项目预算完成,所以项目成本控制是一项努力实现项目成本最小化的重要工作。

(一)项目成本控制的概念

项目成本控制工作是在项目实施过程中,通过开展项目成本管理努力将项目的实际成本控制在项目预算范围内的一项管理工作。因为随着项目的进展,项目实际发生的成本会不断发生变化,所以人们需要不断控制项目的实际花费或修正项目的成本估算,同时还需要对项目最终完工时的成本进行预测和计划安排,这些工作都属于项目成本控制工作的范畴。

项目成本控制涉及对那些可能引起项目成本变化的各种影响因素的控制(事前控制)、项目实施过程中的成本控制(事中控制)和项目实际成本发生以后控制(事后控制)三个方面的工作。要实现对项目成本的全面控制,最根本任务是要控制项目各方面的变动和变更,以及项目成本的事前、事中和事后的严密监控。

项目成本控制的具体工作包括:监视项目的成本变动,发现项目成本的实际偏差,采取各种纠偏措施以防止项目成本超过项目预算,确保是实际发生的项目成本和项目变更都能够有据可查,防止不正当或未授权的项目变更所发生的费用被列入项目成本预算,以及有关项目不可预见费的使用管理等。

有效控制项目成本的关键是要经常及时地分析项目成本的时间状况,尽早地发现项目成本出现的偏差和问题,以便在情况变坏之前及时采取纠正措施。项目成本控制属于项目集成管理与控制的一个组成部分,因为若对项目成本的偏差采取了不适当的控制措施,就很可能造成项目质量或项目进度方面的问题,或者会出现到项目后期产生无法接受的风险损失。总之,在项目成本控制中发现问题越早、处理的越及时就越有利于项目成本的有效控制,而且对项目范围、质量和进度等方面的冲击也会越小,项目才越能达到项目目标的要求。

（二）项目成本控制的依据

项目成本控制工作的主要依据有如下几个方面。

1. 项目成本实际情况报告

这是指项目成本管理与控制的实际绩效评价报告，它反映了项目预算的实际执行情况。其中包括有哪个阶段或哪项工作的成本超出了预算、究竟问题出在何处等。这种报告通常要给出项目成本预算额、实际额和差异额，其中的差异额是评价、考核项目成本控制绩效的重要信息。它必须具有准确性、及时性和适用性，因为它是项目成本控制的工作成果和后续依据。

2. 项目各种变更请求

项目变更请求既可以是项目业主/客户提出的，也可以是项目实施者（承包商）或其他方面提出的。任何项目的变更都会造成项目成本的变动，所以在项目实施过程中提出的任何变更都必须经过审批同意。如果未经过同意擅自变更而导致项目成本上升，那么很可能会出现虽然作了项目变更但收不到索赔付款的情况，甚至会造成各种不必要的项目合同纠纷。

3. 项目成本管理计划

这是关于如何管理和控制项目成本的计划文件，是项目成本控制工作的一份十分重要的指导文件。它所给出的内容包括项目成本事前控制的计划和安排、项目成本控制的具体措施和办法、项目成本控制的应急措施以及项目成本控制的具体责任等。

二、项目成本控制的方法和结果

项目成本控制具有自己的理论和方法，这方面的主要理论和方法分述如下。

（一）项目成本控制的基本理论

项目成本控制的基本理论有两个方面：一是项目成本控制的关键在于对项目不确定性成本的控制；二是项目成本的控制必须从消减项目无效和低效活动及改进项目活动方法入手。只有从这两方面入手，人们才能真正对项目成本进行有效的控制。

1. 项目不确定性成本的控制

项目成本的变动主要是不确定性成本的发展变化，所以项目成本控制的根本对象是项目的不确定性成本。由于各种不确定性因素的存在和它们对项目成本的影响，项目成本一般都会有三种不同的成分：其一是确定性成本，人们知道这部分成本一定会发生并且知道具体数额；其二是风险性成本，人们只知道它可能发生和它发生的概率大小与分布情况；其三是完全不确定性成本，对此人们既不知道它是否会发生，也不知道它发生的概率和分布情况。这三类项目成本构成了一个项目总的成本，后两种项目成本必须控制，因为它是会发展变化的,而确定性成本已经确定,所以即使不管都是确定性的了。

项目不确定性成本的变动主要表现在三个方面:一是项目活动本身的不确定性;二是项目活动的规模及其消耗和占用资源情况的不确定性;三是项目所要消耗和占用资源价格的不确定性。对于这些特性以及对其的控制与管理详细说明如下:

(1)项目活动本身的不确定性。这是指在项目实现中某项活动可能会发生或不发生,如出现雨天时项目的室外施工就要停止且需要组织排水,如果不下雨就不需要停工和排水。由于是否下雨是不确定的,所以停工和排水活动就是不确定性的。虽然人们安排项目实施计划时由气象资料作为参考,但是气象资料给出的只是降水概率而不是确定性结论。这种项目活动的不确定性会直接转化成项目成本的不确定性,这是造成项目成本不确定性的根本原因之一。这种不确定性成本是无法消除的,对它的控制主要是依靠对项目不可预见费的合理使用。

(2)项目活动规模的不确定性。这是指在项目实现中由于某些活动规模的不确定性以及由此造成的消耗与占用资源而引发的项目成本的不确定性。如在建设项目地基挖掘过程中如果实际地质情况与地质勘探资料不一致,则地基挖掘工作量就会发生变化,从而消耗与占用资源的数量也会变化。虽然人们在确定地基挖掘工作量时有地质勘探资料作为依据,但是地质勘探调查是一种抽样调查,这种调查结果只在一定置信区间内是相对可信的资料,所以存在着不确定性。项目活动规模的不确定性也会直接转化为项目成本的不确定性,也是造成项目成本不确定性的主要根源之一。这种项目成本的不确定性同样是很难预测和消除的,所以也需要使用项目不可预见费甚至项目管理储备作为主要的控制手段。

(3)项目活动耗资和占用资源价格的不确定性。这是指在项目实现过程中有些项目活动消耗和占用资源的价格会发生异常波动和变化(通货膨胀和可预测的价格变化不属于这一范畴)。例如,由于汇率短期内大幅变化所形成的进口设备价格波动就属于这一范畴。同样,人们虽然可以对项目实现活动消耗与占用资源的价格进行种种预测,但是通常这种预测结果本身就包含相对的不确定性,所以项目具体活动消耗与占用资源的价格也是不确定性的。这同样会直接形成项目成本的变化,所以它也是项目成本不确定性的主要根源之一。对这种项目不确定性成本的控制多数也是需要使用项目不可预见费等项目成本控制的方法。

实际上,项目的不确定性成本都会随着项目实施的展开而从最初的完全不确定性成本逐步转变成为风险性成本,然后转变成确定性成本。因为随着项目的逐步实施,各种完全不确定的事物(unknown unknowns)和条件将逐步转化为风险性的(known unknowns),然后风险性事件会再进一步转化成确定性事件。换句话说,随着项目的发展各种事件的发生概率会逐步朝确定的方向转化。当项目完成时一切都是确定的了,最终完全确定的项目成本也就形成了。因此,项目成本控制必须控制项目确定性、风险性和完全不确定性三类性质的成本,必须从对项目不确定性活动的控制出发去控制这些风险性项目成本。因此,在项目成本控制中首先要识别项目具有的各种不确定性,并确定出它们的不确定性成本情况,然后要通过对不确定性事件的控制去直接地控制项目不确定性成本。同时,还要安排好项目不可预见费和项目管理储备,以便应对各种项目的不确定性成本。

2. 项目活动及其方法的改进

项目成本控制的另一个主要理论是"基于活动的管理"理论。这种理论认为,任何项目成本都是由于开展项目活动而消耗或占用资源造成的,所以努力消减项目的无效活动和积极改进项目低效活动的方法是项目成本控制的根本出路。这种理论认为,项目成本管理的直接对象并不是项目成本本身,而是项目的活动和活动方法;项目成本的管理方法并不是项目成本算账和付款等,而是减少项目活动的资源消耗与占用。这种项目成本控制的理论最初是由国际知名的安永公司(E&Y)在 20 世纪 90 年代提出的,但最初是针对日常运营成本管理的,现在人们已经将它发展到了项目成本的管理领域。

(二)项目成本控制的方法

项目成本控制的基本方法包括两类:一类是分析和预测项目成本及其他要素发展变化的方法;另一类是控制项目成本和各种要素发展变化的方法。这两方面的具体方法构成了一套项目成本控制的方法,这套方法的主要内容有如下几种。

1. 项目变更控制体系的方法

这是指通过建立和使用项目变更控制体系对项目成本进行有效控制的方法。这包括从提出项目变更请求到变更请求获得批准,直到最终修订项目成本预算的项目变更的全过程控制体系。项目变更就是对项目计划的修订,但最初的项目计划如果存在不足或问题就必须进行变更,项目变更是项目成本控制的主要对象和关键。通常有两种方法可用于解决项目变更问题:其一是科学规避的方法,即在项目定义与决策及设计与计划阶段,努力真正了解和正确确定项目的要求和目标,然后通过跟踪评审和有效沟通与及时反馈等方法努力避免项目发生变更或返工而规避项目变更带来的成本变动;其二是积极控制的方法,即通过建立严格的项目变更控制系统和流程对各种项目变更请求进行有效评估以及优化优选,从而使项目变更能够做到成本最小化和项目利益的最大化。

2. 项目成本实际情况度量的方法

这是指项目实际成本完成情况的度量方法,在现代项目成本管理中引入的"挣值"度量方法是非常有价值的一种项目成本和工期绩效集成控制的方法。这种方法的基本思想就是通过引进一个中间变量即"挣值"(earned value)以帮助项目成本管理者分析项目的成本和项目工期变化,并给出相应的信息,从而使人们能够对项目成本的实际情况和未来发展趋势做出科学的预测与判断。

3．预测法和附加计划法

预测法是指根据已知项目信息和知识对项目将来的成本状况做出估算和预测，根据项目实施的绩效信息预测项目成本、项目进度、项目完工时的成本估算等。附加计划法是通过新增预算的办法对项目成本进行有效的控制。所谓附加计划法就是在出现意外情况时项目管理者可以使用应付紧急情况的项目管理储备资金的方法。如果没有这种方法就可能造成因项目实际与计划不符而形成项目成本无法管理而失控的局面，所以附加计划法是未雨绸缪、防患于未然的项目成本控制方法之一。

4．计算机软件工具法

这是一种使用项目成本控制软件来控制项目成本的方法，利用项目成本控制软件可以进行的工作有：生成项目活动的预计工期，建立项目活动之间的相互依存关系，处理特定的项目约束条件，监控和预测项目成本的发展变化，发现项目成本管理中的矛盾和问题，根据不同要求生成不同用途的项目成本或工作绩效报告，对项目进度和预算变动迅速做出反应，通过实际成本与预算成本比较分析找出项目存在的问题以供项目成本管理人员参考等。

（三）项目成本控制的结果

开展项目成本控制的直接结果是项目成本的节约和项目经济效益的提高。开展项目成本控制的间接结果是生成了一系列项目成本控制文件。这些文件主要有如下几个方面。

1．项目成本估算文件的更新

这是对项目原有成本估算的修订和更新的结果文件。这一文件中的信息一方面可以用于下一步的项目成本控制；另一方面在将来可以作为项目历史数据和信息使用。

2．项目成本预算文件的更新

这是对项目原有成本预算的修订和更新的结果文件，是项目后续阶段成本控制的主要依据。这一文件同样有作为项目成本控制使用和作为历史数据与信息使用的作用。

3．项目活动方法改进文件

这是有关项目活动方法改进与完善方面的文件，它也包括两个方面的信息：其一是项目活动方法改进方面的信息；其二是项目活动方法改进所带来的项目成本降低方面的信息。

4．项目成本的预测文件

这是指在项目实施中不断根据项目成本实际情况和未来的发展趋势对项目成本做出必要的预测和计划安排，这包括到项目完工时对项目成本总额和新的项目成本基线的预计。

5．应吸取的经验教训

这是在项目成本控制中发生的各种失误或错误及应该吸取的各种经验与教训的汇总

文件,可用于改善下一步的项目成本控制工作或后续项目的工作与成本控制。

第五节　挣值分析方法

项目成本控制的关键是经常及时地分析项目成本的状况,尽早地预测和发现项目成本差异与问题,努力在情况变坏之前采取纠偏措施。挣值分析方法是实现这一目标的重要方法,这一方法的基本思想是运用统计学的原理,通过引进一个中间变量即"挣值"来帮助项目管理者分析项目成本的变动情况,并给出项目成本与工期相关变化的信息,同时对项目成本发展趋势做出科学预测与判断和正确的决策。

一、项目挣值的定义及原理

关于挣值的定义,一般认为"挣值是一个表示已完成作业量的计划价值变量,是一个使用计划价格或预算成本表示在给定时间内已完成实际作业量的一个变量"。其计算公式为

$$\text{挣值(EV)} = \text{实际完成的作业量(WP)} \times \text{已完成作业的预算成本(BC)} \quad (7\text{-}4)$$

为了建立科学的项目成本和工期的集成管理方法,美国国防部组织大量的专家经过多年研究和实践提出了一套项目成本与工期的集成管理方法,最初它被称为项目成本/工期控制系统规范(cost/schedule control system criteria),这套方法直至 1996 年才向民众开放并更名为挣值管理(earned value management)。实际上,挣值管理是通过借用统计学中指数分析或因素分析的中间变量替代原理建立的。具体分析和推导证明如下:

假定变量 F 是由一个质量变量 P 和一个数量变量 Q 按照相乘的关系构成的,即有

$$F = P \cdot Q \quad (7\text{-}5)$$

若以 Q_0 和 P_0 表示变量计划值,Q_1 和 P_1 表示变量实际值,则 F 有计划值 F_0 和实际值 F_1:

$$F_0 = P_0 \cdot Q_0, \quad F_1 = P_1 \cdot Q_1 \quad (7\text{-}6)$$

将 F 的计划值 F_1 与实际值 F_0 相比就可得到一指数 E,即有

$$E = F_1/F_0 = (P_1 \cdot Q_1)/(P_0 \cdot Q_0) \quad (7\text{-}7)$$

根据统计学原理,在引入不同的中间变量后可以得到两个不同的指数 E_p 和 E_q。其中,当引进的中间变量为 $(P_0 \cdot Q_1)$ 时,则有:

$$E = \{(P_1 \cdot Q_1)/(P_0 \cdot Q_1)\} \cdot \{(P_0 \cdot Q_1)/(P_0 \cdot Q_0)\}$$
$$= E_p \cdot E_q \quad (7\text{-}8)$$

其中，$E_p = (P_1 \cdot Q_1)/(P_0 \cdot Q_1)$

$E_q = (P_0 \cdot Q_1)/(P_0 \cdot Q_0)$

公式中两部分乘式的具体说明如下。

（一）式中的 $\{(P_1 \cdot Q_1)/(P_0 \cdot Q_1)\}$

这表示在数量指标 Q 固定在 Q_1 水平并保持不变的情况下，质量指标 P 从 P_0 变化到 P_1 所造成的 F 的相对变化程度。同时可以用 $\{(P_1 \cdot Q_1) - (P_0 \cdot Q_1)\}$ 表示在数量指标 Q 固定不变的情况下，质量指标 P 从 P_0 变化到 P_1 所造成的 F 的绝对量变化。

（二）式中的 $\{(P_0 \cdot Q_1)/(P_0 \cdot Q_0)\}$

这表示将质量指标 P 固定在 P_0 水平并保持不变时，数量指标 Q 从 Q_0 变化到 Q_1 所造成的 F 的相对变化程度。同时可以用 $\{(P_0 \cdot Q_1) - (P_0 \cdot Q_0)\}$ 表示在质量指标 P 固定不变的情况下，数量指标 Q 从 Q_0 变化到 Q_1 所造成的 F 的绝对变化数量。

由前面的式(7-3)可知，挣值实际上就是一个 $P_0 \cdot Q_1$ 的中间变量，其中的质量指标 P 就是已完成作业的预算成本(BC)，数量指标 Q 就是实际已完成的作业量(WP)。但是一旦引入挣值这一变量，人们就可以分别对由于项目作业量(Q)和成本(P)的变动所造成的项目成本的相对差异与绝对差异进行分析了。使用挣值这一中间变量时，人们首先要将项目成本固定在预算水平(P_0)，然后通过分析和比较项目作业量从计划水平(Q)变化到实际水平(Q_1)所造成的结果。更进一步，将项目作业量固定在实际水平(Q_1)，通过分析和比较项目成本从计划水平(P_0)变化到实际水平(P_1)所造成的结果，这样就可以找出项目在成本和工期管理方面的问题，并可预测项目成本与工期的发展变化。

二、项目挣值分析方法的内涵

项目挣值方法的内涵主要包括三个关键变量、三个绝对差异分析和两个相对差异分析。

（一）项目挣值的三个关键变量

项目挣值方法中三个关键变量解释如下所述。

（1）项目计划价值(budgeted cost of work scheduled,BCWS)。这是按照项目预算计划成本（或造价）乘以项目计划工作量而得到的一个项目计划价值(plan value)。

（2）项目的挣值(budgeted cost of work performed,BCWP)。项目挣值是按照项目预算成本乘以项目实际完成工作量而得到的一个项目成本的中间变量(earned value)。

（3）项目实际成本(actual cost of work performed,ACWP)。这是按照项目实际发生成本乘以项目实际已完成工作量而得到的项目成本的实际值(actual cost)。这些指标都是项目挣值分析方法中根据不同的项目成本与工期(作业量)指标计算获得的数值,这些指标数值分别反映了项目成本和工期的计划与实际水平。

(二)项目挣值的差异分析变量

根据项目挣值中的三个关键变量,人们就可以计算出如下五个差异分析变量指标。

(1) 项目成本/进度绝对差异(cost schedule variance,CSV),其计算公式为

$$CSV = PV - AC = BCWS - ACWP \tag{7-9}$$

这一指标反映了项目计划作业量的预算成本与项目实际已完成作业量的实际成本之间的绝对差异值,这种差异值是由于项目成本从预算值变化到实际值和项目进度从计划作业量变化到实际已完成作业量这两个因素的综合变动造成的。这一指标值为正表示正常,反之则表明项目管理出现了问题。

(2) 项目成本绝对差异(cost variance,CV),其计算公式为

$$CV = EV - AC = BCWP - ACWP \tag{7-10}$$

这一指标反映了项目实际已完成作业量的预算成本与项目实际已完成作业量的实际成本之间的绝对差异。这一指标剔除了项目作业量变动的影响,独立反映了项目预算成本和实际成本差异问题对项目成本变动造成的影响。这一指标值为正则正常,反之则表明项目成本管理出现了问题。

(3) 项目进度绝对差异(schedule variance,SV),其计算公式为

$$SV = EV - PV = BCWP - BCWS \tag{7-11}$$

这一指标反映了项目计划作业量的预算成本与挣值之间的绝对差异,这一指标剔除了项目成本变动的影响,独立地反映了项目计划作业量和实际已完成作业量差异因素对项目成本的影响。这一指标值为正则正常,反之则表明项目工期管理出现了问题。

(4) 项目成本绩效指数(cost performance index,CPI),其计算公式为

$$CPI = EV/AC = BCWP/ACWP \tag{7-12}$$

该指标的含义是:项目实际已完成作业量的实际成本与项目实际已完成作业量的预算成本二者的相对差异值,这一指标排除了项目实际作业量变化的影响,从而度量了项目成本控制工作绩效的情况,它是前面给出的项目成本差异指标的相对数形态。这一指标值大于1则正常,反之则表明项目成本管理出现了问题。

(5) 项目计划完工指数(schedule completion index,SCI),其计算公式为

$$SCI = EV/PV = BCWP/BCWS \tag{7-13}$$

该指标的含义是:项目挣值与项目计划作业的预算成本(或造价)的相对数,这一指标排除了项目成本变动因素的影响,从而度量了项目实际作业量变动对项目成本的相对影响程度,它是前面给出的项目进度差异指标的相对数形态。图7-9给出了项目挣值分析的图

示说明。

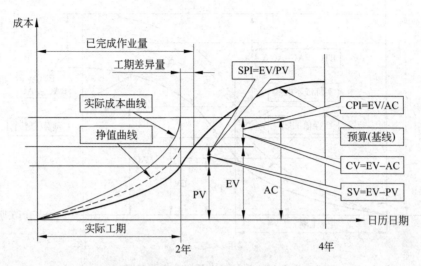

图 7-9   项目成本挣值分析方法的示意图

图 7-9 给出了某项目挣值分析各个变量的示意图,这样人们能够明确地区分出是由于项目工期管理问题还是由于项目成本控制问题所造成的项目成本差异。这对指导人们开展项目时间管理和项目成本管理是非常重要的,因为人们可以根据具体原因和后果采取相应措施。

三、项目成本变化的预测分析

另外,使用挣值分析还可以预测未来项目成本的发展变化趋势,从而为项目成本控制指明方向。图 7-10 给出了根据项目成本和工期集成管理结果预测项目成本发展变化的示意图。

由图 7-10 可以看出,当项目进行到第 2 年时,如要预测项目完工时的成本和工期情况可以有三种方法。这三种项目成本预测的方法和项目完工时成本的预测公式分述如下。

(一) 第一种情况的项目完工成本预测

这是假定项目未完工部分按目前实际效率进行预测的方法,其预算的公式为

$$EAC = AC + (BAC - EV)/CPI \tag{7-14}$$

式中,EAC 表示到项目完工时的成本(budget at completion);AC 表示项目实际已发生的成本(项目从开始到现在的成本实际值);BAC 表示项目总预算(项目成本最初的计划值)。

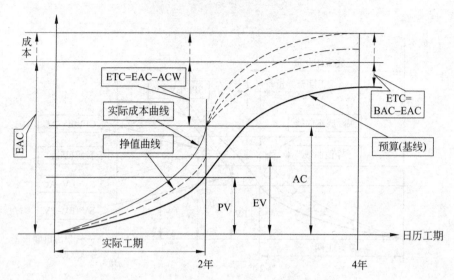

图 7-10　项目成本预测分析示意图

（二）第二种情况的项目完工成本预测

这是假定项目未完工部分按计划效率进行预测的方法，其预算的公式为

$$EAC = AC + BAC - EV \tag{7-15}$$

式中，EV 表示项目实际发生的挣值。

（三）第三种情况的项目完工成本预测

这是全面重估剩余工作成本的项目总成本预测方法，其预算的公式为

$$EAC = AC + ETC \tag{7-16}$$

式中，ETC 表示全面重新估算项目剩余工作的成本（estimate to completion）。

在分析整个项目实际成本控制结果的基础上，预测项目成本的发展变化趋势和最终结果对于项目成本和时间的管理以及项目集成管理都是非常有价值的。但是，这种预测需要有一定的数据积累，一般只有在项目已经完成作业量超过项目计划总工作量的 15％以上时作项目成本发展变化和结果的预测才有作用和意义。

 小　结

本章对项目"三大管理"之一的项目成本管理进行了比较详细的论述。首先介绍了项目成本管理的含义；接着分别介绍了项目成本管理的工作过程，包括项目成本估算、项目成

本预算及项目成本控制;最后详细介绍了挣值分析方法。

 思考题

1. 你认为项目成本管理与项目造价管理有没有区别? 如果有区别,区别在哪里?
2. 项目成本管理与项目时间(工期)管理是什么关系? 为什么?
3. 项目成本的估算和预算有什么区别? 各自有什么用途?
4. 项目成本预算有哪些主要作用? 为什么会有这些作用?
5. 挣值分析法对项目成本与项目工期(时间)的集成管理有什么作用?
6. 用挣值分析法对项目成本进行预测有哪些要求和前提条件? 为什么?

 案例分析

供应链成本削减

W 企业是一家国内大型家电制造企业,因其流程漫长、供应链烦琐,致使成本较高。为降低成本,特成立一个降成本项目组,预计在现有成本基础上下降 10%,约几个亿。

项目一经成立,便投入大量的人力和精力来实施,并且领导也很重视,力度也很大,调动各部门第一负责人召开启动会、每周对执行情况汇报等,声势浩大。起初效果也很明显,各部门都排查了一下以往成本和费用不合理的地方,都列出了许多可以降成本的小项目,把明显不合理的成本很快都降了下来。

项目当初定的是要在三年之内降几个亿,一个多月就降了五六千万,效果不错。可再往下,大家不知道该怎么干了? 从哪里降? 这好像又变成例行工作了。领导很着急:这样下去成本肯定下降不了 10%;各项目负责人也很着急:想干,但如何能保证自己干的事就是项目要的事呢,我到底该干哪些事呢?

项目走到这里,好像基本已经停滞,或者说离失败差不远了。

问题:

(1) 成本目标的制定是否合理? 如何制定合理的成本目标?
(2) W 企业为何难以压缩供应链成本?
(3) 假如你作为 W 企业降成本项目组的负责人,你打算采取什么措施控制该项目的成本?

第八章　项目质量管理

一般情况下，项目产品的使用寿命很长，需要经受时间的考验。因此，质量成为项目管理各项工作中的百年大计工程。然而，由于项目的建设工期长，参与人员多，组织结构复杂，项目质量控制常常具有相当大的难度。为了保证项目的质量，管理者必须从项目的计划、设计、施工和人员监督等方面，全过程、全方位地对整个项目进行有效的管理与控制。本章运用ISO9000质量标准相关知识，就项目质量基本概念、项目质量体系、项目质量控制方法等几个方面，对项目的质量管理工作进行简要的分析与论述。

第一节　项目质量管理概述

一、质量的概念与全面质量管理

（一）质量的概念

在管理学中，质量的概念可以表述为产品、过程或体系的一组固有特性满足顾客要求的程度。其中，产品是指过程的结果，主要指服务、软件、硬件和流通性材料；过程是指一系列将输入转化成输出的相互关联或相互作用的活动；体系又称系统，指相互关联或相互作用的一组要素程序，而程序则是指为完成某项活动或某个过程所规定的途径。质量是对满足顾客需求程度的一种描述。可以有以下几层含义。

（1）质量的广义性。因为组织的产品、过程或体系都可能是顾客及其他相关方要求的对象，而且它们本身都有自己的固有特性，所以质量不仅指产品质量，也包含工作过程的质量和工作体系的质量。

（2）质量的时效性。由于顾客及其他相关方对组织的产品、过程或体系的要求、期望是不断变化的，因此质量具有一定的时效性，组织必须根据环境的变化不断地调整质量目标和标准。

（3）质量的相对性。不同的顾客可能对同一产品的功能提出不同的需求，也可能对同一产品的同一功能提出不同的需求，甚至同一顾客在不同的环境条件下，对同一产品的功能提出不同的需求。需求不同,对质量的要求也就不同。所以,质量好坏具有相对性,衡量质量的最终标准应该是顾客的满足度。

上述的质量定义比较抽象,著名质量管理专家朱兰博士在其所著的《质量控制手册》中将质量的概念进一步描述为:"所有人类团体(工业公司、学校、医院、教会、政府)都从事对人们提供产品或服务的工作。只有当这些产品或服务在价格、交货期以及适用性上适合用户的全面要求时,这种关系才是建设性的。在这些全面需要中,产品在使用时能成功地适合用户目的的程度,称为'适用性'。适用性这个概念,通俗地用'质量'这个词来表达,是一个普遍的概念,适用于所有的产品与服务。"这里,朱兰博士把质量与产品(数量)、服务、价格和交货期联系起来,从而构成了一个比较具体的质量概念。

(二)全面质量管理

对质量含义理解的深化,导致了质量管理工作先后经历了质量检验阶段和统计质量控制阶段,从 20 世纪 80 年代开始进入全面质量管理阶段。

全面质量管理首先是全过程管理。现代质量管理理论认为,产品的质量是由产品的设计质量、生产过程质量和售后服务质量共同决定的。为了保证产品的质量,管理者必须在市场调研、产品的选型、研究试验、设计、原料采购、制造、检验、储运、销售、安装、使用和维修等各个环节中实施全过程的管理。在这一过程中,市场调研以及根据市场要求设计适应产品的过程是全面质量管理的起点;原料采购、生产、检验过程是实现产品质量的中间过程;而产品的质量最终是在市场销售、售后服务的过程中得到评判与认可。

全面质量管理也反映在全员参与方面。全面质量管理要求企业的全体人员参与到质量管理工作中来,共同为提高产品质量和工作质量做出努力。现代生产过程非常复杂,依靠少数的质量管理人员无法有效地控制质量。必须调动全体人员的积极性,树立质量意识,共同组成保证质量的工作体系,通过质量培训、质量责任制和组织基层质量控制小组等活动落实。

全面质量管理还体现在对提高产品与工作质量的持续改进方面。现代的质量管理强调的是运用质量循环的方式,通过不断地发现问题、分析产生问题的原因、找出解决问题的方法,达到不断提高质量的目的。上述的质量改进工作需要不断地循环进行,这样才能满足顾客不断提高的质量需求。

最后,全面质量管理还体现在全面采用各种方法方面。在现代质量管理过程中,运用系统管理的方法建立、健全的规章制度,组织有效的质量保证体系;运用数理统计的方法优化质量控制的工作效率;运用功能展开技术提高产品的设计质量;运用计算机技术提高质量信息采集、数据分析的效率与精度;运用自动化技术,提高原材料和外购零部件的质量等。

二、项目质量的基本概念和项目质量管理

(一)项目质量的基本概念

由于项目具有一次性、复杂性、动态性和时效性等特点,因此项目质量也具有自身的特殊性。项目质量是指项目在满足国家有关法律、法规、技术标准的前提下,项目交付物以及项目提供的服务满足项目业主需求的程度。项目质量是指项目可交付成果(产品或服务)、体系或过程固有的特性能够满足业主需求的能力。

由于在大多数情况下项目工作程序复杂,对质量管理的组织与实施工作的要求非常高,必须综合协调各项管理活动。这些活动包括质量计划、质量控制、质量保证和质量改进等内容。质量管理是项目管理的重要组成部分之一,高质量的项目质量管理不仅能够提高项目交付物的使用功能,也可以提高市场竞争力,增加项目的总收益等。项目的质量管理还关系到人员的生命安全和项目的社会效益,因此对整个项目获得预期的成果意义重大。

一般情况下,项目的质量主要受以下几方面因素的影响:

(1)资源的因素。主要包括人员、材料和设备。人员是指直接参与项目的各类人员,其综合素质、理论水平、技术能力的高低,以及责任感、工作积极性等因素,都会对项目的质量产生影响。进行项目质量管理时,应综合考虑参与项目人员的素质、理论水平和技术能力及其他方面因素并加以控制。材料通常包括原材料、成品、半成品、构配件等,是项目施工的物质基础,材料的质量将直接影响项目的质量,项目管理者应该加强对材料质量的控制。设备是项目实施的重要工具,如果项目使用的设备比较陈旧、生产能力低或者不能保证其最佳工况,也会对项目的质量和进度产生一定的影响。在项目实施阶段,项目管理者应综合考虑施工现场、机械设备性能、施工工艺和方法、施工组织与管理等各因素,制定科学的施工方案,使设备合理装备、使用,充分发挥机械的效能,保证项目的整体质量。

(2)方法的因素。方法包含了项目实施过程中所采用的各类设计方案、技术方案、工艺流程方案、组织措施、检测手段、施工组织设计等,这些都可能直接影响项目目标的实现,包括质量目标。项目管理者应结合项目实际情况,对项目方法进行全面分析和考虑,确保方法的可行性、先进性和经济性,从而促进项目质量的提高。

(3)环境的因素。包括技术环境、管理环境、实施环境等。上述环境的变化会对项目质量产生影响。项目管理者在进行质量管理时,应根据项目特点和具体条件,对影响质量的环境因素加以分析和考虑。

(二)项目质量管理

质量管理是一个复杂的系统工程,由相互作用、相互联系、并行工作的不同类型的活动过程构成。一个过程的输出结果常常直接成为下一个过程的输入资源,形成了质量管理活

动的循环体。因此,管理者常常采用过程管理模式,进行质量管理的整体规划。

在项目管理环境中,采用过程管理模式反映项目质量管理的特征,形成由项目产品实现过程、质量测量分析改进过程、活动管理过程和资源管理过程组成的项目管理活动循环体。图 8-1 勾画出了整个循环体的整体构造、循环体与外部环境的关系。

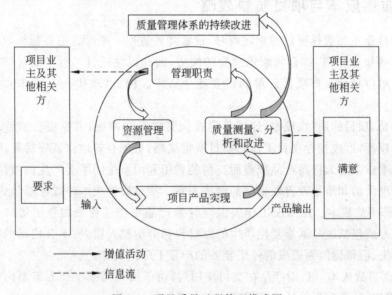

图 8-1 项目质量过程管理模式图

图 8-1 中反映了以下几点主要信息:

(1) 识别顾客需求过程是开始进入项目质量管理的切入点。由图中可见,整个项目质量管理的最终目的是向顾客提供令其满意的产品。因此,项目组织与管理者向顾客——项目业主深入地了解需求信息是一个非常重要的环节。

(2) 图中大圆圈内的转化过程构成了质量管理的主要活动群。在准确掌握了顾客需求的前提下,项目质量主要依赖于该转化过程中的各项工作质量。为此,项目管理者需要建设健全的质量保证体系。

(3) 在项目质量管理中,强调过程控制。为顾客及其他相关方的需求提供产品,并满足其需求的所有组织活动由四个主要过程组成:产品生产过程、活动管理过程、资源管理过程以及质量的测量、分析、改进过程,上述四个过程是质量管理的核心活动。

上述四个相互关联的过程,分别扮演不同的角色影响项目质量。其中产品实现过程为主过程,活动管理过程构成项目的质量管理过程,资源管理过程为生产过程提供所需要的资源,质量测量、分析和改进过程为项目的实施提供支持过程。

项目管理工作过程的管理质量直接影响项目质量,因此项目组织必须明确各活动过程的特征,尤其应该注意项目组织内部各过程系统之间的相互影响,以采取必要的管理措施,保证项目质量目标的完成。了解、分析和掌握顾客及其他相关方的满意程度,上述工作主要通过测量、分析及改进过程来实现。

三、质量成本与项目质量战略

由于项目业主在选择项目的承建商时,常常将质量列入考评的主要指标,与成本、速度和生产能力等指标一道,综合判断承建商的实力,因此以往项目工程中的优等质量成为一个项目承建单位日后获得项目订单的重要竞争资本。因此,现代企业均非常重视项目的质量。

遗憾的是,项目的质量、成本、速度等指标间常常存在冲突,需要项目的管理者从战略的角度进行权衡,形成指导项目工作的项目质量战略,更加有效地保证项目质量。

质量成本指企业为提高产品质量而支付的费用和因质量问题而产生的费用之总和,它反映质量管理活动和质量改善效果间的经济关系。项目质量成本构成可以分成四大类:

(1)内部事故成本。是指因工作失误而导致产品生产过程中的费用增加。内部事故成本的体现方式包括废品返修复检产生的原材料和劳动投入损失、不合格品的降级使用导致的收入损失、质量原因而造成的停工导致的产量下降损失等。

(2)外部事故成本。是指产品在交付使用后,由于质量问题生产方需要向顾客提供的赔偿,包括维修、赔偿和折价处理费用等。

(3)鉴定成本。是指生产商在生产过程中,为了保证产品质量而进行的各种检验鉴定工作的成本,包括进料检验的劳务费、检测设备折旧维修费、检测的材料消耗以及进行产品质量评审的费用等。

(4)预防成本。是指为提高工作与产品质量而进行的各项预防措施产生的成本,包括质量计划工作费用、质量培训费用、质量信息收集与处理费用、质量审核费用和质量改进措施费用等。

对上述的质量成本项目进行进一步分析,可以发现,内部事故成本和外部事故成本均是事故成本,与产品质量以及生产产品的工作质量成反比关系。当工作质量较低时,产品质量相应也较低,出现较多的质量事故,引发出更多的成本支出。此现象表现在图 8-2 中,体现为一条与产品质量成反比的曲线。而鉴定成本和预防成本则均是项目团队成员为了提高产品质量而做出的努力。在正常情况下,积极的努力会得到积极的回报,产品质量与鉴定成本和预防成本成正比。

项目质量的总成本需要汇总上述两大类的成本项,综合地绘制出图 8-2 中的总成本曲线。从图 8-2 中可以清楚地看到,在产品质量过高或过低的情况下,项目的质量总成本均比较高,质量总成本的最低点 K 为最佳质量成本点。在质量达到最佳成本点之前,事故成本常常在总成本中占主导地位,此时应以改进产品质量为主要工作。在质量达到最佳成本之后,在总成本中,鉴定成本和预防成本常常开始占主导地位,此时提高检验工作效能对降低鉴定成本非常重要。

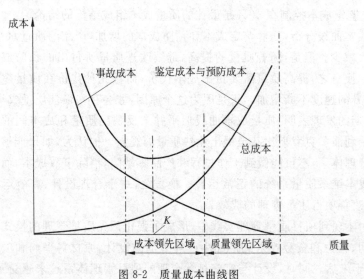

图 8-2　质量成本曲线图

质量成本曲线提示项目管理者在进行项目的质量管理工作之前,首先要对该项目的质量定位从整体战略方面做出提前的安排。要获得较低的质量成本,必须选择适度的质量。当整个项目建设采用低成本为主要战略时,项目的质量战略需要与之配合,以降低质量总成本为主要目标。此时,项目的质量常常选择图 8-2 中的成本领先区域。当整个项目建设采用质量领先战略时,工作的主要目标为提高产品质量。此时,项目的质量常常选择图 8-2 中的质量领先区域。

质量战略需要解决的另外一个课题是质量费用投入方向的选择问题。在以往的对质量成本进行分析的工作中,大量的统计资料表明,各种不同的质量成本项在总质量成本中所占比例大致如表 8-1 所示。

表 8-1　质量成本构成比例　　　　　　　　　　　单位:%

质量成本项目	占总质量成本的比例	质量成本项目	占总质量成本的比例
内部事故成本	25~40	鉴定成本	10~50
外部事故成本	20~40	预防成本	0.5~5

从表 8-1 中的信息可以发现,在以往的质量管理方式下,质量费用支出主要发生在事

故成本方面。现在的质量管理理论则强调质量问题在预防方面的投入。有资料显示,一些企业通过强化质量问题的预防工作,虽然预防成本增加了 3%~5%,但质量事故发生率明显下降,总质量成本下降 30%。从上述统计中,许多有关人员提出增加质量预防成本与鉴定成本投入、优化质量管理效果的建议,国外的一些质量专家甚至得出了将预防成本控制在 10%、检验鉴定成本控制在 40% 是最佳的质量成本组成结构的结论。

从质量成本曲线分析,随着鉴定成本和预防成本的增加,产品的质量水平随之提高,产品的缺陷大大减少。但是,随着质量的提高,继续改进质量所付出的预防成本与鉴定成本将不断增加。换言之,提高质量需要付出成本代价,而且此种代价在质量超过一个特定程度时,成本上升的速度不断增加。正是因为这个原因,才会存在最佳质量成本的概念。

然而,近期的发现表明,质量成本曲线似乎并未反映出质量和成本间的全部关系。质量管理名家菲利浦·克罗斯比甚至提出免费质量的观点。他认为,如果能够通过建立科学合理的质量管理体系,不仅能做到工作过程和产品零缺陷,消除事故成本,而且还能用较少的检验鉴定成本维系质量系统的正常运转。换言之,一个合理设计、有效运行的质量管理体系,将大大改善项目质量管理的成效。

上述理念体现到项目质量管理实践中,形成了强化预先质量管理的模式。项目的管理者将更多时间、精力和资金投入到产品生产环节前的设计、原材料采购和项目计划制定环节,做到防患于未然。同时,设计与实施科学合理的项目管理体系越来越受到重视,构建健全的项目质量管理体系成为当前项目质量管理的核心工作。

第二节　项目质量管理体系

项目质量管理体系是指建立项目质量管理方针和目标,并为实现这些目标而实施的一系列相互关联、相互作用的活动。其主要内容包括项目质量计划、质量控制、质量保证和质量改进。建立比较完善的项目质量管理体系,是提高项目管理质量的重要方法与途径。

一、项目质量管理工作八大原则

ISO9000:2000《质量管理体系基础和术语》和 GB/T19000—2000 标准,是目前流传广泛的建立质量管理体系的指导性工具。根据上述标准,在开始设计与构建项目质量管理体系工作前,管理者应该掌握项目质量管理工作八大原则,具体内容如下。

(一) 以顾客为关注焦点的原则

在项目管理环境下,任何项目组织均以提供满足业主及其他利益关联者要求和期望的产品或服务为主要目标。因此,在项目实施过程中,项目组织应认真调查、识别并理解业主及其他利益关联者的需求,确保项目目标与他们的需求和期望相符合,通过完成项目目标满足他们的要求,并争取超出顾客的期望。

(二)领导作用的原则

在项目环境中,管理者将项目组织的宗旨、方向和内部环境统一起来,并创造和保持使项目人员能够充分参与实现项目目标活动的内部环境。项目组织能否通过质量管理体系的建立和实施来贯彻质量方针,实现质量目标,管理者的作用非常关键。

(三)全员参与的原则

在项目环境中,人力资源是项目组织中最重要的资源之一。组织中各级人员积极、有效地参与,充分发挥才干,能为项目组织带来最大的收益。成功的项目离不开项目组织全体人员的共同努力,成功的项目质量管理也离不开项目人员的积极参与。

(四)过程方法原则

在项目环境中,将项目活动和相关的资源作为过程来管理,可以更高效地实现项目目标。过程管理考虑每一个过程的具体要求,并按要求开展项目管理,能够有效地使用项目资源,降低项目成本,缩短项目周期,提高项目质量。

(五)基于事实进行决策的原则

有效的决策是建立在对数据和信息认真分析的基础之上的,成功的结果往往取决于活动实施之前的精心策划和正确决策。在项目环境中,项目组织通过确保决策数据、信息的准确性和可靠性,进行数据和信息及时、有效的传递,在根据事实对这些数据和信息进行分析的基础上,做出正确的决策。在进行质量决策时,基于事实决策有助于保证质量体系的正常运行。

(六)管理的系统方法原则

质量管理体系的构成要素是一系列过程。在项目环境中,对构成系统的过程进行识别、管理,有助于提高项目组织的工作效率和管理的有效性,这就是管理的系统方法。项目组织应建立并实施项目质量管理体系,制定质量方针和目标,然后通过建立、实施和控制由过程构成的质量管理体系来实现这些方针和目标。

(七)持续改进原则

持续改进总体业绩是项目组织的一个永恒目标。随着项目的发展,人们对项目目标的要求可能也会发生变化和提高,当然包括质量目标。因此,项目组织应该建立一种适应机制,使项目组织能够适应这种变化,增强和改进组织的业绩,满足人们对项目目标的各种要求,尤其是质量要求。持续改进的对象可以是项目的整个质量管理体系,也可以是具体的项目活动,而且要贯穿项目实施的全过程。

(八) 保持与供方的互利关系原则

任何一个组织都有其供方或合作伙伴,项目组织与供方是相互依存的。供方向项目组织提供的材料或服务对项目质量有直接影响。保持与供方的互利关系,可以增强双方创造价值的能力,促进项目成本和资源的优化,有助于项目质量的保证和提高。

将上述的质量管理原则应用到项目质量计划、质量控制、质量保证和质量改进等工作环节,可促进项目质量的提高。

二、项目质量计划

项目质量计划是项目管理者贯彻执行的质量方针和实现项目质量目标的具体方案。制订项目质量计划的目的是确保项目质量标准的实现,项目质量计划是项目质量管理的一个重要组成部分。由于项目管理具有复杂性高的特点,管理工作的计划性越强对提高项目的质量越有利,思考周密的项目质量计划对建立良好的质量管理体系意义重大。

与项目的其他计划相类似,项目质量计划的制订过程通常包括项目质量目标策划、项目质量运行过程策划和项目质量文件编制等工作环节。

在项目质量目标策划阶段,项目管理者需要首先确定出项目的总目标,然后再进一步制定出有关项目性能、项目费用使用和时间进度等方面的具体质量目标。为了协调各目标间的关系,需要制定出项目的质量方针。项目的质量方针是指由项目组织发布的与项目质量有关的总体意图和方向,是一个项目组织内部所有质量行为的准则,是组织成员的质量意识和质量追求,也是项目组织对顾客和其他相关方的需求和期望的体现。

在项目质量运行过程策划阶段,项目管理者需要对整个项目的活动、环节、过程加以识别与明确,并在此基础上完成项目的质量环设计,完成质量管理程序、措施和方法的选择工作。项目的质量环是对影响项目质量的各工作环节的客观描述,不同类型的项目,由于项目过程的差异,导致其质量环的构成不同。生成项目质量环的过程,可以帮助项目管理者系统地认清管理对象的特征,为制定出好的对策作准备。

(一) 项目质量计划文件的内容

在项目质量文件编制阶段,项目管理者要完成项目质量计划文件的编制,同时完成保证质量计划实施的质量技术文件的编写工作。项目质量计划文件的主要内容包括:

(1) 项目的质量目标。明确地指出项目总的质量目标,以及在总目标指导下的具体目标。

(2) 项目的质量管理活动流程。用流程图等方式准确地描述出整个项目过程中各项活动以及相应的管理活动,避免出现工作遗漏现象。

（3）各项活动的质量责任分担安排。采用责任分配表等方式,明确地将各项质量管理工作安排到相应的部门,并提出工作要求。

（4）产品与工作质量的检验、鉴定大纲和工作指导书,对项目质量工作的工作环节提供详细的指导。

（5）实施质量计划变更的工作程序。规定项目环境变更引发的质量计划变更的工作程序,明确各部门调整质量计划的权限,以及申报计划变更的工作程序。

（6）保证项目质量的措施。筹划出预防与处置项目进行过程中可能出现的质量问题的措施。

（二）项目质量技术文件

上述计划文件主要从管理的角度进行预先的安排,项目质量技术文件则用于描述保证项目质量的技术支持内容,从另一个侧面细化项目的质量管理工作。常见的项目质量技术文件包括产品设计文件、工艺文件、试验方案文件等。

（三）项目质量计划的信息来源

在制订项目质量计划时,主要依据以下信息来源。

（1）项目质量方针。

（2）项目范围陈述。是关于项目所有工作、活动及其约束条件的说明。

（3）项目可交付产品描述。产品描述既能在一定程度上提供质量标准,又能反映业主对项目的需求,据此可以准确掌握项目最终产品或服务的含义。

（4）项目标准和规则。是指在项目实施过程中应该考虑并遵照执行的相关标准和规则。

（5）其他工作计划。是指项目管理的其他活动计划,如进度计划、成本计划等。

（四）制订项目质量计划的方法

在制订项目质量计划过程中,需要进行环境判断、问题分析、方案构思和评价决策等工作,采用不同的解决问题的方法。以下是在制订项目质量计划过程中常用的几种方法:

（1）因素分析法。这是用来进行环境判断和问题分析的常用方法。通过设定权重的方式,将各不相同的因素归结到一起,进行统一的判定,达到判断问题的目的。

（2）收益成本比较法。这是在评价方案、进行决策时常常使用的方法。在达到质量要求的前提下,将项目的基本效益和进行质量管理的成本相比较,一个方案的收益比成本高得越多,其效益越好。

（3）类比法。就是借鉴以往项目的经验,用于确定其他项目的计划方案。常常用于寻求最佳的质量改进方案。

(4)流程图法。项目流程图能表明项目的各项工作活动的相互关系。根据流程图,可以对质量问题进行提前预测,从而进行有效的监控,降低质量事故发生的可能性。

三、项目的质量控制

项目实施阶段的质量管理主要体现在质量控制方面,质量的控制是指认真监测项目的工作过程,对出现的各类质量问题及时发现,及时加以解决,以改进项目的质量。项目实施阶段的质量控制是项目质量管理的重要环节之一,对确保项目目标的实现意义重大。项目的质量控制除了需要项目承建单位内部力量的参与外,还需要借助外部的专业力量。在大型项目实施过程中,项目发起人常常选择符合项目质量管理资质要求的专业监督管理人员协助进行项目质量的监控。这类专业人员常常被称为监理工程师,国际上也称之为咨询工程师。由于项目质量监督管理人员不仅需要具有符合项目所在地规定的资质和相应的能力、水平,同时还要得到项目业主的信任。因此,此类人员通常由项目业主选派。

在实际的项目实施过程中,对项目的管理与控制工作是自始至终贯穿整个项目过程的。

在项目实施前准备阶段,质量控制体现为预先控制,以预防为主。此阶段的质量管理工作主要有以下内容:对项目实施方的施工准备工作质量进行全面检查与控制,包括对项目实施队伍和人员的资质审查;对项目实施组织计划、质量保证方案和实施方案等进行审查;对各类设备进行审查;做好质量监控准备工作,等等。

项目实施阶段的质量控制工作主要有以下内容:对项目自检系统与各个活动的质量控制;对项目实施方质量控制工作的监控;对项目实施方的各项工程活动进行质量跟踪监控等;审查并组织对工程变更或图纸修改进行研究;对阶段产品的检查和验收;处理各类质量问题或质量事故;在必要时停工整顿,保证项目质量等。

在项目验收阶段,质量控制体现为事后控制的特点。这一阶段质量管理活动的主要内容是:进行试运行(使用),评定项目可交付成果的质量是否符合质量目标,是否满足业主对项目的质量要求和期望。

项目的特点决定其质量控制存在以下特点。

(1)质量变异现象明显。从管理学的角度出发,控制就是要发现实施工作中出现的偏差,并予以控制。项目由于环境多变,工作过程难以简单地程序化处理,标准往往无法适应环境的变化。在项目实施过程中,相对于其他类型工作,项目质量工作更加容易出现偏差,而且偏差的程度较大。

(2)影响项目质量的因素繁多,质量控制工作难度大。由于项目质量受到人员、物料、设备、方法和环境等各种因素的影响,对产生偏差的原因分析工作的难度较大,特别是在项目动态变化的过程中,容易出现误判。

(3) 项目的质量控制是一个系统性的工作。在项目的实施过程中,每一个工作过程的质量均会直接影响到整个项目的质量,每个项目成员的工作质量也会对项目整体质量起到程度不同的影响。因此,项目的质量控制需要一环扣一环地统筹安排。

在整个项目质量控制工作中,实施过程中的控制工作量最大,其中的工序质量控制是构成项目质量实施过程控制的最基本单元。工序是对一组工人完成一个具体工作的活动的总称,项目就是由无数个工序组成的。控制好每个工序的工作质量,便可以从根本上保证项目的整体工作质量,是一个基础性的工作。

工序质量的控制包含工序工作条件和工序工作效果两个方面的含义。在工作条件控制方面,由于项目实施过程中的各个工序方案都基于一定的工作条件与环境,其实施的效果受到工作条件的制约。例如,工序的工作效果常常受到使用的设备、材料状况的影响。在恶劣的工作条件下,即使施工人员尽其所能努力地工作,依然可能出现质量问题。工序的工作条件控制就是要对工作条件的变化进行监控,当发现工作条件的变化达到足以影响工序效果的程度时,采取必要的措施,避免出现质量问题。工序工作效果控制方面,则是直接对工序的工作效果提出质量标准,并将工序的工作效果与标准进行必要的对比,发现偏差时及时地进行调整。

由于项目工作过程复杂、工序繁多,项目管理者需要分清主次,对关键工序进行重点控制。常见的工序控制点选择时常常考虑以下因素:

(1) 对人的行为或操作容易出现偏差的工序设立控制点。工作条件对人的行为影响较大,可以考虑在工作条件易变的工序设置工序控制点。同样,在工序效果容易出现偏差处设置控制点也是一种思路。

(2) 在使用的物料质量多变的工序处设立控制点。此时控制的重点是对物料质量变化情况及时了解,对可能产生的问题进行预测,并及时采用应对措施。

(3) 在应用复杂、不易掌握的技术处设立工序控制点。

四、项目质量保证

由于项目的复杂程度越来越高,项目业主常常发现,仅仅通过项目完工后的项目检验程序,无法有效地了解项目管理的所有必要信息。因此,项目业主常常在向承建单位委托项目任务时,对项目需要达到的目标,其中包括各种质量目标,提出规定与要求,同时要求承建商能够证明其工作质量和交付的产品符合业主的要求。这样,项目业主提出的项目质量保证要求和承建单位对上述要求的回应性工作的总和便构成项目质量保证。

因此,项目质量保证就是通过采取一系列的措施和手段,使项目业主及其他利益关联方相信项目的质量能够满足其要求,使项目的管理者相信每个项目活动的质量能够达到质量计划标准。

项目质量保证是项目质量管理的一个重要组成部分,实现项目质量保证的主要途径包括如下几点。

(1) 制订严密的项目质量计划,提高顾客信任度。有关项目质量计划的内容,在前面已经进行了交代,此处不再赘述。从根本上,制订质量计划的重要目的是要落实项目质量责任。项目管理者应将每一个项目活动、每一道工序的质量责任都分解给具体项目参加人员,并将质量责任纳入业绩考核之中,促使他们在进行每一个工作活动时,都能按照项目的质量计划和质量标准来完成,从而保证项目质量达到标准和要求。

(2) 质量检验。在项目的实施过程中,项目管理者不仅要进行必要的质量控制,而且要对工作的过程进行必要的记录。再通过不同阶段,由承建单位、监理与审计单位和项目业主的检验,客观地描述出整个项目的工作质量和产品质量,建立起项目业主的信任。

归结起来,质量保证要求项目管理者不仅要尽可能地做好项目过程中的各项工作,保证工作的质量,同时要将自己的工作过程、工作安排和工作结果如实地反映给项目业主。在向项目业主反映项目信息时,不仅要反映工作的成功之处,同时要反映出现的变更情况,对于可能引发问题的现象也要如实反映,以帮助业主对将来可能面临的问题提前做好准备。

在进行项目保证的过程中,积极发挥中介的力量非常重要。无论是项目的监理还是项目的审计单位,均是代表项目业主利益、监督项目实施质量的重要力量。项目管理者不应该被动地接受上述单位的检查,而应将外部的压力转变为提高项目质量的动力,与之积极配合。

五、项目质量改进

在项目的实施过程中,一旦出现质量问题或发现质量隐患,就要及时采取纠正和改进措施。项目质量改进是项目质量控制和保证的具体实施结果,通过采取正确的方法,提高项目工作的质量,消除质量风险隐患,从而实现项目的质量方针和质量目标。

一个完整的项目质量改进过程如图 8-3 所示。从图中可以清楚地看出,项目质量改进可以从两个层面进行:第一个层面是对工作过程的改进。通过采用新的工作程序,减少和回避不合理的工作过程,提高整个项目工作的效率。第一层面工作的结果将会不同程度地改变原有的项目质量计划。第二个层面是对工作方式的改进。针对具体的问题,根据环境的变化,调整工序的具体做法,重新进行施工,满足项目的要求。

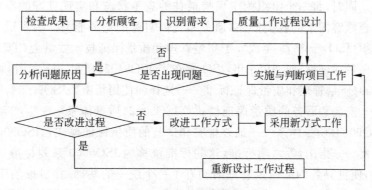

图 8-3　质量改进过程图

常见的项目质量改进形式有：

（1）修改项目质量标准或项目质量计划。由于制定项目质量计划和质量标准时，项目实施阶段还未开始，或者随着项目的进行，项目业主及利益关联方对项目的质量要求可能会发生变化。因此，项目质量计划和质量标准难免有与项目实际情况不相适应的地方，在项目实施过程中应及时修改和调整。

（2）项目工程返工。一旦某一项工程或某一道工序出现了质量问题，进行返工可能是解决质量问题的最佳途径。此时，绝不能为了赶进度、省成本而对质量问题视而不见、马马虎虎、敷衍了事，那样会影响到下一道工序甚至整个项目的质量，以至造成更大的损失。

（3）项目过程的调整。项目过程的安排会对项目质量产生一定的影响，可以在允许范围内调整项目过程安排，使之更加合理，更加有利于保证项目质量。

（4）调整资源配置。有些项目活动质量不能完全达到项目质量标准和要求，是因为项目活动所需要的资源不足。有必要对项目资源配置方案进行调整，以改进项目质量。

六、项目质量管理的工具与方法

项目的质量管理工作具有工作过程复杂、参与人员众多、施工期长等特点，需要采用必要的工具与方法。特别是在建立质量管理体系时，正确的方法与手段有助于提高工作的效果。

ISO9000 族质量标准

第二次世界大战后，为了适应世界工业经济的迅猛发展，保证工业产品的质量，有些国家制定了相关的质量保证标准。例如，20 世纪 50 年代末期，美国发布了 MIL-Q-9858A《质量大纲要求》等。随着世界经济的不断发展，市场竞争日趋激烈，顾客对产品（服务）的质量期望越来越高。同时,每一个组织为了保持最佳的竞争状态和实现良好的经济效益,也想方设法提供符合顾客需求的各类产品(服务),提高自身的竞争能力。为了适应这种要求,国际标准化组织(ISO)于1979年成立了质量管理和质量保证技术委员会(TC176),负责制定质量管理和质量保证标准。1986年,ISO发布了ISO8402《质量——术语》标准,1987年发布了ISO9000《质量管理和质量保证标准——选择和使用指南》、ISO9001《质量体系——设计开发、生产、安装和服务的质量保证模式》、ISO9002《质量体系——生产和安装的质量保证模式》、ISO9003《质量体系——最终检验和试验的质量保证模式》、ISO9004《质量管理和质量体系要素——指南》等六项标准,这些标准统称为ISO9000系列标准。ISO9000系列标准的颁布,使世界各国的质量管理活动有了一个统一的基础,并对推动质量管理活动的发展、实现组织的质量目标、消除贸易壁垒、提高产品(服务)质量等产生了积极的影响,受到世界各国的普遍欢迎和采纳。目前,已经有150多个国家和地区将ISO9000系列标准作为国家标准,该标准广泛应用于工业、经济和社会管理的各个领域。

为了使ISO9000系列标准适应社会和经济的发展,国际标准质量管理和质量保证委员会于1990年决定对标准进行修订。其总体目标是"要让全世界都接受和使用ISO9000族标准;为提高组织的运作能力,提供有效的管理方法;增进国际贸易、促进全球的繁荣和发展;使任何机构和个人可以有信心从世界各地得到任何期望的产品以及将自己的产品顺利销售到世界各地"。修订工作分两个阶段完成:第一阶段于1994年完成,并发布了1994年版的ISO9000族标准;第二阶段于2000年12月15日完成,新版本的ISO9000族标准正式发布后,统称为2000版ISO9000标准。它更加强调了顾客的满意及监视和测量的重要性,促进了质量管理原则在各类组织中的应用,进一步满足了使用者对标准使用的要求,强调了质量管理体系要求标准和指南标准的一致性。2000版ISO9000标准的核心内容包括:

(1) ISO9000《质量管理体系——基础和术语》,主要表述质量管理体系基础知识,并规定质量管理体系的术语。

(2) ISO9001《质量管理体系——要求》,主要规定质量管理体系要求,用于证实组织具有提供满足顾客需求和相关法规要求的产品的能力,目的在于增进顾客的满意程度。

(3) ISO9004《质量管理体系——业绩改进指南》,提供考虑质量管理体系的有效性和效率两方面的指南。

(4) ISO9011《质量和(或)环境管理体系——审核指南》,提供审核质量和环境管理体系的指南。

ISO9000族标准是世界上许多经济发达国家质量管理实践经验的科学总结,具有通用性和指导性。实施ISO9000族标准,可以促进组织质量管理体系的改进和完善,对促进国际经济贸易活动、消除贸易技术壁垒、提高组织的管理水平都能起到了良好的作用。

（1）实施 ISO9000 族标准有利于提高产品质量、保护消费者利益。通过按照 ISO9000 族标准建立质量管理体系，并进行有效的应用，促进项目组织持续地改进产品和项目过程，促进产品质量的稳定和提高。这既加强了对消费者的保护，也使消费者对生产产品的组织增加了信任。

（2）ISO9000 族标准为提高组织的运作能力提供了有效的方法。ISO9000 族标准鼓励组织在建立、实施质量管理体系时，应用过程方法，通过对项目活动的识别、管理和控制，并加以持续改进，以实现让顾客满意的产品。

（3）有利于增进国际技术经济贸易。ISO9000 族标准为国际经济技术合作提供了共同语言和准则。获得质量管理体系的认证，已经成为参与国际市场竞争的基础和增强国际竞争力的有效途径。

在项目管理环境下，借鉴 ISO9000 族标准指导项目的质量管理体系建设可以达到事半功倍的效果。在运用 ISO9000 族标准的方式方面，可以采用不同层面的使用方式。

第一层面的应用，主要从对项目战略层面的应用。在第二节中已经介绍了 2000 版 ISO9000 标准提倡的项目质量管理的八大原则，上述原则可以广泛地应用到各领域的质量管理工作中，同样可以指导项目的质量管理工作。在该层面，ISO9000 标准提供了一种宏观的项目质量的思想框架和理念，对于协调项目各相关方的观念、统一行动意义深远。

第二层面的应用，主要从对项目管理过程的认识方法方面。图 8-1 从过程管理的角度，刻画出了项目质量管理工作的系统结构，采用的就是 ISO9000 族标准的知识体系。借助过程方法对项目质量管理活动进行分类，从方法论的角度为进一步构建项目质量管理体系奠定了坚实的基础。

第三层面的应用，主要提供了构建项目质量管理体系的工作思路。图 8-4 给出了项目质量管理体系的构建与实施过程，帮助项目管理者更加合理地完成项目的质量管理体系的构建工作。

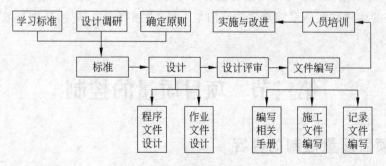

图 8-4　项目质量管理模式

第四层面的应用,提供了项目质量管理文件的标准模板与框架。图 8-5 列出了项目质量文件体系图,ISO9000 族标准对文件的种类、文件内容等方面提供了比较详尽的建议。

图 8-5　项目质量文件

在使用 ISO9000 族标准进行项目质量管理工作时,需要注意以下事项:

首先,采用 ISO9000 族标准重在运用其内在的实质,不需过于拘泥于外在的形式。由于存在基于 ISO9000 标准认证的问题,特别是获得认证的企业在市场竞争中具有一定的优势,因此出现为获得认证而进行质量管理的现象。

其次,在借鉴 ISO9000 族标准进行项目管理时,不仅要重视体系的建设,完成相关文件编写工作,也要重视培训工作,要将项目质量管理体系的意义、宗旨有效地传递给项目团队中的每一个成员,激发员工提升工作质量的积极性。同时,要通过培训,将正确的工作方式传授给员工,帮助员工掌握有效提高工作质量的技能与途径。培训给企业带来的收益往往更加直接、有效。

最后,领导的重视与直接参与是有效贯彻与实施 ISO9000 族标准的基本前提。项目质量管理体系的构建和实施牵涉众多的部门与人员,必须有高层领导,特别是最高层领导的重视与参与。

第三节　项目质量的控制

一、项目质量控制的内容

项目质量控制主要是监督项目的实施结果,以决定它们是否符合相关的质量标准及确定排除不满意结果原因的方法。这项工作的主要内容包括项目质量实际情况的度量、项目质量实际与项目质量标准的比较、项目质量误差与问题的确认、项目质量问题的原因分析和采取纠偏措施以消除项目质量差距与问题的一系列活动。

（一）项目质量控制与项目质量保障的区别

项目质量控制和项目质量保障最大的区别在于,项目质量保障是一种从项目质量管理组织、程序、方法和资源等方面为项目质量保驾护航的工作,而项目质量控制是直接对项目质量进行把关的工作。项目质量保障是一种预防性、提高性和保障性的质量管理活动,而项目质量控制是一种过程性、纠偏性和相关性的质量管理活动。

虽然项目质量控制也可分为项目质量的事前控制、事中控制和事后控制,但是项目质量控制中的事前控制主要是对于影响项目质量因素的控制,而不是从质量保障角度开展的对于项目各方面要素的保障活动。当然,项目质量保障和项目质量控制的目标是一致的,都是确保项目质量能够达到项目组织和客户的需要,在项目所开展的工作和活动中,二者是有交叉和重叠的,只是方法和工作方式不同而已。项目质量控制的具体内容如图 8-6 所示。

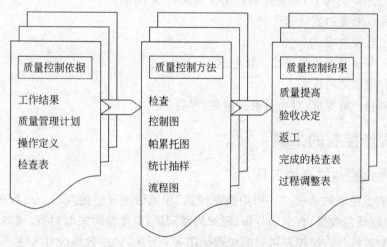

图 8-6　项目质量控制图

（二）项目质量控制的依据

项目质量控制的依据主要有:

（1）工作结果。工作结果包括过程结果和产品结果。

（2）质量管理计划。

（3）操作定义。"操作定义"以专业术语说明了某事物是什么及其在质量控制过程中是如何测量的。

（4）检查表。检查表是用于核实一系列要求的步骤是否已经实施的结构化工具。

（三）项目质量控制的方法

项目质量控制的方法有很多，包括：

（1）检查。包括为确定的结果是否符合需求所采取的诸如测量、检查和测试等活动。可能检查单个活动的结果，也可能检查项目的最终产品。

（2）七种控制工具。如统计分析表、数据分层法、散布图、帕累托图、因果分析图、直方图和控制图等。

（3）统计抽样。统计抽样涉及选取收益总体的一部分进行检查，适当的采样能降低质量控制的成本。

（4）趋势分析。趋势分析涉及根据历史结果、利用数学等技术预测未来的成果。趋势分析常用于监控等工作。

（四）项目质量控制的结果

通过项目团队的努力，质量控制的结果可能有如下几种：

（1）产品或服务的质量获得提高。

（2）做出验收决定。

（3）对不符合要求的项目或工作包返工。

（4）得到完成的检查表。

（5）根据客户的要求，对项目进行调整，等等。

二、质量控制的工具

（一）质量控制的七种工具

数据是质量控制的基础，"一切用数据说话"才能做出科学的判断。用数理统计方法，通过收集、整理质量数据，有助于分析、发现质量问题，以便及时采取对策，预防和纠正质量问题。利用数理统计方法控制质量的步骤如图 8-7 所示，这些数理统计方法一般被称为质

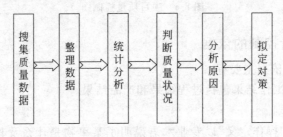

图 8-7　数理统计方法控制质量的步骤图

量控制的七种工具,即统计分析表、数据分层法、散布图、因果分析图、控制图、帕累托图和直方图。

上述七种工具对质量管理的发展做出了巨大贡献。但是,在不断变化的时代,仅靠这七种工具还不能完全胜任今天的质量管理,还需要补充一些新的质量管理的工具。在1979年,以纳谷博士为首的"QC方法研究会"归纳出了质量管理的新七种工具。这七种新的工具是关联图法、系统图法、矩阵图法、数据矩阵分析法、网络因法、PDPC(过程决策程序图)法和JN(川喜田二郎)法。"新七种工具"不是对前述"老七种工具"的替代,而是对它们的补充。"老七种工具"强调用数据说话,重视对过程的质量控制;"新七种工具"基本上是用来分析语言文字资料(非数据)的,着重解决全面质量管理(TQC)中PDCA循环的P(计划)阶段的有关问题。

(二)统计分析表

统计分析表是利用统计表对数据进行整理和初步分析原因的一种工具,其格式多种多样,表8-2是其中的格式之一。这种方法虽然比较简单,但实用有效。

表 8-2　统计分析表

影响因素	频数	排序	影响因素	频数	排序
A	3	7	E	12	2
B	6	5	F	7	4
C	10	3	G	4	6
D	16	1	合计	58	

(三)数据分层法

数据分层法就是把性质相同的、在同一条件下收集的数据归纳在一起,以便进行比较分析。因为在实际工作中,影响质量变动的因素很多,如果不把这些因素区别开来,难以得出变化的规律。数据分层法可根据实际情况按多种方式进行,例如,按不同时间、不同班次进行分层,按使用设备的种类进行分层,按原材料的进料时间、原材料成分进行分层,按检查手段、使用条件进行分层,按不同的质量缺陷因素进行分层,等等。数据分层法经常与上述的统计分析表结合使用,先分层,后进行统计分析。

(四)散布图

散布图又叫相关图,它是将两个可能相关的变量数据用点画在坐标图上,通过对其观察分析,来判断两个变量之间的相关关系,如图8-8所示。这种问题在实际工作中也是常见的,例如,热处理时淬火温度与工件硬度之间的关系,某种因素在材料中的含量与材料强度的关系等。这种关系虽然存在,但又难以用精确的公式或函数关系表示,在这种情况下用相关图来分析就是很方便的。

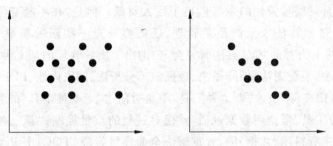

图 8-8　散布图

除上面介绍的统计分析表、数据分层法和散布图三种工具外,还有帕累托图、因果分析图、直方图和控制图其他四种工具,下面分别予以介绍。

（五）因果分析图

因果分析图又称特性要因图、鱼刺图、树枝图等,是一种逐步深入研究和讨论质量问题的图示方法。因果分析图是以结果作为特性,以原因作为因素,在它们之间用箭头联系表示因果关系,如图 8-9 所示。

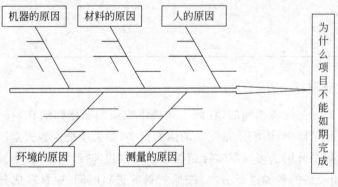

图 8-9　因果分析图

因果分析图是一种充分发动项目成员动脑筋、查原因、集思广益的好办法,也特别适合于项目小组中实行质量的民主管理。当出现了某种质量问题,但未搞清楚原因时,可针对问题发动大家寻找可能的原因,使每个人都畅所欲言,把所有可能的原因都列出来,然后将这些因素先分类别,将各类别的因素填写在原因类别框中。对于同一类别组的原因,分出它们的层次,按照层次的先后逻辑,标注在相应位置上,如图 8-9 所示,这样导致质量问题发生的原因就层次分明、一目了然,并在此基础上再分析其中的主要原因。

比如,某项目组铸出的某种产品表面有明显裂纹,其原因可能有四大类:浇铸温度、铸模、金属成分和铸模温度。每一类原因可能又是由若干个因素造成的,与每一因素有关的更深入的考虑因素还可以作为下一级分支。当所有可能的原因都找出来以后,就完成了第一步工作,下一步就是要从其中找出主要原因。读者可以自己试着绘制这个例子的因果分析图。

(六)控制图

控制图又称为管理图,如图 8-10 所示。它是一种有控制界限的图,用来区分引起质量波动的原因是偶然的还是系统的,可以提供系统原因存在的信息,从而判断工作过程是否处于受控状态。

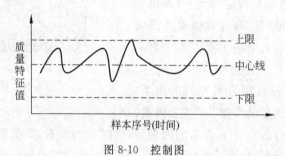

图 8-10 控制图

控制图按其用途不同可分为两类:一类是供分析用的控制图。用控制图分析工作过程中有关质量特性值的变化情况,看工序是否处于稳定受控状态;另一类是供管理用的控制图。主要用于发现工作过程是否出现了异常情况,以预防产生不合格品。

图 8-10 中上/下控制线表示变化的最终限度,当在连续的几个设定间隔内变化均指向同一方向时,就应分析和确认项目是否处于失控状态。当确认项目过程处于失控状态时,就必须采取纠偏措施,调整和改进项目过程,使项目过程回到受控状态。控制图法是建立在统计质量管理方法基础之上的,它利用有效数据建立控制界限,如果项目过程不受异常原因的影响,从项目运行中观察得到的数据将不会超出这一界限。

(七)帕累托图

帕累托图又称为排列图,由此图的发明者意大利经济学家帕累托(Pareto)的名字而得名。帕累托最早用排列图分析社会财富分布的状况。他发现在资本主义社会,少数人占有大量财富,而多数人仅拥有少量财富。这些少数人对财富起着支配作用。于是他提出了"关键的少数(vital-few)和次要的多数(trivial-many)的"关系。这个关系存在于社会的很多场合,例如,在一个股份制公司中,人们常常会发现,20％的股票持有者占有80％的股票总值。这种80/20关系还存在于以下场合:80％的营业额是由20％的顾客产生的;80％的破坏是由20％的原因造成的;80％的延误是由20％的转包商造成的。

后来,朱兰把这一原理应用到质量管理中来,作为寻找影响质量主要因素的一种方法。通过列图找出影响质量的主要因素才能有的放矢,取得良好的经济效果。帕累托图是分析和寻找影响质量主要因素的一种工具,其形式如图8-11所示:图中的左边纵坐标表示频数(如件数、金额等),右边纵坐标表示频率(以％表示),图中的折线表示累积频率。横坐标表示影响质量的各项因素,按影响程度的大小(即出现频数多少)从左向右排列。通过对帕累托图的观察分析,可抓住影响质量的主要因素。影响质量的因素通常分为以下三类:

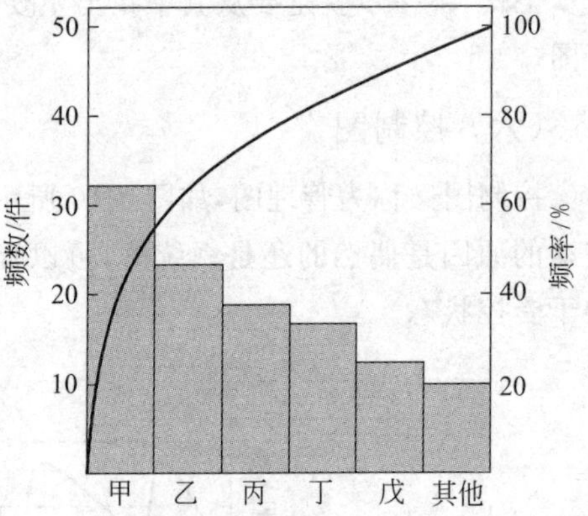

图 8-11 帕累托图

A类——累计百分数在70％左右的因素,频数在10％左右,即"关键的少数",是主要因素。

B类——累计百分数在20％左右的因素,频数在20％左右,是次要因素。

C类——累计百分数在10％左右的因素,频数在70％左右,是一般因素。

B类和C类构成了"次要的多数"。

图8-11是帕累托图的一个示例,图中的甲、乙、丙、丁四个因素为关键的少数,即A类因素;因素戊为B类因素,其他因素为C类因素,合起来构成次要的多数。

(八) 直方图

直方图的形式见图8-12所示,直方图又称质量分布图,是由许多矩形构成的,是表示质量数据变化情况(或离散程度)的一种主要工具。通过数据整理和分析,找出规律,以判定生产过程中质量的好坏及变动情况。用直方图可以比较直观地看出产品质量特性的分布状态,可以判断工序是否处于受控状态,还可以对总体进行推断,判断其总体质量分布情况。在制作直方图时,首先要对数据进行分组,因此如何合理分组是其中的关键问题。分组通常是按组距相等的原则进行的,两个关键数字是分组数和组距。其次编制频数分布表。再依据频数和频率绘制直方图。如图8-12所示,分为七组,组距为若干值,依据表8-2统计分析表绘制成的直方图。

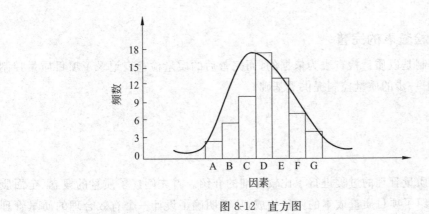

图 8-12　直方图

三、项目质量控制的结果

（一）项目质量改进

项目质量改进是项目质量控制最主要的成果，即通过项目质量控制带来项目质量的提高，从而提高项目的效率。

（二）验收决定

通过对项目质量进行检验，决定是否接受项目的质量。如果项目质量达到了规定的标准，就做出接受的决定；如果项目质量没有达到标准，则做出拒绝的决定。被拒绝的项目可能需要返工。

（三）返工

返工是指针对在项目质量控制中发现的不符合质量要求的工作采取措施，使它符合质量标准的活动。返工一般是由于质量计划不合理或质量保证不得力，也可能是由于某些意外情况而发生的。返工可能会拖延项目的进度，增加项目的成本，损害项目团队的形象。因此，项目团队应该采取有效的质量控制措施，避免返工。

（四）项目调整

项目调整是根据项目质量控制中存在的较为严重的质量问题以及项目关系人提出的质量变更要求，对项目的活动采取相应的纠正措施进行调整。比如，一个项目的某项活动存在着严重的质量问题，对整个项目的影响较大，项目团队已经无法满足客户的质量要求，这时就需要与客户协商降低项目的质量标准。项目调整一般是按照整体变更的程序来进行的。

（五）质量检查表的完善

项目质量控制是以质量检查表为依据的，而完善后的质量检查表记录了项目质量控制的有关信息，为下一步的质量控制提供了基础。

 **小 结**

本章对项目质量管理的过程进行了比较详细的介绍。首先阐述了质量的概念、全面质量管理概念。介绍了项目质量成本的四种构成，从而明确了设计一个有效合理的质量管理体系的重要性。随后描述了项目质量管理工作的八大原则以及项目质量管理体系的主要内容，着重介绍了项目项目质量管理中的 ISO9000 族质量标准。最后分析了项目质量控制的内容和依据、项目质量控制的工具与方法、项目质量控制的结果。

 **思考题**

1. 试述质量、项目质量和全面质量管理的概念。
2. 使用过程方法描述项目质量管理工作过程。
3. 质量成本的项目构成如何？为什么质量成本曲线会存在最佳质量成本点？
4. 简述项目质量管理体系的基本构成。
5. 如何理解项目质量管理体系与 ISO9000 系列标准的关系？
6. 项目质量控制的常用工具有哪些？各自适用于解决什么问题？

 **案例分析**

如何着手信息系统项目的质量控制工作

某信息技术公司是一个只有二十来个技术人员的小型信息系统集成公司。公司已经经营了好多年，也积累了十多个项目的经验，但由于各项工作都不够规范，以至于公司陷入了"救火队"角色的困扰中。

公司领导决定改变现状，成立了以盂总为组长的质量改进小组，首先扩充了公司的技术人员队伍，并在招聘时注意人员结构，尤其是系统分析人员和项目管理人员的招聘。在招聘人员基本熟悉了环境以后,开始了一系列的质量改革步骤。孟总委托新进的贺工负责公司的质量管理工作。

问题:

(1) 为什么该公司会陷入"救火队员"的角色?

(2) 对贺工来说,他应该如何着手开始质量控制工作?

第九章　项目人力资源管理

本章讨论的重点包括四个方面的内容：一是项目人力资源规划与建设；二是项目团队成员的获得与配备；三是项目团队的建设与开发；四是项目团队的管理与控制。本章将深入地讨论项目人力资源与项目成功的关系以及项目人力资源管理与项目其他专项管理的关系。其中，有关项目团队的管理与控制的讨论是项目管理的全新问题和内容。

第一节　项目人力资源管理

人力资源管理是 20 世纪 70 年代以来被广泛关注和使用的一种管理职能，这一管理将人力资源看成是企业或组织生存与发展的重要战略资源之一。人力资源管理要求一个组织通过不断地获得和提升人力资源，认识并开发他们的各种潜能，保持并激发他们对组织的忠诚和贡献，为实现组织目标服务。特别是进入 20 世纪 90 年代以来，随着"以人为本"经营理念的普及，人力资源管理的研究和实践得到了很大的发展。

一、人力资源和人力资源管理

人力资源的概念出现得相对比较早，项目人力资源管理的概念却出现得相对比较晚，现代项目人力资源管理是近几年才发展起来的。

（一）人力资源

人力资源的定义和概念分述如下。

1. 人力资源的定义

经济学把可以投入到生产过程中创造财富的东西统称为资源，且认为资源的最大特性是它的稀缺性，只有稀缺的东西才能够称为资源。人力资源管理将人力看成是一种资源，首先肯定了人力作为资源能够创造财富的本性，同时也表明人力这种资源的稀缺性。人力资源的定义在学术界仍存在不同的认识和看法，但是关于将人力作为一种资源来看待在管理界的认识是一致的。特别是近年来人们将人力资源看作是最重要的资源，这就是以人为本的原因。

2. 人力资源的基本特点

与土地、矿产、森林等自然资源相比,人力资源是最活跃、最具能动作用、最为重要的一种资源,是人类社会经济领域中最为关键的资源要素。这种资源的基本特点有如下几点:

(1) 能动性。这主要表现在人的自我学习(可通过教育和培训以及经验教训学习)、自我激励和主观能动(人有主观意识,而且人的行为受主观意识的支配;通过改变人的主观意识,可以改变人的行为,使这种资源发挥最大的作用)等特性上。

(2) 再生性。这是基于人口的再生产和劳动力的再生产形成的,人力资源不断地在这种"再生产"中实现自己的再生。人力资源的再生性不同于一般生物资源和物力资源的再生性,它能在不断享用、继承和发扬中再生,而且本身并不"磨损",还能不断地进化和提升。

(3) 智能性。人力资源在劳动过程中能不断地开发智力和各种能力,能够运用自己的智能使自身从繁重的体力劳动和脑力劳动中解放出来。这种智能性使人们可以使用工具和设备,使人力资源的能力和作用大大提高。这种智能性是人力资源与其他资源的最根本的区别。

(4) 社会性。这包括两个方面,其一是指人力资源需要通过社会化的配置才能充分发挥人力资源的最大的经济效益;其二是指人力资源本身具有很多社会性的需求。人力资源只有实现社会化配置才能真正体现其价值,人力资源的社会需求是人力资源的价值所在。

(二) 人力资源管理

人力资源管理是随着企业管理的发展而逐步形成的,其形成与发展过程包括下述阶段。

1. 科学管理阶段的人事管理

在 19 世纪末到 20 世纪初的科学管理阶段中,人事管理的主要理论包括劳资双方合作的理论、工作定额管理与控制理论和实行计件工资制等。

2. 行为科学阶段的人事管理

20 世纪 30 年代前后的人际关系学派从心理学和社会学的角度研究人事管理问题,它们提出的理论主要有:人事管理应重视人际关系的管理,人事管理应关心人、培养人和满足人们不同的需求,组织应采用集体报酬和奖励制度并提倡员工参与企业决策和管理。

3. 从人事管理到人力资源管理

从 20 世纪 60 年代末开始人力资源管理的观点得到广泛使用,人们认识到了人作为一种战略性资源的至关重要性,并开始将人看成可开发与利用的资源去管理,而且是最为重要的战略资源。现在人们已经将人作为一切资源之本,作为企业赚取利润和获得发展的战略资本去管理,从而使人力资源管理发展到了一个"以人为本"的崭新阶段。

4. 人力资源管理与人事管理的主要区别

两者的差异主要表现在:其一是管理观念不同。人事管理把员工视作劳力,人力资源管理把人作为实现组织战略目标服务的战略资源。其二是管理范围不同。人事管理主要从事员工的选拔、使用、考核、晋升、调动等有关人事的管理,人力资源管理则注重人力资源的配置、开发、使用和管理。其三是管理作用不同。人事管理主要负责生产效率的提高和工作条件的改善,人力资源管理更重视人力资源的评价、需求预测、规划和开发。其四是管理方法不同。人事管理是按照割裂的方式去分别管理组织的人事工作,人力资源管理是按照系统管理方法去管理组织全部人力资源事务。

二、项目人力资源管理

项目人力资源管理也属于人力资源管理范畴,只是它所管理的对象是项目所需人力资源。项目人力资源管理的主要内容包括项目的人力资源规划、开发、合理配置、准确评估、适当激励、团队建设、人力资源能力提高及人力资源监督与控制等方面。这种管理的根本目的是充分发挥项目团队成员的主观能动性,实现既定的项目目标和提高项目效益。

(一)项目人力资源管理的内容

项目人力资源管理的内容与一般生产运营组织人力资源管理的内容有所不同。项目人力资源管理的基本内容包括如下几个方面。

1. 项目人力资源规划

这包括项目的组织规划和人员配备管理计划两大部分内容,这是项目人力资源管理的首要任务。这是项目整体人力资源的计划和安排,是按照项目目标通过分析和预测所给出的项目人力资源在数量上、质量上的明确要求、具体安排和打算。其中,项目组织规划的具体工作包括项目组织设计、项目组织职务与岗位分析和项目组织中的工作设计。项目组织设计主要是根据项目的具体任务需要(如项目工作分解结构——WBS),设计出项目组织的具体组织结构(如项目组织分解结构——OBS);职务与岗位分析则是通过分析研究来确定项目实施和管理团队中特定职务或岗位的责、权、利内容与三者的关系;项目组织工作的设计是指为了有效地实现项目目标而对各职务和岗位的具体工作内容、职能和关系等方面进行的设计。而人员配备管理计划则是在项目组织规划的基础上,进一步结合项目实施计划,对组织所需要的各种人力资源的获得与离开时间进行的总体规划与安排,是对项目人力资源的动态管理计划。

2. 项目人员的获得与配备

这是项目人力资源管理的第二项任务,项目组织通过招聘或其他方式获得项目所需人力资源,并根据所获人力资源的技能、素质、经验、知识等进行工作安排和配备,从而构建一个成功的项目组织或团队的工作。项目人员的获得主要有两种方式：其一是内部招聘。这种方式采取工作调换或其他方式从项目组织内部获得项目所需的人员。其二是外部招聘。这种方式通过广告和各种媒体宣传、人才市场和上网招聘等方式，从项目组织外部获得项目所需的人员。由于项目的一次性和项目团队的临时性，项目人员的获得与配备和其他组织人员的获得与配备是不同的，它具有高效快捷和直接使用等特性。

3．项目团队的开发与建设

这是在项目实施的过程中，不断提升项目团队成员的能力，改善团队成员间的合作关系，为实现项目目标而开展的对项目团队持续改善性的活动。这方面的工作包括项目人员的培训、项目人员的绩效考评、项目人员的激励与项目人员创造性和积极性的发挥等。这一工作的目的是使项目人员的能力得到充分开发和发挥，其中人员培训是能力的开发，绩效考评和激励是主观能动性和积极性的开发。通过各个方面的开发，最终使项目团队及其成员能够成功地完成整个项目。这一工作的主要内容包括项目团队精神的建设、项目团队绩效的提高，以及项目团队沟通和协调等。这项工作是贯穿项目全过程的人力资源管理工作，它需要针对具体的项目、具体的项目团队、具体的团队成员开展实际有效的管理工作。

4．项目团队的管理与控制

这是在项目实施过程中对项目团队的绩效进行跟踪监督与控制的工作，属于事中控制与事后控制范畴。其目的是通过监控，不断总结经验教训并解决组织中存在的各种问题。项目团队的管理与控制的工作包括团队成员工作绩效的跟踪评价、评价结果的反馈、解决当前在团队管理中存在的问题和制订人力资源管理变更计划。由于人力资源具有能动性、社会性等其他资源所不具备的特殊属性，因此人力资源自身及团队成员间的关系等都将随着项目的实施而不断变化，必须通过跟踪评价与控制才能保证和提高项目团队的工作绩效。项目人力资源管理工作的核心内容可以用图 9-1 加以说明。

（二）项目人力资源管理的特性

通常项目组织以项目团队为最基本的形式，团队全体成员必须通过互助合作才能够完成项目任务和实现项目目标。项目团队的特性造成了项目人力资源管理与一般人力资源管理的不同，要了解项目人力资源管理的特性先要了解项目团队的特性。其主要特性有如下几点。

1．团队性

项目工作是以一种团队合作的形式完成的，是由项目团队的全体成员同心协力、协调一致、共同合作完成的。项目工作的绩效在很大程度上取决于项目团队所具有的团队精神和项目团队合作的好坏以及项目团队的工作与管理模式。

2．临时性

项目工作是一次性的，项目团队完成项目以后就会解散，因此项目团队都具有临时性

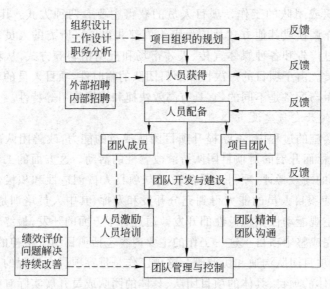

图 9-1　项目人力资源管理工作的主要内容

的特性。通常一个项目完成后,该项目的项目团队即告解散,项目团队成员会重新回到原来的工作岗位或者组成新的项目团队从事新的项目。

3. 渐进性

一个项目从决策、设计、实施到完成,项目任务是逐渐展开和结束的,所以项目团队的成员人数是逐渐增加和逐渐减少的。项目团队成员既不是同一天到齐后一起开始工作的,也不是同时完成任务一起退出项目团队的,他们是渐进渐出的,所以项目团队具有渐进性。

4. 目的性

项目团队是专门为完成项目任务和实现项目目标而工作的。虽然项目团队具有临时性,但项目团队一旦成立它就是专门为实现特定目标而服务的,它就是为完成特定项目而建立和开展工作的,所以具有很强的目的性。

(三) 项目与运营的人力资源管理区别

项目人力资源管理与日常运营人力资源管理有很大不同,这主要表现在如下几个方面。

1. 项目人力资源管理更强调团队建设

在项目人力资源管理中,建设一个和谐、士气高昂的项目团队是首要任务。因为项目工作是以团队的方式完成的,因此项目团队建设是项目人力资源管理的一个首要任务。项目人力资源管理中的组织规划设计和人员配备与开发,都应该充分考虑项目团队建设的需要。当然,在确定项目经理和挑选项目团队成员方面也需要考虑项目团队建设的需要,在开展项目绩效评价和项目团队成员激励等各方面也都要考虑项目团队建设的需要。

2. 项目人力资源管理注重高效快捷

由于项目团队是一种临时性的组织,所以在项目人力资源管理中十分强调管理的高效和快捷。除了一些大型的和时间较长的项目,一般项目团队的存续时间相对于日常运营组织而言是很短暂的,所以在项目团队建设和人员开发方面必须采取高效快捷的方式和方法,否则很难充分发挥项目人力资源管理的作用。其中,不管是项目人员培训与项目人员激励,还是项目团队建设与人员冲突的解决,都需要采用高效快捷的方法完成。

3. 项目人力资源管理注重目标导向

由于项目团队的临时性和项目工作的一次性等原因,项目人力资源管理特别强调目标导向,任何项目人力资源管理的活动都必须直接为实现项目的一定目标服务。不管是项目业务活动还是项目管理活动都必须是为实现项目的目标服务的,所以都具有很强的目标导向性。项目的人力资源管理更是如此,不管是项目组织的设计还是项目人员的获得与配备及项目的绩效评估与激励都必须为实现项目的特定目标服务。

第二节   项目人力资源计划

这是项目人力资源管理的首要任务,包括分析、明确以及分配项目组织的角色和职责,确定和安排项目团队成员之间的报告关系及制订项目人员配备管理计划等一系列的工作。由于项目的一次性和项目组织的临时性,所以其工作内容和方法都与日常运营组织的人力资源规划与设计有所不同。这一工作的具体内容有:识别与发现需求,安排与分配角色,组织责任体系,设计报告与沟通关系,设定人员获得时间与遣散时间,确定培训需求,制订奖惩计划,并编制相应的文件等。任何项目团队成员和小组都要有自己的角色、责任和报告关系,就连承包商也要赋予一定的角色、责任和报告关系。另外,人力资源配备计划更多偏重于对项目人力资源管理中各项工作的时间安排,包括人员获得时间、遣散时间、培训时间、奖惩时间等。这些项目人力资源规划与设计工作的内容通常可以归纳为如下几个方面。

一、项目人力资源规划与设计的程序

项目人力资源规划和设计有自己的依据、方法、技术和结果,其主要内容分别讨论如下。

(一) 项目人力资源规划与设计的依据

项目人力资源规划与设计的主要依据包括三大类:其一是组织环境因素;其二是组织的历史信息;其三是项目自身的相关信息。它们所涉及的具体内容如下。

1. 组织环境因素

这是指项目团队相关组织和项目所处的环境,包括项目发起组织的情况、项目团队成员所在组织的情况、项目将涉及的组织的情况和项目环境情况等。项目人力资源计划所需要参照的事业环境因素还包括项目所处的宏观(国家级的)、中观(行业级的)和微观(企业级的)的环境情况,以及项目所涉及的经济、技术、市场、地理位置等因素。

2. 组织的历史信息

这包括项目实施组织已完成项目的历史信息和组织的各种规章制度和要求等,这些对项目的人力资源管理提供重要依据。这类信息包括:组织在以往实施项目的过程中所保留下来的有关人力资源计划的相关资料(包括组织结构图和岗位描述等),在以往项目人力资源管理过程中所积累的经验与教训以及人力资源配备管理计划等。

3. 项目自身的相关信息

在制订项目人力资源计划时还必须对项目自身的相关信息进行收集与分析,其中最重要的项目信息包括项目的工作任务、项目的人员需求、项目进度计划以及项目限制因素等。对于这些方面的信息具体如下所述。

(1) 项目的工作任务。最为重要的是项目工作分解结构和项目活动清单,因为项目组织就是为完成项目任务而设立的,所以项目人力资源规划与设计必须首先依据项目的工作任务及结构。通常,项目人力资源规划与设计都必须先作项目组织分解结构(OBS)分析,而一个项目的这种分析工作的主要依据就是项目的任务(WBS)。

(2) 项目的人员需求。虽然项目人力资源规划与设计中的 OBS 可以给出一个项目组织的基本框架,但是项目组织究竟需要多少人还必须依据项目人员需求的基本预测数据。这包括项目总体人员需求和项目各类人员的需求预测数据以及能力和素质要求数据等。

(3) 项目进度计划。这是对项目各项工作实施顺序进行的安排,根据项目进度计划便可进一步分析项目在何时需要哪些人员,以及这些人员什么时候可以离开项目组织等信息。因此,项目进度计划也是制订项目人员配备计划的直接依据之一。

(4) 项目限制因素。这是指限制人们做出不同的项目人力资源规划与设计方案选择的各种因素。这方面主要的限制因素包括项目实施组织的组织结构限制、各种劳动法或工会规定的限制、项目管理团队的能力和偏好限制、项目关键工作人员的要求等。

(二) 项目人力资源规划与设计的方法

在项目人力资源规划与设计的过程中,人们必须使用一系列的项目人力资源规划与设计的方法,其中最主要的方法有如下几种。

1. 项目组织分解方法

这种方法是以项目工作分解结构(WBS)为依据,根据完成项目各个工作包所必需的责任和义务,通过进一步的分析而获得一份项目组织结构分解(OBS),最终设计给出项目的组织结构的方法。这是一种被广泛采用的结构化项目组织分析与设计方法。

2. 一般的组织管理理论

这是指使用一般的组织管理的原理去规划和设计项目组织结构的方法。虽然这种方法主要是为日常运营组织规划与设计服务的,但是其中一些人力资源规划与设计的思想和方法也适用于项目组织的规划与设计,所以它们也被广泛地用于项目组织的规划与设计之中。

3. 一般的人力资源管理方法

这是指使用一般的人力资源管理的原理和方法进行项目人力资源规划与设计的方法。同样,一般人力资源管理的原理和方法主要是为设计和规划日常运营组织服务的,但是它们当中的某些原理和方法同样可以用在项目组织的规划与设计上。

4. 原型法或平台法

这是指将以前完成项目的组织结构作为"原型"或"平台",通过一定的"增删"和"改进",从而获得新项目的人力资源规划和设计结果的方法。这种方法简单、有效,而且可以节省很多的人力资源规划与设计工作。

(三)项目人力资源规划与设计的结果

项目人力资源规划与设计的最终结果是给出一个项目的组织结构图表、项目组织中各种角色和责任的分配,以及项目组织人员获得与配备的计划。

1. 项目组织结构图表

通常这是由一份项目组织结构图和一系列的相关说明和描述构成的文件,它全面描述了一个项目组织中的权力传递和信息沟通关系。例如,项目组织分解结构(OBS)就是一份说明项目组织的哪个部门负责项目哪项任务的组织结构图。项目组织结构图可以是正式的或者是非正式的,这主要取决于项目的大小和重要程度。

2. 项目组织角色和责任的分派

这种项目组织角色和责任的分派包括两个层面,其一是项目各相关利益主体之间角色和责任的分派;其二是项目团队成员之间角色和责任的分派。在所有的项目角色和责任中,项目经理的角色和责任是最为重要的。项目角色和责任的分派结果多数可以使用责任分配矩阵来加以描述,这种责任分配矩阵的基本格式如表9-1所示。

表 9-1　项目角色和责任的分派结果的责任分配矩阵示意

责任　人员 项目任务	张山	李四	王武	赵柳	钱奇	刘霸	贺就	隋石
项目机会分析	N	A	N	N	N	A	M	N
项目评估	N	A	N	N	N	A	M	N
项目设计	A	N	M	N	N	N	M	E
项目计划	A	N	N	N	N	N	M	E
项目实施	N	N	M	E	N	E	M	N
项目完工交付	N	N	N	N	N	A	M	A

注:N 代表与其无关而没有责任,A 代表承担分析与评价责任,M 代表承担计划、组织、领导与控制的管理责任,E 代表承担实施的业务或技术责任。

3. 项目组织人员配备计划

项目人力资源规划与设计的另外一个结果是项目组织人员配备规划书。这一文件规定了在项目实施组织的项目团队中,究竟在什么时间需要配备哪些人员,以及这些人员在什么时候能够完成他们的使命并退出项目团队。通常这种规划书中都会给出项目人力资源占用的图表,这包括占用多少什么专业的人员和总共占用多少小时等信息。制订人员配备计划应包含的主要内容包括人员获得情况安排、人员获得时间计划、人员遣散时间及具体安排、人员培训计划、人员的表彰和奖励计划以及人员配备过程的合规性与合法性检查计划。

二、项目组织的规划与设计

项目人力资源管理中的组织规划与设计需要先研究项目目标,项目任务,项目组织结构,项目组织中的岗位,项目组织岗位的责、权、利关系,组织协调和组织信息沟通等方面的关系与要求,以及如何合理地安排和配置这些要素与要求,从而完成一个项目组织的规划与设计。由于每个项目的目标、资源和环境不同,所以不可能为所有的项目设计一个通用的理想组织结构。为了确保项目工作在预算范围内按时、优质地完成,每一个项目都需要根据项目的目标、要求和具体任务情况进行科学的组织规划与设计。项目组织规划与设计还必须考虑项目所处的组织环境及其影响。通常,项目实施组织会有三种不同的组织环境,即直线职能型、项目型和矩阵型的组织环境或组织结构。在这三种不同的组织环境或组织结构中,项目组织的规划与设计分别具有下列特殊性。

(一)直线职能型组织环境下的项目组织规划与设计

在采用直线职能型组织结构的企业或组织中开展项目工作时,其项目组织形式是项目团队,但是这种项目团队多数被分割成担任不同项目任务的小组,并且这些项目小组是在直线职能部门内部的。这种项目团队通常只是一个内部的松散型临时组织,因为在这种组织环境下项目团队的责、权、利都十分有限,而且这种项目团队中项目经理的权力也十分有限。因为在这种组织环境中各部门都有自己的职权(永久性的权势部门),而项目团队属于临时性的弱势部门,所以项目团队会受到直线职能型组织环境的强力约束。

在设计这种环境下的项目组织时必须充分考虑它所处的组织环境,合理安排项目经理的权限,安排好项目经理与团队成员和上级的各种报告关系。在直线职能型的组织环境下很少规划和设计跨部门构成的项目团队,很少设计和安排从项目组外部获取项目团队成员,很少规划和安排专职的项目经理和项目管理人员,而只是设计相应的项目协调人,并由他负责协调分散在各个职能部门中的项目小组的目标、任务、工作和活动。

(二)项目型组织环境下的项目组织规划与设计

因为这种组织是专门为完成各种业务项目而建立并以项目为主要生产方式,所以通常会同时存在多个相对稳定的项目团队。在这种组织中每个项目团队会专门从事某种项目,而且多数项目团队成员都具有一定的专长,所以他们在完成一个项目后会被分配去从事另一个项目。这种项目团队通常是一种比较紧密的和相对稳定的项目组织,这种项目组织的责、权、利相对较大,项目经理在项目预算、工期和人力资源管理方面的权力也都较大。因为这种项目组织需要负责各种业务项目的全部工作,所以它们多数是一种健全的项目团队,它们可以从企业或组织的各个部门获取各种人力资源。

在设计这种组织环境下的项目团队时必须充分考虑组织环境以及它的主要业务项目特性,在这种组织环境下的项目经理必须给予充分的授权,从而使项目团队具有足够的权力和资源去更好地完成项目。同时,在设计处于这种组织环境的项目团队时必须充分考虑其管理人员配备和职能管理的设计,这种项目团队经理和项目管理人员多数应是专职的并且具有较大的职权。只有这样,才能使项目团队顺利地完成业务项目,实现业务项目的既定目标。

(三)矩阵型组织环境下的项目组织规划与设计

在这种组织环境下开展一个项目时需要从各个职能部门抽调人员构成一个项目团队,在项目任务完成后项目团队即行解散。项目团队成员在完成项目任务后(并非要等项目结束)就会回到原来的职能部门,或者重新组成新的项目团队。这种方法能使组织的专业人员得到最充分的利用,减少了各种人力资源的浪费。在这种组织环境下的项目团队所具有的责、权、利比较对等,项目经理在项目预算、工期和人力资源管理方面的权力也比较均衡,项目团队在获得各种资源方面的权力也比较均衡。

由于矩阵型组织可以进一步分为弱矩阵、均衡矩阵和强矩阵三种不同的情况,所以矩阵型组织环境中项目团队的规划与设计也会随组织环境情况的变化而变化。此时要充分考虑项目工作的范围和内容,根据项目的目标和工作分解结构设计项目团队的构成,确定项目团队管理人员的配备和管理职能部门的设置。当这种组织的项目很多时应该考虑设计和组织项目办公室(PMO),专门负责整个企业或组织的项目管理工作。

项目不同或项目所处组织环境不同,项目团队的组织规划和设计就会不同,项目团队会有不同的组织结构、不同的岗位和权力分配与安排,以保证能够更好地实现项目的目标。

三、项目组织的职务与岗位分析

项目人力资源规划与设计工作中的另一项任务是项目组织中的职务与岗位分析。这是在确定项目组织基本结构中所开展的一项重要的项目组织分析与设计工作。

(一)项目组织的职务与岗位分析基本概念

这是通过分析来确定组织中各个业务和管理职务的角色、任务、职责的一种专门的人力资源规划与设计工作,其结果是最终形成了一系列有关项目组织职务或岗位的工作描述和任职要求说明文件。职务与岗位分析就是将项目组织中每个职务或岗位的工作加以分析,以便清楚地把握各职务或岗位的特性以及项目组织中各职务和岗位之间的相互关系,从而确定各个职务或岗位的工作规范与考核标准以及各个职务或岗位所需要的技术、知识、能力与责任等。职务与岗位分析的根本目的是确定项目组织中所需的职务与岗位和这些职务与岗位所需的任职条件,以便构成一个合格的项目团队。职务与岗位分析的主要工作有如下几个方面。

1. 分析项目将需要完成什么样的任务

这需要根据项目的工作分解结构和项目组织分解结构所给出的信息,进一步明确项目所要完成的具体任务,特别是项目业务工作中所涉及的各种管理任务。

2. 分析项目需要在什么时候完成这些任务

这需要根据项目集成计划安排,进一步明确各项任务需要在何时完成以及如何衔接,以便使用这些信息去确定具体的职务或岗位的责任与要求。

3. 分析项目需要些什么样的职务或岗位

在上述两项分析的基础上,进一步分析确定项目管理与业务工作需要哪些具体的职务和岗位,这是项目组织的职务与岗位分析需要解决的核心问题。

4. 分析这些职务或岗位需要什么样的人

确定了项目组织各职务和岗位以后,还需要进一步分析给出这些职务和岗位所需的人员,他们的职业、身体、知识、技能与特定专业要求等。

（二）项目组织的职务与岗位分析结果

职务与岗位分析的主要结果有两个方面：一是对项目组织各职务或岗位的工作说明与描述；二是对项目组织各职务或岗位任职人员的要求说明。

1. 各职务或岗位工作说明与描述

这包括对项目组织或团队各个职务与岗位的名称、所需技能、所负责任、所拥有的权力、工作环境以及具体职务或岗位所涉及的其他特征的具体说明和描述。这种说明与描述的主要内容有：职务或岗位的名称，职务或岗位工作名称，工作责任、任务和程序说明（包括职务或岗位所要完成的工作任务、责任、所需资源、工作流程、工作与其他职务的正式联系以及上下级报告关系等），工作条件（包括工作场所正常的温度、光照、通风、安全措施等），工作环境（包括项目组织环境和项目团队的情况，团队成员相互关系和各部门之间关系等），职务或岗位的条件（包括工作或岗位的工资报酬、奖金制度、工作时间等）。

2. 各职务或岗位的任职条件与要求

这是对项目组织或团队各职务与岗位的任职条件和要求的说明，这需要详细地说明具体职务或岗位所需的各种资格、学历、经验和技能等要求与必要条件。任职条件与要求通常包括学历和工作能力、工作经历、身体条件要求、基本素质要求、其他要求（针对具体项目组织或团队的特定职务或岗位提出的一些其他方面的要求）。

（三）项目组织的职务与岗位分析工作过程

项目组织的职务与岗位分析是对项目所需各种职务与岗位的全面分析与研究，它对项目人力资源管理起着决定性的作用，同时也为项目团队成员的奖惩、调配、解雇等提供一些客观的标准。这项工作的过程可以分成四个阶段，分别是准备阶段、调查阶段、分析阶段和终结阶段，这一工作过程如图9-2所示。

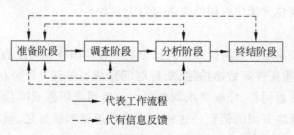

图9-2 项目组织的职务与岗位分析工作流程图

由图9-2可知，项目组织的职务与岗位分析有四个阶段，其工作的详细内容说明如下。

1. 准备阶段

这一阶段的具体工作包括：建立由项目职务与岗位分析专家以及项目组织的上级领

导等人员参加的职务与岗位分析工作小组,确定职务与岗位分析的具体内容和对象(究竟对项目组织的哪些职务与岗位进行分析),利用各种资料与信息对项目组织中的职务或岗位的任务、责任、工作流程进行分析和研究,提出这一分析过程中所要解决的主要问题。

2. 调查阶段

这方面的具体工作内容包括编制职务与岗位分析调查提纲,调查和分析项目各职务或岗位的工作现场、工作流程、关键事件、工作所需的工具和设备以及工作的环境和条件,与相关人员进行面谈,收集有关职务或岗位工作的特征及其分析所需信息并做好记录。

3. 分析阶段

这一阶段需要对各个职务和岗位的工作特征和人员要求等方面的调查结果进行全面的总结分析。具体的工作内容包括:认真审核、汇总和整理调查阶段所获得的各种信息,分析项目组织中具体职务或岗位工作的要求和对任职人员的要求,汇总、归纳、总结职务与岗位分析的各种信息和资料。

4. 终结阶段

这一阶段工作的主要内容包括:根据职务与岗位分析的各种信息草拟职务或岗位说明书与任职说明书等文件,将草拟的职务或岗位说明书和任职说明书与实际项目工作和组织要求进行对照比较,根据对照比较的结果,对职务或岗位说明书与任职说明书进行必要的修订,重复上述工作,直到达到标准和要求以后,审定并批准职务或岗位说明书与任职说明书。

在上述整个过程中,不管进行到哪个阶段,在需要或获得新的信息时,都可以回到前一个阶段去进一步收集必要的信息。这在图 9-2 中给出了示意和说明。

(四)项目组织职务与岗位分析的常用方法

在项目职务与岗位分析中常用的方法有以下几种。

1. 问卷调查法

这种调查方法要求职务与岗位分析人员分别对各种职务或岗位的行为、工作特征和人员要求、各项要求的重要性等做出描述,然后对问卷结果进行统计分析。这类调查问卷可以分成职务或岗位信息问卷、任职要求问卷等。前者调查职务或岗位工作本身的信息,后者了解对任职人员要求方面的信息。这种方法比较规范和数据化,但是比较费时费力,而且这种方法不易了解被调查者的想法和感受等深层次的信息。

2. 文献资料法

在进行项目组织的职务与岗位分析过程中,应当尽量利用现有职务与岗位分析方面的各种资料。例如,参阅以前项目工作的各种岗位责任制等,虽然这些岗位责任制是历史信息,但还是很有参考价值的,根据它们再添加一些必要的内容就有可能形成一份相对完整的职务或岗位描述与任职说明书。但是,文献资料法也有一系列的缺点,主要是文献资料多数是过时的,甚至是废弃不用的文件,从中分析找出有用信息非常困难。

3. 面谈法

此法可以通过面对面地交流信息了解调查对象的想法、感受和动机等深层次的内容。面谈应该主要围绕职务或岗位的工作目标和报酬、工作内容、责任和关系等内容展开。面谈法是一种很好的调查方法,但是需要很高的沟通技巧,且需要花费的时间比较长。另外,面谈要求有很高的沟通技巧,所以这种方法有一定的限制条件。

4. 现场观察法

许多项目职务或岗位工作是一种经验性和习惯性工作且没有记录,因此在职务与岗位分析过程中有时还需要采用现场观察法对相似项目和项目工作进行现场观察。观察中要记录工作和行为各方面的特点,包括使用的工具、设备,了解其工作的程序、工作环境和体力消耗等方面的内容。在现场观察时要注意科学使用"自觉"和"不自觉"的方法,因为当人被观察时行为可能会出现异常,因此尽量在被观察者不自觉的情况下观察。

5. 关键事件法

这是请从事项目管理的人员回忆、报告在过去相似或相同项目中发生的关键事件以及这些关键事件的特征和要素,从而获得职务与岗位分析所需的信息资料。这种方法要求人们在每个项目中记录发生的各种关键事件(关于项目成败的事件),以供未来的新项目职务与岗位分析使用。记录的内容包括:导致关键事件发生的原因和背景,关键事件中工作人员特别有效或错误的行为,关键事件的后果和人们能否支配或控制关键事件的后果。

四、项目组织中职务或岗位的工作设计

项目组织中职务与岗位的工作设计是指为有效地实现项目目标和满足项目工作者的个人需求而开展的一种有关项目工作内容、工作职能和工作关系的设计工作。

(一)项目工作设计的概念

项目人力资源规划与设计中的工作设计和职务与岗位分析是既有联系又有区别的两个概念。后者是对项目组织职务或岗位的客观描述,而前者是对各个职务或岗位的工作内容、工作方法和工作关系的设计和确定。后者需要利用前者的信息,做出各项目职务或岗位的工作设计。项目工作设计的主要内容见图9-3。

有关项目组织中职务与岗位的工作设计的主要内容,具体说明如下。

1. 工作内容设计

工作设计首先要设计和确定一个职务或岗位的工作内容。包括设计和确定一个职务或岗位的主要工作内容和范围,确定这些工作的自主性、复杂性、工作难度和整体性等。

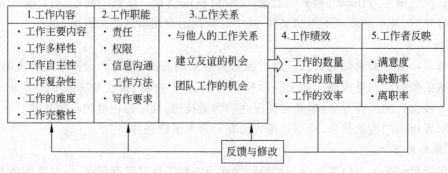

图 9-3　项目工作设计示意图

2．工作职能设计

这是设计和确定每个职务或岗位工作的基本作用和要求。包括设计和确定一个职务或岗位的工作责任、权限、作用和要求，以及在团队协作与配合方面的要求等。

3．工作关系设计

这是设计和确定每个职务或岗位与他人之间的工作关系。包括工作中与他人相互交往的范围，与他人建立友谊的机会，参加团队集体工作的机会和协作配合等要求的设计。

4．工作绩效设计

这是设计和确定每个职务或岗位的工作绩效大小以及绩效度量方法和要求的工作。包括具体职务或岗位工作的数量要求、质量要求、范围要求和效率要求等方面的设计。

5．工作者反映设计

这是有关每个职务或岗位的工作者对整个工作设计的反映和要求的规定。包括工作者对工作的满意度、未来的出勤率和职务与岗位的离职率等要求的设计。

6．反馈与修改

这种反馈包括两个方面内容：一是工作实际结果所给出的直接反馈；二是人们对工作设计的意见反馈。工作设计者必须据此对工作设计的结果进行必要的修改。

（二）项目工作设计的方法

不同项目工作的设计方法是不同的，项目工作设计的主要方法包括下面几种。

1．专业导向的项目工作设计方法

此法主要用于专业性很强的项目职务和岗位的工作设计，它将一个项目的主要工作按照劳动分工的办法，分解成一系列单一化、标准化和专业性很强的工作职务或岗位，然后设计出各个职务或岗位的工作内容、作业程序、岗位职能、工作关系与工作绩效等方面的要求。

2. 职能导向的项目工作设计方法

此法主要适用于那些项目管理工作职务或岗位的工作设计,它将项目管理工作按照职能分工的办法分解成一系列不同的管理职务和岗位,并设计出各自的具体职责和工作,然后进一步确定工作内容、工作职责、管理关系与工作绩效等。

3. 其他的项目工作设计方法

项目工作设计的分工过细会使工作过于单调而造成人们厌烦情绪不断增长和工作效率下降,因此在项目工作设计中还需要采用一些其他的方法,这包括工作扩大化和丰富化等方法。这些方法是指在项目工作设计中可以适当地扩大一个职务或岗位的工作范围,使该职务或岗位的工作内容更为多样化,也可以努力从深度方面扩展项目工作的内容,从而培养和提高项目团队成员对工作的成就感和价值感。

第三节　项目人员配置

项目团队成员的获得是指通过各种途径获取完成项目所需的人力资源并组成项目团队的过程,这是项目人力资源管理工作中非常重要的一项工作。这一工作的主要目标是确保项目组织能够获得所需的人力资源,因为没有合格的人力资源就无法保证项目目标的实现。项目团队成员的配备是指赋予项目团队成员合适的工作和实现项目团队成员科学配置,这将保证项目团队成员相互匹配和相互协调。这方面的具体工作主要包括如下几个方面。

一、获取候选人信息

要想获得项目团队成员就先要获取足够的候选人信息,只有获得足够数量的候选人信息才能根据项目的需要从中选出人员并组成项目团队。获取候选人信息的方式主要可以分为发布招聘启事以获取人员信息和直接获取相关人员信息两种。

(一)通过招聘获取候选人信息

项目团队成员招聘是项目人力资源管理中获得与配备工作中的一个重要环节,其主要任务是通过采取内部招聘和外部招聘的方式获得人力资源,以满足项目工作的需要。一个项目组织需要用各种方法吸引组织内外部更多的人来应聘,以便使项目组织有更大的选择余地。同时通过招聘还可以使应聘者更好地了解项目组织,减少因盲目加入而后又离职的情况的发生。项目组织团队成员招聘的基本内容和程序如下。

1. 项目招聘计划的制订与审批

项目招聘计划是招聘工作的依据,制订项目招聘计划的目的在于使这种工作更加科学、合理。项目招聘计划是根据项目人力资源规划与项目组织设计的组织结构图、职务和岗位及其任职说明书和项目人员配备计划,并结合参与项目的组织环境和组织的历史信息制定的。项目组织根据项目的需要,从数量、质量和时间等方面做出项目团队成员招聘计划。

2. 项目招聘信息的发布

根据制订的项目招聘计划和项目组织所处的环境条件,确定发布招聘信息的时间、方式、渠道与范围后就发布这些信息。虽然项目招聘的方式、数量、时间、水平和预算有所不同,但发布项目招聘信息是必要程序之一,这包括对内和对外两种不同的招聘信息的发布。

3. 应聘者提出申请

组织内部的或外部的应聘者在获得项目招聘信息后即可向招聘机构提出应聘申请。这种申请多数是书面的,应聘的主要资料包括应聘申请、个人简历、学历和技能证明、各种证书(证明知识、能力和所取得的成就)和各种身份证明(包括身份证、以前的聘书等)。

(二)直接获取相关人员信息

这是指根据项目的需要通过各种形式直接查找并获得适合该岗位的候选人信息的方式。当人们无法通过发布招聘信息获得合适人选时以及在获取项目经理及核心成员候选人信息时多使用这种方法。由于人力资源具有稀缺性,尤其是项目经理和项目团队核心成员在项目中起着重要的作用,因此必须采取直接的方式去获得相关候选人信息。信息来源根据渠道的不同,可分为内部信息获取与外部信息获取两类。

1. 内部信息获取

这是指根据项目核心成员的条件,从组织内部现有员工中通过组织推荐或书面材料筛选等寻找候选人的方法。这种方法可以为自己组织的现有员工提供发展的机会,从而调动组织内部员工的积极性。同时,内部招聘也可以节约大量的费用,甚至包括省去许多不必要的培训费用。另外,由于项目组织对内部团队成员有充分的了解,所以内部招聘能够保证团队成员招聘的质量。这种内部信息获取的方法很多,既可以使用推荐的方法(由企业的部门或单位推荐合适人选),也可以使用档案加面谈的方法(根据员工档案寻找合适的人选)。

2. 外部信息获取

这是在从组织内部找不到合适人选,或必须从组织外部寻找项目核心成员的候选人时所用的方法。这种方法与内部招聘相比需要花费较多的费用,但是选择范围要比内部选择宽许多,并且选择出的人员能给项目组织带来许多创新思想。这种做法也分两种:其一是从就业中介或猎头公司获取候选人信息；其二是从各种网络（计算机和人际网络）获取候选人信息。

二、项目团队成员的选拔

这是指对候选人进行资格审查和挑选的工作过程，这也是项目团队成员招聘中一项十分关键的工作。根据选拔对象的不同可使用不同的选拔方法，对于一般项目团队成员可采用初选、面试、笔试、体检、个人资料核实等方法，选拔出合格的人员，对于项目经理等核心成员则应当通过多次面谈和沟通与协商的方式进行选拔。

（一）一般项目团队成员的选拔

一般项目团队成员进入项目组织之前必须经过一个识别和甄选的过程，从而挑出具有项目所需能力、知识和经验的人。项目团队成员的选拔不但可以为项目组织节省许多费用，而且可为应聘者提供一个公平竞争的机会。这就必须采用恰当的方法以确保项目团队成员选拔结果的科学和可靠。项目团队成员选拔的主要工作及其方法分述如下。

1. 资格审查与初选

资格审查是对应聘者是否符合要求而进行的一种初步审查工作，初选是对所有通过了资格审查的应聘者的初步筛选。资格审查和初选的目的就是从全部应聘者中选出参加下一步测试的人员。这当中一般需要做两件事情：一是申请材料的核实；二是体检。

2. 系列测试

通过了资格审查和初选的应聘人员在面试之前先要进行一系列的测试，这类测试包括心理测试和智能测试。心理测试主要是对应聘者进行职业潜能测试、心理承受能力测试、价值观测试和情商测试等。智能测试主要是对应聘者的智力、技能和专业知识方面的测试。

3. 面谈

面谈是项目组织对应聘者有更深了解的手段，在选拔项目经理和核心成员时这是一种很重要的甄选手段。面谈又可分为初步面谈和最终面谈、单个面谈和小组面谈、结构化面谈和非结构化面谈（对所有的面试者提问不相同的问题）等不同的方式和方法。

4. 全面评估

在面谈结束后还需要对应聘者进行全面的评价，以反映每个应聘者的特征和情况，并根据全面评价结果对全部应聘者进行综合比较。在项目组织成员的选拔中有多种方法可用于全面评估，主要是加权平均法和层次分析法等综合评估的方法。

5. 项目团队成员甄选

这是项目人员选拔最后的也是最重要的一个环节，在确定甄选标准后人们即可以此做出成员甄选的决策。通常有两种甄选决策模式,即以单项评价为主的和以综合评价为主的甄选决策模式。前者适用于甄选一般性团队成员,后者适用于甄选项目经理和核心成员。

(二)项目经理和核心成员的选拔

对于项目经理等项目团队核心成员,由于他们在项目中扮演的角色非常重要或其稀缺程度较高,因此必须采取沟通与协商的方式进行选拔。这一方法的内容与过程如下。

1. 与候选人进行初步沟通

这是指就项目的有关内容及该岗位的要求等与候选人进行初步交流,进一步了解其能力及参与项目工作的愿望并希望从项目中获得的回报等,由此更多地掌握候选人的信息。

2. 对现有候选人进行排序

根据现有候选人的书面材料及初步沟通的结果,结合项目的实际情况进行综合考虑,对候选人进行排序,通过排序可进一步确认哪些人更适合成为项目团队的成员。

3. 按照优先顺序与候选人再次沟通

根据排序结果与最适合的候选人作进一步沟通与协商,若无法与第一顺序候选人达成一致,则继续与第二顺序候选人进行沟通与协商。依次类推,直至双方达成一致为止。

三、项目团队成员的录用和评估

项目组织团队成员选拔完成以后即可开始录用工作,这一工作的主要内容是与应聘者签订合同从而进一步明确责、权、利关系。

(一)项目团队成员的录用

项目团队成员的录用包括签订试用合同、试用和正式录用三个步骤。

1. 签订试用合同

这是指由项目组织人力资源管理部门与合格的应聘者签订试用一定时期的合同,试用合同的主要条款包括试用的职务或岗位、试用期限、试用期报酬和福利、试用期的培训、试用期绩效目标、试用期义务、责任和权利、转正或解雇的条件和要求等。

2. 试用

在试用期间员工应负的责任和应履行的义务必须按照应聘要求与招聘合同执行,试用的目的是对招聘来的人员从能力、个性、品质与素质等方面进行实际考核和审验。另外,试用也是验证所招聘的项目团队成员(试用者)能否相互合作和组成一个成功的项目团队。

3. 正式录用

试用合格的应聘者应该转为项目组织正式成员,正式录用的工作有试用工作考核鉴定、正式录用决定、签订正式录用合同、提供相应待遇、提供必要帮助和安排他们正式上岗等。当项目周期短而无法试用时,也会有一部分人不通过试用而直接被正式录用。

（二）项目团队成员招聘的评估

这是对项目组织人力资源获得全过程和全部工作所进行的一种评价,其目的是审查项目组织的人力资源获得工作,分析和总结人力资源获得工作中的经验与教训。其主要内容包括项目人力资源获得工作的成本效益评估、录用团队成员的数量评估、录用团队成员的质量评估等。其主要方法包括人力资源获得方法的信度评估和人力资源获得方法的效度评估。这种评估的根本目的是通过评估发现问题并在必要时做出补救,如发现获得的项目团队成员质量不高或数量不够就应该进行新的人力资源获得,以弥补原有人力资源获得工作的不足。

四、项目团队成员的配备

合理配备项目团队成员不但有利于项目目标的实现,也有利于充分挖掘人力资源的潜力,降低人力资源的成本,改进完善项目组织的结构,提高项目团队的合作与协调。

（一）项目组织团队成员配备的原则

为了做好项目团队成员配备工作,应遵循以下基本原则。

1. 项目团队成员配备必须以实现项目目标为中心

项目组织团队成员配备的第一原则是必须以实现项目目标为中心,即项目组织一切团队成员配备都必须为实现项目目标而服务。因为项目组织的根本目标就是成功地完成项目,所以项目组织的团队成员配备只需要为实现项目目标服务即可。

2. 项目团队成员配置必须精简、高效、节约

这是指在项目团队成员配备上既不允许多招收团队成员,也不允许少招收团队成员。在项目组织中特别提倡兼职,因为一个项目的工作种类可能很多而每项工作的量较少。在项目团队成员配备中要努力减少项目组织层次,达到精简、高效和节约的目标。

3. 项目团队成员配备应合理安排团队成员比例

这是指要合理安排项目团队各类成员的比例关系,包括技术工作成员和辅助工作成员的比例、管理成员和实施成员的比例,甚至男女成员的比例等。另外,各个专业或工种之间的团队成员的比例也要实现合理的平衡,减少和消除窝工以及人力资源浪费的现象。

（二）项目团队成员配备的方法

这方面的方法包括项目人力资源的需求预测、项目人力资源的供给预测和项目人力资源的综合平衡三个方面。具体内容如下。

1. 项目人力资源的需求预测

这是根据项目所需完成的任务、项目所需各类人员的配备管理计划等信息,最终预测出项目人力资源需求的工作。项目人力资源需求预测相对比较简单,因为项目工作比较明确而且项目组织是临时性的,所以它主要涉及一定时期内的项目人力资源需求预测。

2. 项目人力资源的供给预测

这主要涉及两个方面的预测:其一是项目组织内部人力资源供给能力的预测;其二是外部环境为项目供给人力资源能力的预测。同样,由于项目组织的临时性以及项目工作比较明确,这种供给能力的预测也相对比较容易。

3. 项目人力资源的综合平衡

这是指项目人力资源需求与供给的综合平衡,其主要方法有总量综合平衡方法和结构综合平衡方法。其中,总量综合平衡方法用于从总体数量上综合平衡项目人力资源的供给和需求,结构综合平衡方法用于对不同专业或工种团队成员的综合平衡。

这是以提高项目团队的工作绩效为目的的项目人类资源管理工作,其内容主要包括两大部分:一是项目团队成员培训与奖励;二是项目团队整体的开发与建设。前者可以使项目团队成员拥有必要的技能与知识从而做好项目工作,后者则可以提高项目团队成员的互相信任和合作从而提高项目团队的工作绩效。项目组织虽然是临时性的,但是对它也要进行开发,以便项目绩效能获得发展。当项目团队建立之后,项目人力资源管理就进入项目团队的开发与建设阶段。

第四节 项目团队建设

一、项目团队的建设与发展

项目团队建设与发展既包括项目团队成员间的相互信任程度、协调工作能力、项目团队与客户的协调合作,也包括项目团队精神的建设和项目团队中各群体能力的提高等。具体包括如下几个方面。

(一)项目团队建设与发展的目标

项目团队是为实现项目目标而建设的一种按照团队模式开展项目工作的特定组织,是项目人力资源的聚集体。项目团队特指一组由相互信任、相互依赖、齐心协力、共同合作、一起工作的团队成员所构成的一个整体,它是一个有既定项目目标并为之奋斗的集体。要使一组团队成员发展成为一个有效合作的项目团队,就需要开展项目团队的建设与发展工作,不断地为项目团队的完善与提高付出努力。项目团队建设与发展的目标包括以下几个方面。

1. 项目团队成员对项目目标的清晰理解

为使项目团队的工作卓有成效,在项目团队的建设中,首先要使每个项目团队成员对于所要实现的项目目标有一个清晰、明确的理解,要使每个项目团队成员对项目的结果(愿景)以及由此带来的益处有一个共同的认识和期望。

2. 项目团队成员清楚自己的角色和职责

有效的项目团队需要项目团队成员参与制订项目计划,并使他们知道怎样才能够将他们的工作与项目目标结合起来。团队成员应尊重和重视彼此的知识与技能,并能够相互肯定他人为实现项目目标所付出的劳动,由此使团队每位成员都能承担责任和完成任务。

3. 项目团队成员要为实现项目目标努力

项目团队成员都应该强烈地希望为实现项目目标而付出自己的努力。项目团队成员应该乐于为项目的成功付出必要的时间和努力,乐于为项目的成功做出贡献。例如,为使项目按计划进行,必要时团队成员愿意加班甚至牺牲周末或午餐时间来完成工作。

4. 项目团队成员间的高度合作与互助

一个好的项目团队,其成员通常能够进行开放、坦诚而及时的沟通,团队成员愿意交流信息、思想及感情。他们乐于给予其他成员以帮助,希望看到其他团队成员的成功,他们能相互提供并彼此接受各种反馈及建议性的批评和意见。

5. 项目团队成员之间的高度相互信任

一个有效的项目团队,其团队成员能够相互理解、相互信任并相信依赖。项目团队中的每个成员都相信其他人所做和所想的事情都是在为项目的成功而努力。项目团队成员相互关心,并承认彼此存在的差异,每个成员都会感到自我的存在,同时又构成一个好的团队。

(二)项目团队建设与发展的途径与方法

为了达到项目团队建设的上述目标,人们必须采取有效的措施。这主要包括制定项目基础行为规范、开展集中办公、加强团队成员间的交流与沟通和进行团队精神与文化建设等。

1. 制定项目基础行为规范

项目的基础行为规范(ground rules)是根据项目实际情况对项目团队成员的行为做出的标准规定,是项目团队成员行为的准则。这一规范中将明确阐释什么样的行为是可以接受的,什么样的行为是不能接受的,从而使团队成员的行为有据可依。在制定此规范的过程中全体项目团队成员都应参与讨论,从而使他们能更好地理解和执行自己参与制定的规范。

2. 集中办公

这是指项目团队中的某些重要成员集中在同一地点办公,从而加强他们之间的沟通,提高他们之间的合作以增强凝聚力,从而提高项目团队工作绩效的方法。这种集中办公可以是贯穿项目始终的,也可以是临时性的。但是,近年来由于网络技术的发展和虚拟项目团队的发展,集中办公这一方法的使用频率在不断减少。

3. 建立良好的沟通渠道

项目团队成员之间的沟通对团队建设来说是至关重要的,项目团队成员需要不断地就项目的进度、成本、质量等各个方面进行沟通,从而获得较为全面的项目信息,更好地从全局的角度出发,提高团队合作水平。沟通的渠道包括会议、报告、网络信息沟通等,有关沟通的内容在"项目沟通管理"一章已作了较为详细的讨论。

4. 团队精神与文化建设

与日常运营组织一样,项目组织同样需要有团队精神的培养与团队文化建设,但与日常运营组织不同,由于项目组织存续时间较短,其文化建设不可能像日常运营组织那样完善,但仍有一些基础的项目团队文化,如始终保持全局观念和为保证项目按计划实施而牺牲个人休息时间等。团队文化可不断强化团队成员的团队合作精神,为团队建设提供精神保障。

二、项目团队建设与发展绩效的评价

这是对项目团队建设与发展工作效果的考核与评价,从而可以判断项目团队发展与建设措施是否达到预期效果,以便进一步开展项目团队建设与发展工作。这种评价可以是正式的,也可以是非正式的。正式的项目团队绩效评价是对项目团队绩效进行全面的考核并以正式报告等形式给出评价结论。这种正式评价的方法虽然较为全面、科学,但由于评价时间较长,而在这段时间里,团队成员之间的关系等始终处于变化之中,因此这种评价存在一定的滞后性。非正式的项目团队绩效评价可通过与项目团队成员间正式的与非正式的沟通进行,也可以通过日常观察等方式进行,这种方法简便易行但缺乏全面性与科学性。

通过项目团队绩效评价来判断项目团队建设和发展措施是否有效的标准很多,主要包括项目团队成员的工作效率是否提高,项目团队共同开展工作的能力是否提高,项目团队成员离职率是否降低等。

第五节　开发项目团队的方法与技巧

项目团队成员开发工作的首要任务是对他们进行培训,这种培训多数是短期的和针对性很强的专业培训,以针对性地开发项目团队成员开展项目具体工作的能力。

（一）项目团队成员培训的含义与作用

项目团队成员培训就是给项目团队成员传授项目工作所需基本技能的工作,它是项目人力资源开发的主要工作之一。这种培训包含基本技能培训和基本素质培养两方面。项目团队成员培训工作的作用有以下几个方面。

1. 提高项目团队的综合素质

通过对员工的培训可使项目团队成员的能力有所提高,使他们的综合素质得到加强,以便在以后的项目工作中整个项目团队能够更好地合作和努力。

2. 提高项目团队的工作技能和绩效

通过对员工的培训可使项目团队成员的工作技能和专业技术水平得到提高,从而使每个人的工作绩效得到提高,使整个团队创造出更高的工作绩效。

3. 提高项目团队成员的工作满意度

通过培训可提高项目团队成员对工作的满意度并降低其流失率。成功的员工培训能够提升员工的知识、技能和素质,有效地减少他们的心理压力,调动他们的主动性与积极性。

（二）项目团队成员培训的形式

项目团队成员的培训与日常运营组织员工的培训相比不但内容不同,而且方式也不同。项目团队成员培训主要是短期培训,这种培训有两种主要形式:一种是岗前培训;另一种是在岗培训。

1. 岗前培训

这种培训的针对性强、方式灵活多样、内容具体、花费不大、易于组织、见效较快,所以在项目团队成员培训中已被广泛采用。项目团队成员在开始项目工作以前多数都需要进行岗前培训,至少要进行上岗前的安全等方面的培训。

2. 在岗培训

这种培训以项目工作实际需要为出发点,开展有针对性的培训。这种培训偏重于专门技术知识和能力的培训,项目管理和技术人员都需要在特定岗位上接受这种培训。项目组织采用的在岗培训具有边培训、边提高、边工作的优点。

第六节　有效管理控制手段的特征

项目团队的管理与控制是项目人力资源管理的过程管理与控制,是通过在项目实施过程中收集有关项目团队及其成员绩效的数据对项目团队及其成员绩效进行跟踪考评和奖励,以及解决项目团队中的冲突和问题等方面的工作。项目团队的管理与控制已经日益成为项目人力资源管理中人们所关注的重要工作之一,项目管理者可根据项目团队绩效评价对项目团队管理情况进行总结,找出问题与偏差所在并不断改进,同时修正项目的人员配备计划。

一、项目团队绩效信息的收集

这是指收集项目团队及其员工绩效考评信息的工作,是项目团队管理的首要工作。

(一)收集项目团队绩效信息的目的与意义

由于项目团队管理与控制是对项目团队的持续管理与改进的过程,因此收集项目团队绩效信息的意义有:第一,这种信息收集是项目团队及其成员绩效评价的基础;第二,这种信息收集能帮助项目团队及时发现在团队中发生的各种冲突与问题,从而可以及时解决这些冲突和问题;第三,这种信息收集也是各种项目团队管理与控制措施的原始依据,它为各种项目团队的管理和控制决策提供支持。

(二)项目团队绩效信息收集的方法

在项目团队管理与控制中常用的信息收集的方法有以下几种。

1. 报告与报表收集

报告与报表是项目实施过程中对项目实施状况的正式书面汇报文件,它提供了项目实施过程中绝大部分可量化的信息,是项目团队绩效评价的最主要数据来源。

2. 会议收集

人们可以通过召开会议的方式听取他人对项目实施状况的评价与意见,从而获得有关项目成员工作绩效的信息。通过会议方式所获取的信息大部分也是定性的评价,缺乏定量的分析。但由于会议可以集中大多数人的意见,因此获得的信息相对公正。

3. 现场观察

通过对项目团队成员工作情况进行的现场观察,人们可以根据其工作状态、精神集中程度、与团队成员合作情况等获取有关项目团队成员工作绩效的信息。但这种方法所获取的信息难以量化且受观察者主观影响较大,因此这种方法在项目组织管理和控制中只起辅助作用。

4. 非正式组织沟通

非正式组织沟通也是获取项目团队绩效评价信息的重要渠道,但管理者在处理这些信息时必须保持小心谨慎的态度,并客观公正地对这些信息进行审查与筛选,否则可能使管理者误入歧途。但这些信息往往不能作为项目团队绩效评价的直接依据。

二、项目团队绩效的考评与激励

项目团队的绩效考评与激励也是项目人力资源管理的一项重要工作,它是调动项目团队成员积极性和创造性的最有效的手段之一。这种绩效考评通过对项目团队成员工作绩效的评价,反映员工的实际能力及其对岗位的适应程度。这种激励是运用有关行为科学的理论和方法,对项目团队成员的需要予以满足或限制,从而激发员工的动机和行为,激励员工充分发挥自己的潜能为实现项目目标服务。

(一)项目团队绩效考评的概念

项目团队绩效考评的概念包括定义、作用和原则等多个方面,现分述如下。

1. 项目团队绩效考评的定义

这种考评是按照一定的标准,通过采用科学的方法检查和评定项目团队成员对职务或岗位所规定职责的履行程度,确定其工作成绩的一种项目人力资源管理工作。这种绩效考评以项目团队成员的工作业绩为考评对象,通过对项目团队成员绩效的评价判断其是否称职并以此作为采取激励措施的依据。这项工作的主要目的是切实保证对项目团队成员的报酬、奖励、惩罚、辞退等各项工作的科学性,所以这种绩效考评的依据和标准应该是职务或岗位说明书中给定的业绩要求。另外,应该全面考评项目团队员工的业绩、实际能力及其对职务或岗位的适应程度。

2. 项目团队绩效考评的作用

项目团队绩效考评的作用具体有三个方面:第一,这是项目团队编制和修订项目工作计划与员工培训计划的主要依据,因为只有通过绩效考评才能根据员工的实际绩效编制和修订项目工作计划和培训计划;第二,这是合理确定项目工作报酬与奖励的基础,因为通过绩效考评可以制定或修订工资报酬办法和奖励政策,并可进一步修订项目团队成员绩效标准,使它们更加符合实际;第三,这是判断员工是否称职以及给予升职、惩罚、调配或辞退的重要依据,因为绩效考评是对员工的客观反映和评价,可据此做出升职、惩罚、调配或辞退等决定。

3. 项目团队绩效考评的原则

这种考评必须遵循三项原则:一是公开原则,即项目团队要公开绩效考评的目标、标准、方法、程序和结果并接受来自各方面人员的参与和监督,这有利于项目人员认清问题和差距,找到目标和方向,以便改进工作和提高素质;二是客观与公正原则,即在制定绩效考评标准时应该客观和公正,以减少矛盾和维护项目团队的团结;三是多渠道、多层次和全方位考评的原则,因为员工在不同时间和不同场合往往有不同的表现,因此在进行绩效考评时应该多收集信息,建立多渠道、多层次、全方位的考评体系。

4. 项目团队绩效考评的内容

项目团队绩效评估的基本内容包括三个方面：其一是项目工作业绩考评，其结果反映了员工对项目的贡献大小，这一考评的主要内容有工作量的大小、工作效果的好坏以及通过改进与提高而获得的创造性成果；其二是项目工作能力评价，其结果反映了员工完成项目工作的能力，这一评价包括对基本能力、业务能力和素质的评价；其三是项目工作态度评价，这一评价的结果反映了员工对项目工作的认真程度和积极性，其内容主要包括工作积极性、遵纪守法自觉性、对待本职工作的态度和对项目团队与其他成员的热情、责任感等方面。

(二)项目团队绩效考评的程序与方法

项目团队绩效考评工作的程序和方法包括下述内容。

1. 项目团队绩效考评的程序

项目团队绩效考评工作大致需要按照以下程序进行：第一要制订考评工作计划(根据考评目的和要求，计划安排好考评的对象、考评的内容、考核的时间和考核方法等)；第二要制定评价标准和评价方法；第三要进行数据资料的收集(主要方法有工作记录法、定期抽查法、考勤记录法、工作评定法等)；第四要开展分析与评价；第五是公告并运用绩效考评的结果(把绩效考评结果反馈给员工，为人力资源决策提供依据，修订项目管理政策和进一步提高项目人员的工作效率等)。

2. 项目团队绩效考评的方法

在开展绩效考评时要根据具体项目的实际情况综合使用各种考评方法，这种绩效考评的主要方法有四种：第一种是评分表法。这种方法用一系列工作绩效的构成指标以及工作绩效的评价等级，在绩效考评时针对每人的实际工作情况进行打分，然后将得到的所有分数相加得到工作绩效的考评结果。第二种方法是工作标准法。这种方法把项目团队成员的工作与项目团队制定的工作标准相对照，评价并确定出员工的绩效。第三种方法是排序法。这种方法把一定范围内的同类员工，按照一定的标准进行评价，然后将评价结果采用由高到低，或者由低到高进行排序的方法给出项目绩效考评结果。第四种方法是描述法。这是一种使用简短的书面鉴定给出绩效考评结果的方法，这一方法的考评结果描述从内容、格式、篇幅、重点上都是多种多样的，绩效考评者需根据情况予以确定。

(三)项目团队成员激励的概念

这方面的原理已经在前面的章节中作了一些讨论，这里只是从人力资源管理的角度，对项目团队成员激励的定义、作用、原则和做法等作进一步的探讨。

1. 项目团队成员激励的含义

项目团队成员激励就是管理者通过采用各种满足员工需要的措施和手段，激发员工工作的动机,调动员工潜在的能力和创造性,从而高效地实现项目团队目标的过程。通俗地讲,激励就是激发和鼓励,就是调动人的积极性、主动性和创造性。从心理学角度看,激励就是激发人的行为动机。这是一个将外部刺激(诱因)转化为内部心理动力,激活人的动机,产生强大的推动力而驱使项目成员为实现项目团队目标而行动的过程。

2. 项目团队成员激励的作用

这种激励在项目人力资源管理中的作用有三个方面:其一是激励可以提高项目团队成员的工作效率,使项目团队成员的潜能得到最大程度的发挥,调动起员工的积极性,从而提高项目工作的绩效;其二是激励有助于项目整体目标的实现,因为激励可以协调项目团队成员个人目标和项目团队目标的一致性,提高员工工作的目的性和创造性,从而更好地实现项目目标;其三是激励有助于提高项目团队成员的素质,通过激励措施可以改变员工的行为,这种改变是学习和提高的过程,是提高项目团队成员自身素质的有效措施。

3. 项目团队成员激励的原则

在项目团队的激励工作中必须坚持激励的基本原则:一是目标原则,激励只是为鼓励项目团队成员实现组织目标的一种管理努力;二是公平原则,项目团队成员会把个人报酬与贡献比率同他人的进行比较,以判断自己是否受到公平的待遇;三是按需激励原则,激励的关键在于满足项目团队成员的实际需要,并借此使项目绩效得到提高;四是因人而异原则,项目团队成员的情况千差万别而且主导需求各不相同。因此,激励措施必须充分考虑员工各自的情况,力争通过激励提高每个项目团队成员的积极性。

(四)项目团队成员激励的方式与手段

在开展项目团队成员激励时,通常采用的激励手段有以下几种。

1. 物质激励与荣誉奖励

这是项目团队最基本的也是采用最多的一种激励手段。其中,物质激励手段包括工资和奖金等;荣誉奖励是众人或组织对个体或群体的高度评价,是满足人们自尊需要、激发人们奋力进取的重要手段。

2. 参与激励与制度激励

参与激励是指尊重员工、信任员工,让他们了解项目团队的真实情况,使其在不同层次和深度上参与决策,从而激发主人翁的精神。同时,项目团队的各项规章制度即是约束,员工遵守规章制度的过程是约束和奖励的双向激励。

3. 目标激励与环境激励

目标激励是由项目目标所提供的一种激励的力量。因为项目目标体现了项目团队成员工作的意义,所以能够在理想和信念的层次上激励全体团队员工。良好的工作和生活环境可满足员工的保健需求,同时形成一定压力推动员工努力工作,所以具有很强的激励作用。

4. 榜样激励与感情激励

榜样激励是通过满足项目团队成员的模仿和学习的需要,引导其行为达到项目团队目标的要求。感情激励是利用感情因素对人的工作积极性造成重大影响。感情激励就是加强与员工的沟通,尊重、关心员工,与员工建立平等和亲切的感情。

三、项目团队的冲突及其处理

多数人认为冲突是一件坏事而应尽量避免。然而在项目团队中,冲突是不可避免的和必然存在的,项目团队中有不同意见是正常的,甚至有时冲突对于项目团队的建设是有益的。因为冲突能让人们有机会获得新的想法,逼迫人们另辟蹊径地制定出更好的解决冲突和问题的方案。解决冲突和问题也是项目团队建设的一部分。

(一)项目团队冲突的原因

在项目工作过程中发生的冲突可能来源于各种各样的原因和情况,它涉及项目团队成员和项目各相关利益主体。项目团队冲突的几种主要来源包括工作意见方面的冲突(由于如何完成工作、做多少工作或工作以怎样的标准衡量等方面的不同意见所导致的冲突)、资源分配方面的冲突(由于分配给项目团队成员或群体的资源数量和质量不同而产生的冲突)、项目计划方面的冲突(由于对计划方法和内容的不同意见而引发的冲突)、项目预算或成本方面的冲突(由于项目预算或成本而引发的冲突)、项目团队方面的冲突(由于各种组织问题而导致的冲突)、项目团队成员个体差异造成的冲突(由于项目团队成员在个人价值观或行为方面的差异以及相互缺乏理解而产生的冲突)。

(二)项目团队冲突的处理

项目团队中的冲突不能完全靠项目经理一个人来处理和解决,而且应该由相关项目团队成员共同处理和解决。如果处理得当,冲突会带来有利的一面,因为问题被暴露出来并得到了重视与解决。如果处理不当,会对项目团队产生十分不利的影响,它能够破坏项目团队的沟通、团结与合作并降低相互信任的程度。处理项目团队冲突的主要方法有以下五种。

1. 回避或撤退

这是指让那些卷入冲突的成员撤出冲突,以避免冲突升级而形成对抗。回避与撤退可以是由冲突各方主动实施的,也可以是项目经理根据解决冲突的需要而采取的必要措施。这种处理冲突的方式虽然可以较快地解决现有冲突,但有可能造成冲突在矛盾双方心里的积聚,为日后埋下隐患。

2．竞争或逼迫

这是一种单赢的冲突解决方法，这种方法认为在冲突中获胜是解决冲突的最好办法，因此这种冲突处理方法往往是以一方的失败而告终的，所以无论结果如何，总会有一方受挫。并可能导致其工作热情的下降，甚至退出项目团队。因此，这种方法是相对激进的方法，往往会给项目团队造成较大损失。

3．调停或消除

这一方法是尽力在冲突双方中找出一致的方面，通过求同存异而消除冲突。这种方法只能缓和冲突而不能彻底解决冲突。这一方法的最大优点在于可以平稳地处理当前所存在的冲突，不会给项目团队带来动荡，但由于其无法彻底解决矛盾，因此该矛盾可能在今后一段时间内再度爆发。

4．妥协与合作

这种方法要求冲突的双方寻求一个调和折中的解决方案，使各方得到某种程度的满足，从而消除冲突。这种方法要求冲突双方做出让步和相互谅解，并为实现项目目标而继续合作。这种方法要求冲突双方从项目整体利益出发，因而这种方法不太容易实现。

5．正视冲突和解决问题

这要求团队成员以积极的态度对待冲突，并尽力找出最好的和最全面的冲突解决方案。这种方法是彻底解决冲突的方法，并且能够最大限度地消除冲突双方存在的隔阂。但这一目标的实现往往需要花费很多时间和精力，而且存在一定的风险。

除了上述方法以外，项目团队解决冲突的方法还有很多，每种方法都有其适合的环境与条件，所以并没有客观评价上述方法好与坏的标准。项目团队解决冲突的最佳方法要视冲突双方的个性、冲突的原因、冲突的性质等因素而定。但是，有一条是肯定的，即项目团队冲突的解决是项目团队建设和发展的一项重要内容。

四、项目团队的问题解决

项目实施过程中会出现这样或者那样的问题，当项目团队遇到问题时采取措施应对和解决这些问题的过程即为项目团队的问题解决。一般来说，在整个项目过程中会产生各种各样的问题，解决这些问题也是项目团队建设和发展的一项重要工作。项目团队能否有效地解决问题，不但会影响项目团队的建设和发展，而且会直接影响项目的成败。

（一）问题解决与项目团队管理

项目在实施过程中必然会遇到这样或那样的问题，但无论是什么问题，最终都必须由项目团队成员来解决。因此在遇到问题时，必须安排项目团队成员解决问题，并处理好其原有工作与解决问题之间的关系，这样才能使问题得到顺利解决。

1. 问题产生的原因

在项目实施过程中,产生问题的原因很多。从项目团队的角度,可以分为团队内部原因产生的问题和团队外部原因产生的问题两大类。第一类是由于项目团队在项目计划、实施或者控制的过程中出现偏差而使项目产生问题。第二类是由于项目团队之外的原因造成的项目问题,如项目实施过程中由于产生大量污染而带来环保方面的问题等。由于问题产生的原因不同,所以在设计解决问题的方案与计划安排时应当区别对待。

2. 问题解决与项目团队管理的关系

由于解决问题必然涉及责、权、利的再分配,因此也就必然与项目团队管理产生联系。如果在问题解决过程中,能够很好地处理项目团队成员之间的关系,则问题的出现可能更能激发团队成员齐心协力解决问题的决心,从而进一步增强团队成员之间的凝聚力;反之,若在问题出现时不能很好地管理团队成员,则可能使团队成员间产生矛盾而影响团队精神。

(二)项目团队问题解决的程序

项目团队解决问题有如下几个步骤。

1. 对问题做出准确的描述与说明

项目团队首先应该对遇到的问题做出界定和说明,明确问题的性质和内容。这种界定和说明会使参加解决问题的团队成员对问题的本质形成一致意见。对于问题的说明要尽可能具体和确切,因为对问题的界定与说明将被作为问题是否解决的判据。

2. 找出造成问题的根本原因与因素

一切已经发生或正在发生的问题都有原因,要解决问题必须先找出其根本原因所在。在项目出现问题时,项目团队常常忙于应付问题而顾不上寻找问题的原因。但是要解决问题,就需要通过分析找出问题本质原因和因素,以便从根本上解决问题。

3. 确定解决项目问题的具体方案

在找出项目问题形成的原因和因素以后,项目团队要努力提出解决问题的可行方案,然后根据可行方案的评估标准对每个可行方案进行评估,最后依据评估结果确定解决问题使用的具体方案,以便在解决问题的行动中使用。

4. 制订解决问题的工作计划安排

有了解决问题的具体方案后,就必须为实施这一方案制订计划。这种计划必须明确给出具体任务、责任、时间、行动方案、费用预算和应急办法等要素,解决问题的行动计划一定要与项目全面计划有机地结合起来,防止引起其他问题。

5. 实施解决问题的行动方案和计划

在选定解决问题的具体方案并编制出解决问题的工作计划以后,就可以安排相应的项目团队成员去实施解决问题的具体方案和计划了。在实施的过程中,要组织好各种资源,安排好各方面的工作,并合理地分工合作,以便使问题得以彻底解决。

6. 判断问题是否得以解决

在解决问题的方案实施以后,还必须判断问题是否得到真正的解决。这时的项目团队需要用到关于问题的界定与说明,并把实施解决问题方案的结果与这些问题的界定和说明描述相比较。如果已经没有原来界定和描述的问题症状和情况了,就可以认定问题已经解决了。

 **小 结**

本章较系统地阐述了项目人力资源管理的相关知识。首先描述了项目人力资源管理的含义和特点,其次介绍了人力资源的计划过程的主要工作以及项目团队人员的科学配置问题,最后提出了项目团队的建设和项目团队的开发方法与技巧。

 **思考题**

1. 你认为项目人力资源管理与一般日常运营中的人力资源管理有什么区别?
2. 项目人力资源管理与项目时间、成本与质量管理是什么关系?为什么?
3. 项目人力资源管理与其他资源的管理有什么区别?各自有什么用途?
4. 从管理学的角度说明项目人力资源管理中激励的特性和作用。
5. 你认为应该如何解决项目团队中的冲突?

 **案例分析**

项目人员管理的困惑

公司里招进两个应届毕业生——小李和小赵,这两个新人之前在技术主管老王的手下工作,三个人天天在一块,疯狂加班,但是由于管理不善,出的成果非常少。最近,公司高层为了改善项目绩效,将小李和小赵分配给经理老张进行培训和管理,但新人的工作内容基本不改变。

老张经常在工作上指导属下,并主张有目的的、有效率的去沟通和工作,而不是通过疯狂加班等疲劳战术来做事情,而且安排和分配工作的时候,尽量考虑个人水平和能力,不让工作负荷过大。

但是目前的情况是小李和小赵经常一下班就跑了,虽然事情往往没有完成,而且一般都是和之前老王的工作混在一块。

老张感觉比较郁闷,因为:对于之前的主管老王,虽然事情没有完成,但是至少是在努力工作,态度上很正确;可对于自己,事情既没有完成,也不愿意多花些时间来完成工作。

面对目前的状况,老张要采取什么措施来尽快改善?

第十章　项目沟通管理

　　人的因素是一个项目成功的关键所在,再简单的项目也不可能由一个人来完成。而在一个群体中,要使每一个群体成员能够在共同的目标下协调一致地努力工作,就绝对离不开组织协调和沟通。沟通和协调是管理行为中最重要的职责之一。

第一节　项目的协调

一、项目协调的意义

　　项目在执行过程中会涉及很多方面的关系,中小型项目常有几十家单位,大型项目会涉及几百家单位甚至几千家单位,矛盾是不可避免的。协调作为管理的一项重要职能,其目的是使项目组织系统结构均衡,把矛盾的各方面居于统一体中,有效地解决分歧和冲突,求同存异,齐心协力,保证项目的顺利实施,以实现预期的目标。

　　项目实施周期长,只有处理好项目内外的大量复杂关系,才能保证项目目标的实现。因此,项目的协调管理对项目目标的实现具有以下重要意义:一是调动各方工作人员的积极性;二是提高项目组织的运转效率;三是为项目的实施创造更为有利的条件。

二、项目协调的内容

　　项目协调的内容大致可以分为以下几个方面:

　　(1) 人际关系的协调,包括项目组织内部的人际关系、项目组织与关联单位的人际关系。人际关系的协调主要解决人员之间在工作中的联系和矛盾。

　　(2) 组织关系的协调,主要解决项目组织内部的分工与配合问题。

　　(3) 供求关系的协调,包括项目实施中所需人力、资金、设备、材料、技术、信息的供应,主要通过协调解决供求平衡问题。

　　(4) 配合关系的协调,包括施工单位、建设单位、设计单位、分包单位、供应单位、监理单位之间在配合关系上的协调和配合,以达到齐心协力的目的。

(5) 约束关系的协调,主要是了解和遵守国家及地方在政策、法规、制度等方面的制约,求得执法部门的指导和许可。

三、项目协调管理的范围

把项目作为系统,则协调的范围可分为系统内部的协调和系统外部的协调。项目外部协调管理又分为近外层协调与远外层协调。项目与近外层单位一般建有合同关系,与远外层关联单位一般没有合同关系。施工、设计、监理、建设、供应等单位之间均为近外层关系,与其余单位(政府部门、金融组织与税收部门、现场环境单位等)均为远外层关系。

(一)项目管理的内部关系协调

(1) 项目内部人际关系的协调。这种协调指项目经理与其下属的关系、职能人员之间的关系等。协调这些关系主要靠执行制度,坚持民主集中制,做好思想政治工作,充分调动每个人的积极性。要用人之所长、责任分明、实事求是地对每个人的绩效进行评价和激励。在调解人与人之间的矛盾时要注意方法,重在疏导。

(2) 项目内部组织关系的协调。项目中的组织形成系统,系统内部各组织部分构成一定的分工协作和信息沟通关系。组织关系的协调,要靠组织运转正常,发挥组织能力的作用。

(3) 项目内部需求关系的协调。项目运作需要资源,因此资金、劳动力、材料、机械设备、动力等需求,实际上是求得项目的资源保证。需求关系协调就是要按计划供应,抓重点和关键,健全调度体系,充分发挥调度人员的作用。

(二)项目管理组织与外层关系的协调

1. 与近外层关系的协调

项目的近外层关系,包括与业主单位的关系、与监理单位的关系、与设计单位的关系、与供应单位的关系、与公用部门的关系等。这些关系都是合同关系或经济关系,应在平等的基础上进行协调。

2. 与远外层关系的协调

项目与远外层的关系,包括与政府部门的关系、与金融组织的关系、与税收部门的关系、与现场环境单位的关系等。这些关系的处理没有定式,协调更加困难,应按有关法规、公共关系准则、经济联系规定处理。

四、项目协调的技术

项目的协调管理在整个项目的目标设计、项目定义、设计和计划、实施控制中起着十分重要的作用,协调作为一种管理手段贯穿项目的始终。在项目实施的过程中,项目经理是协调管理的中心和沟通的桥梁。在各种协调中,组织协调具有独特的地位,它是使其他协调有效的保证,只有通过积极的组织协调,才能实现整个系统全面协调的目的。项目协调技术主要包括激励、交际、批评、会议与会谈、报表计划与报告技术等。

(一)激励

在管理心理学中,激励是一种刺激,是促进行为再发生的手段。在项目管理工作中,要调动起各级工作人员的积极性,首先要取得各级人员的合作,其有效的做法是真诚地、主动地爱护下属人员。这里主要指表扬、正面评价等。

(二)交际

项目管理中项目经理与有关人员的交际方式有文字沟通(书信、便条)、语言沟通(包括体态语言)等。

(三)批评

项目经理要掌握好批评的分寸。

(四)会议和会谈

会议是协调和指导项目活动的重要工具。成功的会议依赖于如下因素:会议的目标、任务和时间的安排、会议的程序、议事清单和会议记录、会议的物质准备。

(五)报表计划与报告技术

项目经理应随时了解项目的进展情况,业主也要求定期通知项目的进展情况。因此,每个项目均应编制报表计划。其中要确定由谁向谁报告、报告的内容(信息、范围等)、报告的周期。

对报表的要求,首先要满足业主的需要;其次才是满足项目经理指挥工作的需要。项目经理必须确定到底需要传递和交流哪些信息。

第二节 项目沟通管理

一、沟通的概念和模式

沟通是一种人与人之间传递信息的活动过程。人在社会上生存,不可能不与其他人进行沟通。沟通是组织协调的手段,是解决组织成员间障碍的基本方法。组织协调的程度和效果常常依赖于各项目参加者之间沟通的程度。通过沟通,不但可以解决各种协调的问题,而且可以解决各参加者心理的和行为的障碍。

(一)沟通的基本模式

沟通的基本模式是:谁向谁说了什么而产生了效果。根据这个模式,有三个沟通要素被认为会对信息的效果产生重要影响:沟通者(communicator)、内容(content)、接受者(receiver)。

1. 沟通者

对任何沟通效果而言,信息发送者都是很关键的。沟通的信息发送者所发送的信息源的可信赖性、意图和属性都很重要。研究的证据表明,对沟通的反应常受到以下暗示的重要影响:沟通者的意图、专业水平和可信赖性。

2. 内容

影响沟通效果的另一个重要因素就是信息的内容。信息的内容可以用两种方法构筑出来。

(1)利用情感诉求

总体来看,现有的证据表明,当听众中的情感强度上升,对沟通者所提建议的接受程度并不一定相应地上升。对任何类型的劝说性沟通而言,这种关系更可能是曲线型的。当情感强度从零增至一个中等程度时,接受性也增加;但是情感强度再增强至更高水平时,接受性反而会下降。这就表明,情感强度在高与低的两头时都可能有钝化的作用,中等情感强度是最有效的。然而,在现实中,对某信息应施用多少程度的情感诉说还要靠主观判断。

(2)沟通信息内容可构筑在理性诉求的基础之上

有一个研究报告给出以下建议,在劝说型的沟通中,通常明确地给出结论比让听众自己得出结论更为有效,特别是听众一开始不同意评论者主张的时候更应如此。

3. 接受者

接受者是沟通中的第三个重要因素。个人的个性及他所处的群体都很重要,个人所处的社会群体也会对沟通产生重要的影响,特别是当这种沟通违背这个群体的文化惯例时,表现尤为强烈。

(二)组织部门沟通与人际沟通

1. 组织部门沟通

组织部门沟通是指项目组织各个部门之间的信息传递。关于组织内部的信息沟通有正式渠道和非正式渠道。正式渠道是指组织内部按正规方式建起来的渠道、信息既可以从上级部门向下级部门传递(如政策、规范、指令),也可以从下级部门向上级部门反映(如报告、请求、建议、意见),还可以是同级部门之间的信息交流。非正式渠道由组织内部成员之间因彼此的共同利益而形成的。这些利益既可能因工作而产生,也可能因组织外部的各种条件而产生。通过非正式渠道传递的信息有时经常会被曲解,而与正式渠道相矛盾,有时又会成为正式渠道的有效补充。

2. 人际沟通

人际沟通就是将信息从一个人传递给另一个人或多个人,同时也包括人与人之间的相互理解,如项目经理与团队成员之间的沟通。人际沟通不同于组织部门的沟通,比如,人际沟通主要通过语言交流来完成,并且这种沟通不仅仅是信息的交流,还包括感情、思想、态度等的交流。并且,人际沟通的障碍还有一个特殊的方面,就是人所特有的心理。因此,对人际沟通,要特别注意沟通的方法和手段。

二、沟通的重要性

(一)沟通是项目决策和计划的基础

项目管理班子要想制订科学的计划,必须以准确、完整和及时的信息作为基础。通过项目内外部环境之间的信息沟通,就可以获得众多的变化的信息,从而为科学计划及正确决策提供依据。

(二)沟通是项目组织和控制的依据和手段

项目管理班子没有良好的信息沟通,就无法实施科学的管理。只有通过信息沟通,掌握项目班子内各方面的情况,才能为科学管理提供依据,从而有效地提高项目班子的组织效能。

(三)沟通是建立和改善人际关系的必需条件

信息沟通、意见交流,将各个成员组织贯通起来,成为一个整体。信息沟通是人的一种重要的心理需要,是人们用以表达思想、感情和态度的手段。畅通的信息沟通,可以减少人与人之间不必要的冲突,改善人与人之间、组织之间的关系。

(四)沟通是项目经理成功领导的重要措施

项目经理通过各种途径将意图传递给下级人员并使下级人员理解和执行。如果沟通不畅,下级人员就无法正确理解和执行项目经理的意图,从而无法使项目顺利地进行下去,最终导致项目管理混乱甚至失败。因此,只有提高项目经理的沟通能力,项目成功的把握才会比较大。

三、沟通的方式

(一)书面沟通和口头沟通

书面沟通就是以书面形式进行信息的传递和交流,如通知、文件、报刊、备忘录等。其优点是可以作为资料长期保存,反复查阅。口头沟通就是通过口头表达进行信息交流,如谈话、游说、演讲等。其优点是灵活,速度快,双方可以自由交换意见,且传递消息较为准确。

（二）言语沟通和体语沟通

言语沟通是利用语言、文字、图画等进行信息的传递和交流,其优点是简洁明了,通俗易懂。体语沟通是利用动作、表情姿态等非语言方式进行的,其优点是一个动作、一个表情、一个姿势就可以向对方传递某种信息。

（三）上行沟通、下行沟通和平行沟通

上行沟通是指下级的意见和建议向上级反映。项目经理应鼓励项目成员积极反映情况,只有上行沟通渠道畅通,项目经理才能真正掌握全面情况、正确决策。上行沟通包括两种形式:一是逐级传递,即根据最初制定的组织活动原则逐级向上级反映;二是越级反映,即减少中间层次,让项目最高决策者与一般组织成员直接沟通。

下行沟通是指项目经理对组织成员进行的自上而下的信息沟通。如项目经理将项目目标、计划方案等传达给组织成员,对组织面临的一些具体问题提出处理方案。

平行沟通是指组织中各平行部门之间的信息交流。在项目运行过程中,经常会在各部门之间发生矛盾和冲突,其中很大一个原因就是部门之间的信息沟通不灵。平行沟通渠道的畅通可以有效地减少部门之间的冲突。

（四）单向沟通和双向沟通

单向沟通是指信息发送者与接收者之间,一方只发送信息,另一方只接收信息。双方无论在感情上还是在语言上都不需要做出信息反馈,如发布指令、作报告等。这种方式,信息传递速度快,但信息的客观性较差,容易使接收者产生抗拒心理。

双向沟通是指信息发送者和接收者之间交换信息,发送者以协商和讨论的姿态面对接收者,信息发出以后还需要及时听取对方的反馈意见,必要时双方可进行多次信息往来,直到双方共同明确和满意为止,如交谈、协商等。这种方式可以提高信息的准确性,产生平等参与感,双方可以充分了解彼此的意图,从而增加双方的自信心和责任感。但是,有时因为沟通的双向进行,信息的传递速度也较慢。

（五）正式沟通和非正式沟通

正式沟通是指通过项目组织明文规定的渠道进行信息传递和交流的方式。如组织规定的会见制度、会议制度、报告制度和组织之间的公函往来。这种方式,信息可靠性强,有较强的约束力;但信息传递要通过多个层次,速度较慢,且有些信息不适宜通过此方式沟通,如组织成员对项目经理的意见等。

非正式沟通是指在正式沟通渠道之外进行的信息传递和交流,如员工之间的私人交谈、小道消息等。这种方式,沟通方便,且能沟通一些在正式沟通中难以获得的信息,但沟通的信息容易失真。

四、沟通的原则

(一) 准确性原则

当信息沟通所用的语言和传递方式能被接收者所理解时,这才是准确的信息,这个沟通才具有价值。沟通的目的是要使发送者信息准确地被接收者理解,这看起来似乎很简单,但在实际工作中,常会出现接收者对发送者非常严谨的信息缺乏足够的理解的情况。信息发送者的责任是将信息加以综合,无论是笔录或口述,都要求用容易理解的方式表达。这就要求发送者有较高的语言或文字表达能力,并熟悉下级、同级和上级所用的语言。这样,才能克服沟通过程中的各种障碍,而对表达不当、解释错误、传递错误给予澄清。

当然,在注意了准确性原则之后,沟通并不一定能正常进行。这是由于要注意的信息太多,而人的注意力有限,所以接收者必须集中精力,克服思想不集中、记忆力差等问题,才能对信息有正确的理解。

(二) 完整性原则

当项目经理为了达到组织目标,而要实现和维持良好的合作时,与员工之间就要进行沟通,以促进他们的相互了解。在管理中进行沟通只是手段不是目的。这项原则一个特别需要注意的地方就是,信息的完整性部分取决于项目经理对下级工作的支持。项目经理位于信息交流的中心,应运用这个中心的职位和权力,起到这个中心的作用。但在实际工作中,有些项目经理往往忽视了这一点,越过下级主管人员而直接向有关人员发指示、下命令,使下级主管人员处于尴尬境地,并且违反了统一指挥的原理。如果确实需要这样做,则上级主管应事先同下级主管进行沟通,只有在时间不允许的情况下,例如,紧急动员完成某一项任务,下令撤离某一个危险场所等,采用这种方法才是必要的。

(三) 及时性原则

在沟通的过程中,不论是项目经理向下级沟通信息,还是下级主管人员或员工向项目经理沟通信息,除注意到准确性原则、完整性原则外,还应注意及时性原则。这样可以使组织新近制定的政策、组织目标、人员配备等情况尽快得到下级主管人员或员工的理解和支持,同时可以使项目经理及时掌握其下属的思想、情感和态度,从而提高管理水平。在实际工作中,信息沟通常因发送者不及时传递或接收者的理解、重视程度不够,而出现事后信息,或从其他渠道了解信息,使沟通渠道起不到正常作用。当然,信息的发送者出于某种意图,而对信息交流进行控制也是可行的,但在达到控制目的后应及时进行信息的传递。

(四)非正式组织策略性运用原则

这一原则的性质就是,只有当项目经理使用非正式的组织来补充正式组织的信息沟通时,才会产生最佳的沟通效果。非正式组织传递信息的最初缘由,是出于一些信息不适合于由正式组织来传递。所以,在正式组织之外,应该鼓励非正式组织传达并接收信息,以辅助正式组织做好组织的协调工作,共同为达到组织目标做出努力。

一般来说,非正式渠道的消息对完成组织目标也有不利的一面。小道消息盛行,往往反映了正式渠道的不畅通。因而,加强和疏通正式渠道,在不违背组织原则的前提下,尽可能地通过各种渠道把信息传递给员工,是防止那些不利于或有碍于组织目标实现的小道消息传播的有效措施。

五、沟通的艺术和障碍

(一)沟通的艺术

沟通不仅仅是简单地信息传递,也是一种对资源的控制。恰当的沟通会提高双方的工作积极性,双方都需要知道和理解,所以沟通是需要讲究艺术的。一般来说,整个沟通过程需要经过以下几个步骤:通盘考虑你所期望实现的问题—决定你沟通的方式—想办法引起对方与你沟通的兴趣—鼓励和支持对方与己方的沟通—想方设法获得对方的支持。

另外,沟通还需要注意技巧:允许得到各种不同形式的反馈;建立多种沟通渠道,重视双向沟通;尽量面对面地沟通;敏感地判断对方对于己方的沟通的敏感程度;察言观色、随机应变地改变沟通的方式;选择适当的场合和时间进行沟通;使用简单的语言和平易近人的语气;如果获得对方的支持,则在后来的行动中要努力实现承诺。

(二)沟通的障碍

沟通中的第一类障碍主要是有关信息发送者的;第二类主要是有关信息传递的;第三类则主要是有关信息接收者的。

1. 缺少沟通的计划

良好的沟通不是偶然得来的。人们往往是在事先对表达某个信息的目的未经思考、计划或说明的情况下就开始说话或写作了。但是,如果能说明下达指示的理由、选择最恰当的渠道和适宜的时机,就能大大提高对信息的理解,从而减少抵制变动的阻力。

2. 未加澄清的假设

一个常被忽视但却很重要的问题是在沟通的信息中没有传递它所依据的基本假设。未予以澄清的假设,无论责任在谁,都会引起混乱和徒伤感情。

3. 语意曲解

有效沟通的另一种障碍可以说是语意曲解。这种曲解可能是故意的,也可能是无意的,有些词也会引起不同的反应。对有些人来说,"政府"这个词可能意味着干涉、财政赤字,但对另外一些人来说,它可能意味着帮助、平等和正义。

4. 信息表达不佳

一个想法在信息发送者的脑子里不论多么清楚,但在表达时,仍然可能受到用字不当、用字遗漏、条理不清、语序紊乱、陈腔滥调、生造术语、意思不全等毛病的影响。这种表达不清和不准的毛病造成的损失可能很严重,但这只要在表达信息时多加小心就能避免。

5. 信息传递时的损失和遗忘

信息从一个人到另外一个人的接连多次的传递之后,就会变得越传越不准确。因此,组织往往使用多种渠道来传递同一个信息。健忘则是信息传递中另一个严重的问题。例如,某项研究发现,员工们只能记住接收信息的50%,而主管人员则只能记住60%。这一数据充分说明了对一个信息有必要反复地传递和使用多种渠道传递。

6. 听而不闻和判断草率

天底下的人是言者多闻者少。每个人大概都见到过,有些人喜欢在别人谈话当中突然插进一些不相干的话题。原因之一是这些人脑子里正在想着自己的问题,如维护他们"以我为中心"的地位,或者使别人对自己有个好印象,等等,而根本没在听别人的谈话内容。

聆听别人谈话需要注意力集中和自我约束。也就是说,要避免过分急于对别人的谈话作评价,一般的倾向是急于对别人的谈话作判断,表示赞同或反对,而不是设法了解谈话者的基本观点。然而,不带评判地聆听别人的谈话有时却能提高组织的效能。以认真的态度聆听别人的谈话能够减少组织生活中常见的烦恼,并能导致较好的沟通。

7. 猜疑、威胁和恐惧

猜疑、威胁和恐惧都会破坏沟通。在这种气氛下,人们对任何信息都会持怀疑态度。猜疑可能是由上级行为的矛盾所造成的,也可能是由下属过去曾因诚实地向上级报告了不利的但却是真实的情况而受到惩罚的教训所造成的。同样,在威胁(不论是真实存在的还是想象的)面前,人们一般是多保留、处处防卫和谎报情况。为此,需要营造一种信任的气氛,这样才有助于真实的信息得以畅通地流动。

8. 缺乏适应变化的时间

正如沟通的含义所示,沟通的目的常常是为了引起一些变化,而这又可能对员工有重大影响,如工作的时间、地点、工种、工作顺序的变化,或者是小组的组成和所用技术的变化等。有些沟通的目的则旨在必须作进一步的训练、职业调整或职位安排等的变化。变化以不同的方式影响着人们,而这可能需要花相当一段时间才能充分认识到某个信息的含义。因此,为了讲究效率,绝不应该在人们能够适应变化的影响之前,就强制变革。

第三节　项目冲突管理

冲突就是项目中各因素在整合过程中出现的不协调现象。冲突管理就是项目管理者利用现有的技术方法,对出现的不协调现象进行处置或对可能出现的不协调现象进行预防的过程。

一、项目冲突类型

(一)项目组织部门之间的冲突

项目组织部门之间由于各种原因而发生的对立情形包括以下几种类型:

(1)纵向冲突。这是指组织中通过纵向分工形成的不同层次间的冲突,也就是上级部门与下级部门之间的冲突。如董事长与总经理、总经理与项目经理之间的冲突,这些冲突可能是由于下级部门的"次级目标内化"造成的,也可能是上级部门对下级部门监督过于严格造成的;可能是由于缺乏交流造成的,也可能是掌握的信息不同而导致认识上的差异(误会)造成的。

(2)横向冲突。这是指组织中通过横向分工形成的不同职能部门间的冲突,也称为功能冲突。组织中的工作人员往往因为各自所执行的职能不同,表现出一定的差异,如不同部门的人员对事件的看法就不一样,不同部门中的人际关系复杂程度也不一样,所以,极易导致功能冲突。其产生的原因关键在于过分强调本部门的目标,忽略了对其他部门和组织整体的影响。

(3)指挥系统与参谋系统的冲突。参谋人员经常抱怨,己方被要求理解指挥人员的需要,给他们建议,但指挥人员往往会忽略参谋人员的存在。也就是说,参谋人员的成功必然依赖于指挥人员接受己方的建议,但是指挥人员并不一定需要参谋人员的建议。这种不对称的相互依赖关系是两者产生冲突的主要原因。

(二)项目成员的角色冲突

有的项目成员在项目中可能同时扮演多种角色,角色冲突通常在一个人被要求扮演两种或两种以上的不一致的、矛盾的或相互排斥的角色时发生。一个典型的处于角色冲突之间的职位就是工头,工头经常面临作为上级领导和作为下属两种不同的角色要求。一般来说,角色冲突的类型包括如下几点。

(1)同一指令的矛盾要求。这是指同一个指令者要求角色接受者同时充当两种或两种以上的矛盾的或不一致的角色。如要求下属做在不违反规定的情况下无法完成的工作,但同时又要严格维护规定。

（2）来自不同指令者的矛盾要求。这是指当不同的指令者对同一个指令接收者的行为要求不一致时，指令接收者就很难做出选择。

（3）个人充当不同角色的矛盾。当个人同时充当了两种或两种以上的角色，而且两种角色的期望不一致时，就会出现冲突。从某种意义上来说，这一类冲突是由于资源有限引起的。

（4）角色要求与个体之间的矛盾。当角色的要求与个人的能力、态度、价值观或行为不一致时，就会出现这类冲突。这可能是个人的能力超过了角色要求而出现的要求不足，也可能是由于角色要求过度而出现的一种情况。

二、项目中常见的冲突

（一）项目进度冲突

围绕项目相关人物的时间确定、次序安排和时间计划会产生不一致。这主要是因为项目经理对这些部门只有有限的权力而发生。比如，当项目团队需要本公司中其他团队来完成项目中某些辅助任务时，由于项目经理不易控制其他团队，这便导致项目进度不能如期推进。又如，当项目经理把项目的若干子项目承包给分包商完成时，也会发生类似的情形。这类冲突的强度最大。

（二）项目优先权的冲突

项目参加者经常对实现项目成功和完成应该执行的活动和任务的次序有不同的看法。优先权冲突不仅发生在项目管理班子与其他支持队伍之间，在项目管理班子内也有发生。这种冲突之所以经常发生，是因为项目组织对当前的项目实施没有经验，因此项目优先权的形式与最初的预测相比就有可能发生一定的变化。当已经建立一定时间计划和工作方式的其他合作方被这一变化所困扰时，优先权问题往往就发展成为冲突。

（三）人力资源的冲突

对来自其他职能部门或参谋部门人员的项目管理班子而言，围绕着用人会有冲突，当人员支配权在职能部门或参谋部门的领导手中时仍要求使用这些人员就会带来冲突。项目经理们常在这方面感到为难，当项目组织需要某方面的专业人才，而职能部门难以调配时，人力资源冲突随即发生。

（四）技术意见和性能权衡的冲突

通常，支持项目的职能部门主要负责技术标准和性能标准，而项目经理主要负责费用、时间计划和性能目标。因为公司的职能部门通常只对项目部分负责，所以它们可能不具备整个项目管理的全局观。职能部门常常会把技术问题推给项目经理来决定，而项目经理会因为费用或时间计划的限制而必须否决技术方案。

(五)管理程序的冲突

这包括可能发生于项目经理权力职责、报告关系、管理支持、状况审查、不同项目团队间或项目团队与协作方合作上的冲突。其中,项目经理如何发挥作用、如何与公司的高级管理层接触是管理冲突最主要的部分。

(六)项目成员的个性冲突

虽然大多项目经理认为,成员的个性冲突的强度也许不如其他冲突那么高,但它却最难解决。个性冲突往往也会被沟通问题和技术争端所掩盖。比如,一个项目成员在技术方案上可能坚持与项目经理不一致的意见,但真正的争端却是个性间的相互冲突(故意作对)。

(七)费用的冲突

费用冲突往往体现在费用估算上。像时间计划一样,成本费用经常是项目管理目标能否完成的度量标准。当项目经理与其他部门磋商,让该部门完成项目的一些任务时,费用冲突经常就会发生。由于紧张的预算限制,项目经理希望尽量减少费用,但实际执行者都希望项目在预算中扩大他的那一部分。另外,技术问题(技术更新改造)和进度的调整也会引起费用的增加,从而引起冲突。

三、项目冲突处理

(一)处理冲突的方式

常见的项目冲突处理方式包括:

建立公司范围内的冲突解决政策与程序。但是,这种方式可能会忽略各个不同项目之间的差异,试图用相同的办法解决不同的冲突,无法做到具体情况具体分析。

预先建立项目冲突解决程序,通常通过使用线性责任图来拟定冲突解决程序。

当项目经理和职能经理中间有冲突时,希望利用他们共同的上级能在维护公司最大利益的基础上解决他们的冲突。但是,这种方式无法解决项目经理负责的低一级的冲突。

(二)冲突的管理模式

冲突的管理包括五种模式。

1. 回避

回避主要指有意忽略冲突并且希望冲突尽快解决,以缓慢的程序来平息冲突,以沉默来避免面对面的冲突,以官僚政策作为解决冲突的方式。这种模式适用于以下情况:当冲突微不足道且有更重要的问题等待解决时;当知道毫无机会可满足所关心的事时;当潜在的分裂超过解决所带来的利益时;当收集资料比立刻决定更重要时;当需要冷静重新认识整个事态时。

2. 妥协

妥协主要指谈判、寻求交易、寻找满意或可接受的解决方案。这种模式适用于如下情况:当目标明显但不值得努力,有瓦解的趋势时;当势均力敌的对手致力于相互排斥目标时;当时间成本很大时;当合作与竞争都不成功时。

3. 竞争

竞争主要指产生输赢,敌对竞争,利用权威以达成目的。这种模式适用于如下情况:快速、决定性的行为是必需的,如紧急事件;强制重要但执行不受欢迎的行为,如减少成本;当知道己方是正确时,如有关公司福利的重要议题;对抗那些利用非竞争行为的人。

4. 迎合

迎合主要指强迫服从、让步、顺从。这种模式适用于如下情况:当发现己方错误时,并愿意虚心改正;当议题对别人比己方重要时,保持合作态度满足别人;将损失减到最低;允许下属从错误中学习。

5. 合作

合作主要指解决问题的姿态,面对差异且分享意念与知识,寻找完整的解决方案,寻找双赢的局面,视问题与冲突为挑战。这种模式适用于如下情况:当双方所关心的事很重要,以致不能妥协时,寻求一个整合的解决方案;当目标很确定时,吸纳那些与己方有不同看法的见识。

 **小 结**

本章分为三大部分:协调、沟通管理和冲突管理。首先阐述了项目协调的意义、内容、范围、技术。其次介绍了沟通的概念和模式、沟通的重要性、沟通的方式、沟通的原则、沟通的艺术和障碍。最后介绍了项目冲突类型、常见的冲突以及项目冲突处理方法。

 **思考题**

1. 什么是沟通?项目沟通主要有哪几种方式?

2. 项目沟通时应注意哪些技巧?怎样克服心理障碍?

3. 冲突一般包括哪些类型?最普遍的解决方法有哪些?

4. 在解决项目冲突问题过程中,项目经理应当发挥什么作用?

 案例分析

新晋项目经理该如何处理项目沟通问题

A公司是由信管网投资建立的致力于为教育行业提供信息技术咨询、开发、集成的专业应用解决方案提供商,在"数字化校园"领域具有多年的研发经验和相当数量的成功案例。经过长时间的使用和改进,系统已经日趋成熟,获得了用户的信赖。目前通过和有关银行的合作,综合考虑了学校的需求,为"数字化校园"推出了软、硬件结合的"银校通"完整解决方案。

半个月前,A公司和u大学合作建设的"银校通"项目正式立项。由于A公司已有比较成熟的产品积累,项目研发工作量不是特别大。张工被任命担任该项目的项目经理,主要负责项目管理和用户沟通等工作。张工两个月前刚从工作了五年时间的B公司辞职来到A公司,由于B公司主要从事电子政务信息系统的集成,故张工在"数字化校园"的业务方面不是特别熟悉。

项目组成员还包括李工、小王、两名程序员和一名测试人员,李工主要负责项目中的技术实现,小赵和小高两名程序员主要负责程序编码工作,小王负责项目文档的收集和整理。在A公司,李工属于元老级的人物,技术水平高也是大家公认的,但李工在过去作为项目经理的一些项目工作中,经常由于没有处理好客户关系为公司带来了一些问题。小王的工作虽然简单但是格外繁重,因而多次向张工提出需要增派人员,张工也认为小王的工作量过大,需要增派人手,因此就此事多次与公司项目管理部门领导沟通。但每当项目管理部门就此事向李工核实情况时,李工总是说小王的工作不算很多,而且张工的工作比较轻松,让张工帮助下小王就可以了,不需要增派人员。

因而项目管理部门不同意张工关于增加项目组成人员的建议。张工得到项目管理部门意见反馈后,与李工进行了沟通,李工的理由是张工的工作确实不多,总是帮别人提意见,自己做得不多。所以李工认为张工有足够时间来帮助小王完成文档工作。张工试图从岗位责任、项目分工等方面对李工的这个误解进行解释,又试图利用换位思维的方法向李工说明真实情况,但李工依旧坚持自己的看法,认为张工给自己的工作太少。

问题:

(1) 什么是项目沟通管理中的沟通渠道,沟通渠道与沟通复杂性的关系怎样,试根据沟通渠道的计算公式计算该项目小组内部沟通渠道的数量。

(2) 分析该项目中存在的主要项目管理问题,并针对问题提出建议。

(3) 请结合你本人的实际经验,就软件项目中如何改进项目沟通提出实质性的建议。

第十一章　项目风险管理

项目的立项、分析、研究、设计和计划活动都是基于对未来情况预测基础上的,但在实际实施以及项目运营过程中,这些因素都有可能发生变化,产生不确定性。这些事先不能确定的内部的和外部的干扰因素即为风险。通常,风险大的项目也同时具有较高的盈利机会,所以风险控制能够获得非常好的经济效果。同时,控制风险有助于竞争能力的提高和管理者素质与管理水平的提高。

第一节　概　述

一、项目风险管理的有关概念

(一)项目风险的概念

项目的立项、各种分析、研究、设计和计划都是基于对未来情况(包括政治、经济、社会和自然等各方面)预测基础上的,基于正常的、理想的技术、管理和组织之上的。而在实际实施以及项目的运行过程中,这些因素都有可能发生变化。这些变化会使得原订的计划、方案受到干扰,使原定的目标不能实现。这些事先不能确定的内部的和外部的干扰因素,人们将它称为风险。风险是项目系统中的不可靠因素。

风险在任何项目中都存在。项目作为集合经济、技术、管理、组织各方面的综合性社会活动,它在各个方面都存在着不确定性。这些风险造成项目实施的失控现象,如工期延长、成本增加、计划修改等,最终导致工程经济效益降低,甚至项目失败。而且现代项目的特点是规模大、技术新颖、持续时间长、参加单位多、与环境接口复杂,可以说在项目实施过程中危机四伏。许多领域,由于它的项目风险大,危害性也大,如国际工程承包、国际投资和合作,所以被人们称为风险型事业。在我国的许多项目中,由风险造成的损失是触目惊心的。但风险和机会同在,通常只有风险大的项目才能有较高的盈利机会,所以风险是对管理者的挑战。风险控制能获得非常高的经济效果,同时它有助于竞争能力的提高、素质和管理水平的提高。所以,在现代项目管理中,风险的控制问题已成为研究的热点之一。

(二)项目风险的特征

项目建设活动是一项复杂的系统工程。项目风险是在项目建设这一特定环境下发生的。项目风险与项目建设活动及内容紧密相关;项目建设风险及风险分析具有复杂系统的若干特征;研究项目风险及风险分析的系统特征不仅能深入地认识项目风险的特殊性,而且也是大型项目建设风险分析与管理的基础。

项目总体风险是由相互作用甚至是相互依存的若干项目子风险按一定规律复合而成的。风险分析的目的就是要通过对项目风险的特殊性进行分析,然后辨识各子风险,分析其作用关系、作用途径、各子风险的复合规律,从而对项目风险进行评价、控制与管理。

1. 项目风险分析的系统特征

项目风险与风险分析具有如下系统特征。

(1)整体性与叠加性。任何一种项目风险的产生都将对项目总目标产生不同程度的影响,项目总风险是各子风险的叠加与复合。

(2)相关性。项目风险之间存在着相互依存、相互制约的关系,它们通过项目建设特定的环境和各种可能的途径进行组合,形成特殊的复合风险。项目风险的相关性使项目风险的作用、发生及损失程度的变化极其复杂。从某种程度上说,项目风险分析的重点之一就是研究项目风险的相关结构及变化规律。在大型项目建设中,风险的相关性主要体现在以下几个方面:

一是因果相关。指一个风险的发生导致另一风险的发生。如在大坝土石围堰施工中,通常认为气候是影响围堰施工进度的直接原因。因此,气候风险与围堰施工进度风险是现实因果的相关关系。

二是共同前提相关。指各项目风险共同地依存于同一前提条件。一般而言,在项目施工中,施工质量风险与施工安全事故风险共同依存于承包商的能力。即承包商能力强、素质好、管理水平高,施工质量风险与安全事故风险就小;反之,施工质量风险与安全事故风险就大。

三是复合后果相关。项目复合风险有时并不简单地呈现线性叠加,各单一风险的联合作用往往导致颇为意外的结果。如在汛期,当洪水位接近正在施工的围堰顶面高程时,上游巨大漂浮物体对围堰冲撞风险损失远远大于相应水位的洪水和漂浮物体冲撞围堰分别作用时产生的风险损失。

四是相互依存性。项目风险之间有时存在着相互依存、相互作用、互为条件的相关关系。

(3)结构性。项目结构特征及项目建设活动决定了项目风险的结构性。由于项目结构及项目实施活动具有层次性,就整体来说,项目风险也具有结构层次性。

（4）动态性。大型项目风险与风险分析的动态性具有如下三个方面的特点：第一，项目风险随项目建设进程的发展依次相继出现。第二，风险分析与风险管理具有较为明显的阶段性。一般地，项目风险分析可分为明确问题、辨识风险阶段，风险对策与决策阶段等。第三，风险分析与风险管理存在于项目建设的全过程，即存在于从项目建设开始到项目竣工为止的全过程。在这一过程中，风险分析与风险管理是循序渐进、循环往复的。

（5）目的性。项目风险分析的目的是为了有效地采取一系列风险对策，控制风险或控制风险损失，确保项目建设目标实现。

（6）环境适应性。任何一个系统都存在于一定的环境中，都与外界环境进行着物质、能量与信息的交换。同一类型的项目风险在不同的项目建设环境中，其影响均不相同。在项目风险分析中，要求使用灵活的方法以适应不同的工程建设环境下的风险分析与管理。同时，由于项目风险的复杂性，通常针对不同的风险问题，要求采用定性分析与定量评价相结合的方法。

2. 项目风险的特点

项目风险与风险分析除具有上述特征以外，从项目的实践案例可知，项目风险全面性的基本特点，主要体现如下几方面：

（1）风险的客观性与必然性。在项目建设中，无论是自然界的风暴、地震、滑坡灾害，还是与人们活动紧密相关的施工技术、施工方案等不当造成的风险损失，都是不以人们意志为转移的客观现实。它们的存在与发生就总体而言是一种必然现象。因自然界的物体运动以及人类社会的运动规律都是客观存在的，表明项目风险的发生也是客观必然的。即无论风险发生的范围、程度、频率还是形式、时间都可能表现各异，但它总会以各自独特的方式表现其存在，是一种必然会出现的事件。随着人们对项目风险认识的深入，各种项目风险在经过无数次的分析考察后，就会发现或接近发现各种项目风险自身的运动规律性。项目风险存在的客观性与必然性是从全面地、长期地以大量项目风险事件为总体来进行考察的观点而言的。

（2）项目风险的多样性。即在一个项目中有许多种类的风险存在，如政治风险、经济风险、法律风险、自然风险、合同风险、合作者风险等。这些风险之间有复杂的内在联系。

（3）项目风险在整个项目生命期中都存在，而不仅在实施阶段。例如，在项目的目标设计中可能存在构思的错误、重要边界条件的遗漏、目标优化的错误；可行性研究中可能有方案的失误、调查不完全、市场分析错误；设计中存在专业不协调、地质不确定、图纸和规范错误；施工中物价上涨、实施方案不完备、资金缺乏、气候条件变化；投产运行中市场变化、产品不受欢迎、运行达不到设计能力、操作失误等。

（4）项目风险影响的全局性。风险影响常常不是局部的，某一段时间或某一个方面是全局的。例如，反常的气候条件造成工程的停滞，则会影响整个项目的后期计划，影响后期所有参加者的工作。它不仅会造成工期延长,而且会造成费用的增加以及对工程质量的危害。即使局部的风险也会随着项目的发展,其影响会逐渐扩大。例如,一个活动受到风险干扰,可能影响与它相关的许多活动,所以在项目中风险影响随着时间推移有扩大的趋势。

(5)项目风险有一定的规律性。项目的环境变化、项目的实施有一定的规律性,所以风险的发生和影响也有一定的规律性,是可以进行预测的。重要的是人们要有风险意识,重视风险,对风险进行全面的控制。

(三)项目全面风险管理的概念

风险研究的历史经历了较长时期。人们采用概率论、数理统计方法来研究风险发生的规律,后来又将风险与网络相结合,提出了不确定型网络,并研究提出决策树方法、仿真技术等来研究风险规律。现在,它们仍是风险管理的基本方法。

直到近十几年来,人们才在项目管理系统中提出全面风险管理的概念。它首先是在软件开发过程中的不确定性。它不仅使各层次的项目管理者建立风险意识,重视风险问题,防患于未然,而且在各个建设阶段、各个方面实施有效的风险控制,形成一个前后连贯的管理过程。

(1)项目全过程的风险管理。这首先体现在对项目全过程的风险管理上。即:①在项目目标设计阶段,就应对影响项目目标的重大风险进行预测,寻找目标实现的风险和可能的困难。风险管理强调事前的识别、评价和预防措施。②在可行性研究中,对项目风险的分析必须细化,进一步预测风险发生的可能性和规律性,同时必须研究各种风险状况对项目目标的影响程度,这即为项目的敏感性分析。③随着技术设计的深入,实施方案也逐步细化,项目的结构分析也逐渐清晰。这时风险分析应针对风险的种类,细化(落实)到各项目结构单元直到最低层次的工作之中。在设计和计划中,要考虑对风险的防范措施,如风险准备金的计划、备选技术方案,在招标文件(合同文件)中应明确规定工程实施中风险的分担。④在工程实施中加强风险的控制。包括:①建立风险监控系统,能及早地发现风险,做出反应;②及早采取预定的措施,控制风险的影响范围和影响量,以减少项目的损失;③在风险状态下,采取有效措施保证工程正常实施,保证施工秩序,及时修改方案、调整计划,以恢复正常的施工状态,减少损失;④在阶段性计划调整过程中,需加强对近期风险的预测,并将其纳入近期计划中,同时要考虑到计划的调整和修改会带来新的问题和风险;⑤项目结束时,应对整个项目的风险及其管理进行评价,以作为以后进行同类项目的经验和教训。

(2)全部风险的管理。在每一阶段进行风险管理都要罗列各种可能的风险,并将它们作为管理对象,不能有遗漏和疏忽。

(3)风险的全方位管理。一是对风险要分析它对各方面的影响,如对整个项目、对项目的各个方面,如工期、成本、施工过程、合同、技术、计划的影响。二是采取的对策措施也必须考虑综合手段,从合同、经济、组织、技术、管理等各个方面确定解决方案。三是风险管理包括风险分析、风险辨别、风险文档管理、风险评价、风险控制等全过程。

(4) 全面的组织措施。在组织上全面落实风险控制责任,建立风险控制体系,将风险管理作为项目各层次管理人员的任务之一,使项目管理人员和作业人员都有风险意识,做好风险的监控工作。

(四)项目风险管理的特点

(1) 项目风险管理尽管有一些通用的方法,如概率分析法、模拟法、专家咨询法等,而要研究具体项目的风险,则必须与项目的特点相联系。项目特点有:①该项目的复杂性、系统性、规模、新颖性、工艺的成熟程度;②项目的类型,项目所在的领域。不同领域的项目具有不同的风险,有不同风险的规律性、行业性特点。如航空航天开发项目与建筑项目就有截然不同的风险。③项目所处的地域,如国度、环境条件等。

(2) 风险管理需要大量地占有信息。要对项目系统以及系统的环境有十分深入的了解,并要进行预测,不熟悉情况是不可能进行有效的风险管理的。

(3) 风险管理仍在很大程度上依赖于管理者的经验及管理者过去工程的经历、对环境的了解程度和对项目本身的熟悉程度。在整个风险管理过程中,人的因素影响很大,如人的认识程度、人的精神、创造力等。所以,风险管理中要注意专家经验和教训的调查分析。这不仅包括他们对风险范围、规律的认识,而且包括对风险的处理方法、工作程序和思维方式等,并在此基础上系统化、信息化、知识化,用于对新项目的决策支持。

(4) 风险管理在项目管理中,属于一种高层次的综合性管理工作。它涉及企业管理和项目管理的各个阶段和各个方面,涉及项目管理的各个子系统。所以,它必须与合同管理、成本管理、工期管理、质量管理联成一体。

(5) 风险管理的目的,并不是消灭风险,在项目中大多数风险是不可能由项目管理者消灭或排除的,而是在于有准备地、理性地进行项目实施,减少风险的损失。

二、项目风险的分类

大型项目实施阶段的建设活动涉及社会经济、政治、法规、市场、建筑科学技术、各类应用科学及尖端科学、人们行为、自然环境、地理、地质条件等各个方面。由于项目风险与项目建设活动的紧密相关性和项目风险发生的因素多样性,为了全面地认识项目风险,并针对不同性质的风险采取不同的管理对策,提高风险控制与管理效率,有必要对项目风险因素进行分类。

项目风险因素分类的方法较多,在此,仅从风险的来源和风险承受者两个方面进行分类。

(一)从风险的来源分类

项目风险因素可分为九大类,即自然风险、设计风险、施工风险、经济风险、市场风险、财务风险、合同风险、环境风险、政策法律风险。

(1)自然风险。包括:①自然力风险,如地震、泥石流、滑坡、洪水等;②气候风险,如严寒、台风、龙卷风、高温、雨季等。

(2)设计风险。包括设计技术风险、设计质量风险和设计基础资料风险等。

(3)施工风险。包括施工技术风险、施工现场条件风险、设备风险、人员风险等。

(4)经济风险。包括外汇汇率风险、贷款利率风险、宏观经济政策和行业投资政策风险等。

(5)市场风险。包括物价上涨风险、人工费提高、管理费及摊派增加、市场需求变化等。

(6)财务风险。包括资金筹措风险、经营收入减少、合作伙伴退出资金缺口和流动资金周转困难。

(7)合同风险。包括合同条款含糊、合同漏项、清单错误、违约、对现场不了解、介入诉讼。

(8)环境风险。包括生态环境破坏、施工中发现文物古迹、公众质询、民事纠纷等。

(9)政治法律风险。包括战争、法令、法规不连续、政府建设管理变化等。

(二)从风险承受者角度分类

项目中的风险涉及业主、承包商、设计单位、咨询监理机构、材料供应商等多方面。有些风险是共同的,而有些则不是。对一些人是风险,而对另一些人则不是风险。还有一些风险产生于其中的一部分人,一些人的行为有时会构成对另一些人的风险。从风险承受者角度分类,有利于明确风险管理的主体及在风险管理中的任务。

1. 业主的风险

这类风险可归纳为三种类型,即人为风险、经济风险和自然风险。

(1)人为风险。它是指因人的主观因素导致的种种风险。这些风险虽然表现形式和影响的范围各不相同,但都离不开人的思想和行为。这类风险有些起因于项目业主的主管部门乃至政府,有些来自项目业主的合作者,还有些则应归咎于其内部人员。

(2)经济风险。对于所有从事经济活动的行业而言,风险都在所难免。这类风险的主要产生原因有宏观形势不利、投资环境恶劣、市场物价不正常上涨、投资回收期长、基础设施落后、资金筹措困难。

(3)自然风险。它是指项目所在地区客观存在的恶劣自然条件,工程实施期间可能碰上的恶劣气候。

2. 承包商的风险

这类风险可归纳为三种类型,即决策风险、缔约和履约风险及责任风险。

(1) 决策风险。包括进入市场的决策风险、信息失真风险、中介风险、代理风险、业主买标风险、联合保标风险、报价失误风险等。

(2) 缔约和履约风险。缔约和履约是承包工程的关键环节。许多承包商因对缔约和履约过程的风险认识不足,致使本不该亏损的项目严重亏损,甚至破产倒闭。这类风险主要潜伏于以下方面:合同管理(合同条款中潜伏的风险往往是责任不清、权利不明所致)、工程管理、物资管理、财务管理等。

(3) 责任风险。工程承包是基于合同当事人的责任、权利和义务的法律行为。承包商对其承揽的工程设计和施工负有不可推卸的责任,而承担工程承包合同的责任是有一定风险的。这类风险主要发生在以下几个方面:一是职业责任风险,包括地质地基条件、水文气候条件、材料供应、设备供应、技术规范、提供设计图纸不及时、设计变更和工程量变更、运输问题。二是法律责任风险,包括起因于合同、行为或疏忽、欺骗和错误等方面。三是替代责任风险,因承包商还必须对以其名义活动或为其服务的人员的行为承担责任。

3. 咨询监理单位的风险

这类风险主要包括来自业主、承包商和职业责任三方面的风险。

(1) 来自业主的风险。因咨询监理与业主的关系是契约关系,确切地说是一种雇佣关系。这方面的风险主要产生原因有业主希望少花钱多办事、可行性研究缺乏严肃性、宏观管理不力、投资先天不足、盲目干预等。

(2) 来自承包商的风险。承包商出于自己的利益,常常会有种种不轨图谋,势必会给监理工程师的工作带来许多困难,甚至导致工程师蒙受重大风险。通常情况有承包商投标不诚实、缺乏商业道德、素质太差等。

(3) 职业责任风险。监理工程师的职业要求其承担重大的职业责任风险。这种风险的构成因素有:设计不充分、不完善,设计错误和疏忽,投资估算和设计概算不准,自身的能力和水平不适应。

第二节 项目风险因素分析

全面风险管理强调风险的事先分析与评价。风险因素分析是确定一个项目的风险范围,即有哪些风险存在,将这些风险因素逐一列出,以作为全面风险管理的对象。在不同的阶段,由于目标设计、项目的技术设计和计划、环境调查的深度不同,人们对风险的认识程度也不相同,经历了一个由浅入深逐步细化的过程。但不管哪个阶段首先都是将对项目的目标系统(总目标、子目标及操作目标)有影响的各种风险因素罗列出来,做出项目风险目录表,再采用系统方法进行分析。

风险因素分析通常首先罗列对整个工程建设有影响的风险;其次再注意对本项目有重大影响的风险。通常要从多角度、多方面进行,形成对项目系统风险的多方位的透视。风险因素分析可以采用结构化分析方法,即由总体到细节、由宏观到微观,层层分解。

一、按项目系统要素进行分析

(一)项目环境要素风险

项目的环境是对项目有影响的所有外部因素的总和,它们构成项目的边界条件。任何项目都是在一定的社会历史阶段、一定的时间和空间中存在的。在它们的发展和实施过程中一直是作为社会大系统的一个子系统。按照系统环境的基本思路,分析各环境要素可能存在的不确定性和变化,它常常是其他风险的原因,它的分析可以与环境调查相对应,所以环境系统结构的建立和环境调查对风险分析是有很大帮助的。最常见的风险因素有:

(1)政治风险。如政局不稳定,战争状态、动乱、政变等。

(2)法律风险。如法律不健全,有法不依,执法不严,相关法律的内容变化,法律对项目的干预,可能对相关法律未能完全、正确地理解,项目可能有触犯法律的行为等。

(3)经济风险。国家经济政策的变化:产业结构的调整,银根紧缩;项目的产品市场变化:项目的工程承包市场、材料供应市场、劳动力市场的变动;工资的提高,物价上涨,通货膨胀速度加快,原材料进口风险,金融风险,外汇汇率变化等。

(4)自然条件。如地震、风暴、特殊的未预测到的地质条件如泥石流、河塘、垃圾场、流沙等,反常的雨、雪天气,冰冻天气,恶劣的现场条件,周边存在对项目的干扰源,项目的建设可能造成对自然环境的破坏,不良的运输条件可能造成供应的中断。

(5)社会风险。包括宗教信仰的影响和冲击、社会治安的稳定性、社会的禁忌、劳动者的文化素质、社会风气等。

(二)项目系统结构风险

它是以项目结构的基本项目单元作为分析对象,即从各个层次的项目单元开始,分析项目实施过程中可能遇到的技术问题,人工、材料、机械、费用消耗的增加,实施过程中可能存在的各种障碍、异常情况等。

（三）项目的行为主体产生的风险

它是从项目组织角度进行分析的。

（1）业主和投资者产生的风险。例如，业主支付能力差，企业的经营状况恶化、资信不好，企业倒闭，撤走资金，或改变投资方向，改变项目目标；业主违约、苛求、刁难、随便改变主意，但又不赔偿，错误的行为和指令，非程序地干预工程；业主不能完成他的合同责任，如不及时供应他负责的设备、材料，不及时交付场地，不及时支付工程款等。

（2）承包商（分包商、供应商）产生的风险。例如，技术能力和管理能力不足，没有适合的技术专家和项目经理，不能积极地履行合同；由于管理和技术方面的失误，造成工程中断；没有得力的措施来保证进度、安全和质量要求；财务状况恶化，无力采购和支付工资，已处于破产境地；工作人员罢工、抗议或软抵抗；错误理解业主意图和招标文件，方案错误，报价失误，计划失误；设计承包商设计错误，工程技术系统之间不协调，设计文件不完备，不能及时交付图纸，或无力完成设计工作。

（3）项目管理者（如监理工程师）产生的风险。例如，项目管理者的管理能力、组织能力、工作热情和积极性、职业道德、公正性较差；他的管理风格以及文化偏见可能会导致他不正确地执行合同，在工程中苛刻要求；在工程中，起草错误的招标文件、合同条件，下达错误的指令等。

（4）其他方面的风险。例如，中介人的资信、可靠性差；政府机关人员、城市公共供应部门（如水、电等部门）的干预、苛求和个人需求；项目周边或涉及的居民或单位的干预、抗议或苛刻的要求等。

二、按风险对目标的影响分析

它是按照项目的目标系统结构进行分析的，是风险作用的结果。包括以下几个方面。

（1）工期风险。即造成局部的（工程活动、分项工程）或整个工程的工期延长，使项目不能及时交付投产。

（2）费用风险。包括财务风险、成本超支、投资追加、报价风险、收入减少、投资回收期延长或无法收回、回报率降低。

（3）质量风险。包括材料、工艺、工程不能通过验收，工程不能通过验收，工程试生产不合格，经过评价工程质量未达标准。

（4）生产能力风险。项目建成后达不到设计生产能力，可能是由于设计、设备问题，或生产用原材料、能源、水、电供应问题。

（5）市场风险。工程建成后产品未达到预期的市场份额，销售不足，没有销路，没有竞争力。

(6) 信誉风险。即造成对企业形象、企业信誉的损害。

(7) 人身风险。工程或设备的损坏。

(8) 法律责任。即可能被起诉或承担相应法律的或合同的处罚。

三、按管理的过程和要素分析

1. 管理过程风险

管理过程风险常常是分析责任的依据。例如:

(1) 高层战略风险,如指导方针、战略思想可能有错误而造成项目设计错误。

(2) 环境调查和预测的风险。

(3) 决策风险,如错误的选择、错误的投标决策、错误的报价等。

(4) 项目策划风险。

(5) 技术设计风险。

(6) 计划风险。包括对目标(任务书、合同招标文件)理解错误,合同条件不准确、不严密、错误、多义性,过于苛刻的单方面约束性的、不完备的条款,方案错误,报价(预算)错误,施工组织措施错误。

2. 实施控制中的风险

例如:

- 合同风险。合同未履行,合同伙伴争执,责任不明,产生索赔要求。
- 供应风险。如供应拖延、供应商不履行合同、运输中的损坏以及在工地上的损失。
- 新技术、新工艺风险。
- 分包层次太多,造成计划执行和调整、实施控制的困难。
- 工程管理失误。

3. 运营管理风险

如准备不足,无法正常营运,销售渠道不畅,宣传不力等。

在风险因素列出后,可采用系统分析方法,进行归纳管理,即分类、分项、分目及细目,建立项目风险结构体系,并列出相应的结构表,作为以后风险评价和落实风险责任的依据。

第三节 项目风险评价

一、风险评价的内容和过程

风险评价是对风险的规律性进行研究和量化分析。由于罗列出来的每一个风险都有自身的规律和特点、影响范围和影响程度,通过分析可以将它们的影响统一为成本目标的形式,按货币单位来度量,对罗列出来的每一个风险必须作如下分析和评价。

(1) 风险存在和发生的时间分析。即风险可能在项目的哪个阶段、哪个环节上发生。有许多风险有明显的阶段性,有的风险是直接与具体的工程活动相联系,这对风险的预警有很大的影响。

(2) 风险的影响和损失分析。风险的影响是个非常复杂的问题,有的风险影响面较小,有的风险影响面很大,可能引起整个工程的中断或报废。而风险之间常常是有联系的。例如,某个工程活动受到干扰而拖延,则可能影响它后面的许多活动。如经济形势的恶化不但会造成物价上涨,而且可能会引起业主支付能力的变化;通货膨胀引起了物价上涨,则不仅会影响后期的采购、人工工资及各种费用支出,而且会影响整个后期的工程费用。设计图纸提供不及时,不仅会造成工期拖延,而且会造成费用提高(如人工和设备闲置、管理费开支),还可能在原本可以避开的冬雨季施工,造成更大的拖延和费用增加。有的风险是相克的,其作用可以相互抵消。如反常的气候条件、设计图纸拖延、承包商设备拖延等若在同一时间段发生,则它们之间对总工期的影响可能是有重叠的。

由于风险对目标的干扰常常首先表现在对工程实施过程的干扰上,所以风险的影响分析一般通过以下分析过程:一是考虑正常状况下(没有发生该风险)的情况;二是将风险加入这种状态,看有什么变化,如实施过程、劳动效率、消耗、各个活动有什么变化;三是将两者的差异视为风险的影响。所以,这实质上是一个新的计划、新的估价,但风险仅是一种可能,所以通常又不必十分精确地进行估价和计划。

(3) 风险发生的可能性分析,是研究风险自身的规律性,通常可用概率表示。既然被视为风险,则它必然在必然事件(概率为1)和不可能事件(概率为0)之间。它的发生有一定的规律性,但也有不确定性,可通过各种方法研究风险发生的概率。

(4) 风险级别。风险因素非常多,涉及各个方面,但人们并不是对所有的风险都十分重视,否则将大大提高管理费用,而且谨小慎微反过来会干扰正常的决策过程。因此,按照一定的方法可将风险划分为不同的类别,并相应地采取不同的管理对策。

(5) 风险的起因和可控制性分析。任何风险都有它的根源,如环境的变化、人为的失误。对风险起因的研究是为风险预测、对策研究、责任分析服务的。风险的可控性是指人对风险影响的可能性,有的风险是人力可以控制的,而有的却不可以控制。可控制的风险,如承包商对招标文件的理解风险,实施方案的安全性和效率风险,报价的正确性风险等;不可控制的风险,如物价风险、反常的气候风险等。

二、风险衡量指标

风险衡量(估计)就是预测风险的损失概率和损失程度。可定义:

$$R = f(p,q)$$

式中，R 表示风险量；p 表示风险事件可能发生的概率；q 表示风险事件发生对项目目标的影响程度（损失量）。

风险量的量化具有很大的主观性，与人的评价标准以及对风险事件发生的预测能力和对其后果的控制能力有关。风险量的确定能为选择处理项目风险的方式提供所需信息。

（一）损失概率

衡量风险的潜在损失的最重要的方法是确定风险的概率分布。这也是当前国际工程风险管理最常用的方法之一。概率分布不仅能使人们比较准确地衡量风险，还可能有助于选定风险管理决策。

概率分布表明每一可能事件及其发生的概率。由于在构成概率分布所相应的时期内，每一项目的潜在损失的概率分布仅有一个结果能够发生，因此损失概率之和必然等于 1。

1. 主观概率和客观概率

主观概率是指人们凭主观推断而得出的概率。例如，对某项承包工程，一些人根据一些风险因素，从定性角度推断承揽该项工程会发生几种亏损的可能性。

客观概率是指人们在基本条件不变的前提下，对类似事件进行多次观察，统计每次观察的结果和各种结果发生的频率，进而推断出类似事件发生的可能性。依据统计推断出的客观概率对判断潜在的风险损失具有参考意义。

2. 概率分布表的确立依据

概率分布表不能凭空设想或凭主观推断建立。确立概率分布表应参考相关的历史资料，依据理论上的概率分布，并借鉴他人的经验，如保险公司、同业商会、统计部门和其他企业的经验对自己的判断进行调整和补充。

历史资料是指在相同的条件下，通过观察各种潜在损失金额在长时期内已经发生的次数，估计每一可能事件的概率。但是，由于人们常常缺乏广泛而足够的经验，加之风险环境不断地发生变化，故依据历史事件的概率只能作为参考。

参考历史资料时不能局限于本企业的亲身经历，应尽量扩大参考范围，特别是由同业商会、保险公司以及政府部门提供的信息。但是这些信息通常局限于平均数字，且综合了众多企业或众多项目的损失经历，因此在许多方面不一定与本企业或项目的情况吻合。参考时应有所区分，不可完全照搬。逻辑推理及定性分析亦有助于确立概率分布。

（二）损失期望值

损失期望值是指某一时期的平均损失，它可以通过损失数据的算术平均数来估计，在已得到损失的概率分布的前提下，则可精确地计算出损失期望值。在项目管理中，损失期望值常用于拟订风险处理方案，说明如果不进行风险处理，项目将承担相当的损失。如果项目拥有的过去损失资料比较稳定,实际损失与期望损失差不多,项目经理可以研究损失发生的原因以及是否有办法控制损失的发生;如果项目拥有的过去损失资料不够稳定、数据太少,那么就应结合其他指标,来考虑适当的风险管理措施。

（三）损失程度

损失程度是指当风险事故发生后,可能对项目造成的最大损失。最常用的估测损失程度的方法是最大可能损失和最大预期损失。

最大可能损失强调的是在项目活动期间,可能发生某个风险事故的最坏的损失;最大预期损失强调的是对于一个项目来说,某个风险事故的发生导致的最坏损失。它们的最大区别就是,观察的时间长短不同,前者只针对项目活动期间,后者却考虑到对项目的长远影响。一般认为,前者是一种客观存在,后者则带有较大的主观性,与人们对概率的估计有关。

对于一个风险事故来说,损失概率往往较小,但一旦发生将造成严重的后果,甚至导致项目的破产。所以,准确估算损失程度对风险分析来说尤为重要。

三、项目风险分析方法

风险分析通常是凭经验、靠预测进行,但它有一些基本分析方法可以借助。

（一）列举法

通过对同类已完项目的环境、实施过程进行调查分析、研究,可以建立该类项目的基本的风险结构体系,进而可以建立该类项目的风险知识库(经验库)。它包括该类项目常见的风险因素。在对新项目决策,或在用专家经验法进行风险分析时给出提示,列出所有可能的风险因素,以引起人们的重视,或作为进一步分析的引导。

（二）专家经验法（Delphi 法）

这不仅用于风险因素的罗列,而且用于对风险影响和发生可能性的分析。一般不要采用提问表的形式,而采用专家会议的方法。

（1）组建有代表性的专家小组,一般 4～8 人最好,专家应有实践经验和代表性。

（2）通过专家会审,对风险进行界定、量化。召集人应让专家尽可能多地了解项目目标、项目结构、环境及工程状况,详细地调查并提供信息,有可能领专家进行实地考察,并对项目的实施、措施的构想做出说明,使大家对项目有一个共识,否则容易增加评价的离散程度。

（3）召集人有目标地与专家合作,一起定义风险因素及结构、可能的成本范围,以此作为讨论的基础和引导。专家对风险进行讨论,按以下次序逐渐深入:

1）引导讨论各个风险的原因;

2）风险对实施过程的影响；

3）风险对具体工程活动的影响范围，如技术、工期、费用等；

4）将影响统一到对成本的影响上，估计影响量。

（4）风险评价。各个专家对风险的程度（影响量）和出现的可能性给出评价意见。在这个过程中，如果有不同的意见，可以提出讨论，但不能提出批评。为了获得真正的专家意见，可以采用匿名的形式发表意见，也可以采用争吵的技术进行分析。

（5）统计整理专家意见，得到评价结果。专家询问得到的风险期望的各单个值（风险期望值为风险损失值与风险发生可能性的乘积），按统计方法做出信息处理。总风险期望值为各单个风险期望值之和。而各个风险期望值与各个风险影响值和出现的可能性有关。它们可分别由各个专家意见结合相加得到。

（三）其他分析方法

人们对风险分析、评价方法作了许多研究，有许多常用的切实可行的分析评价方法，如对历史资料进行统计分析的方法、模拟方法即蒙特·卡罗法、决策树分析法、敏感性分析、因果关系分析、头脑风暴法、价值分析法、变量分析法。

这些方法在其他职能管理中也经常使用。

风险分析结果必须用文字、图表进行表达说明，作为风险管理的文档，即以文字、表格的形式做出风险分析报告。这个结果表达不仅作为风险分析的成果，而且应作为人们风险管理的基本依据。

第四节　项目风险控制

一、项目风险的分配

一个项目总的风险有一定的范围，这些风险必须在项目参加者（如投资者、业主、项目管理者、各承包商、供应商等）之间进行分配。每一个参加者必须有一定的风险责任，这样他才有管理和控制风险的积极性和创造性。风险分配通常在任务书、责任证书、合同、招标文件等规定，在起草这些文件的时候都应对风险做出预计、定义和分配。只有合理地分配风险，才能调动各方面的积极性，才能有项目的高效益。风险分配有以下几个原则。

（一）从工程整体效益的角度出发，最大限度地发挥各方面的积极性

项目参加者如果不承担任何风险，他就没有任何责任，就没有控制的积极性，就不可能做好工作。例如，对承包商采用成本加酬金合同，承包商没有任何风险责任，则承包商会千

方百计地提高成本以争取工程利润,最终损害工程的整体效益。

但是,让承包商承担全部风险责任也不行。一方面,他要价很高,会加大预算以防备风险。而业主因不承担任何风险,便随便决策、随便干预,不积极地对项目进行战略控制,风险发生时也不积极地提供帮助,这同样会损害项目的整体效益。从工程整体效益的角度来分配风险的原则是:谁能有效地防止和控制风险或将风险转移给其他方面,则应由他承担相应的风险责任;他控制相关风险是经济的、有效的、方便的、可行的,只有通过他的努力才能减少风险的影响;通过风险分配能加强他的责任心和积极性,能更好地计划和控制。

(二)公平合理,责、权、利平衡

(1)风险责任和权力应是平衡的。风险的承担是一项责任,即承担风险控制以及风险产生的损失。但另一方面,要给承担者以控制、处理的权力。例如,银行为项目提供贷款,由政府做担保,则银行风险很小,它只能取得利息,而如果银行参加 BOT 项目的融资,它承担很大的项目风险,则它有权力参加运营管理及重大的决策,并参与利润的分配;承包商承担施工方案的风险,则它有权选择更为经济、合理、安全的施工方案。同样,有一项权力,就该承担相应的风险责任。例如,业主有权起草招标文件,就应对它的正确性负责。

(2)风险与机会对等。即风险承担者,同时应享受风险控制获得的收益和机会收益。例如,承包商承担物价上涨的风险,则物价下跌带来的收益也应归承包商所有。若承担工期风险,拖延要支付误期违约金,工期提前就应该给予奖励。

(3)承担风险的可能性和合理性。即给承担者以预测、计划、控制的条件和可能性,给他以迅速采取控制风险措施的时间、信息等条件,否则对他来说风险管理就成了投机。例如,要承包商承担招标文件的理解、环境调查、实施方案和报价的风险,则必须给他一个合理的做标时间,为他提供现场调查的机会,提供详细且正确的招标文件,特别是设计文件和合同条件,并及时地回答承包商做标中发现的问题,这样他才能理性地承担风险。

(三)符合项目的惯例,符合通常的处理方法

惯例一般比较公平、合理,例如,国外的责任中心制,我国的经营承包责任制,建设项目业主责任制,国内外标准的工程承包合同,基本都反映这种惯例。如果明显地违反国际(或国内)惯例,则常常显示出一种不公平、一种危险。例如,在 FIDIC 合同中,明确地规定了业主和承包商之间的风险分配。它是国际工程惯例,比较公平、合理。

二、项目风险对策

任何人对自己承担的风险(明确的和隐含的)应有准备和对策,这应作为计划的一部分。当然,不同的人对风险有不同的态度、有不同的对策。例如,在一个项目中,投资者主要承担金融风险、合作伙伴资信风险、工程技术和运营风险、销售市场风险等;而承包商有

报价风险、实施方案风险、物价风险、业主风险等。通常的风险对策有以下几种。

(一) 回避风险大的项目,选择风险小或适中的项目

这在项目决策时要注意,放弃明显导致亏损的项目。对于风险超过自己的承受能力、成功把握不大的项目,不参与投标,不参与合资。甚至有时在工程进行到一半时,预测后期风险很大,必然有更大的亏损,不得不采取中断项目的措施。

(二) 技术措施

如选择有弹性的、抗风险能力强的技术方案,而不用新的、未经过工程实用的不成熟的施工方案。对地理、地质情况进行详细勘察或鉴定,预先进行技术试验、模拟,准备几套备选方案,采用各种保护措施和安全保障措施。

(三) 组织措施

对风险很大的项目,选派最得力的技术和管理人员,特别是项目经理,将风险责任落实到各个组织单元,使大家有风险意识。在资金、材料、设备、人力上对风险大的工程予以保证,在同期项目中提高它的优先级别。在实施过程中严密地控制,对风险很大的项目加强计划工作,并抓紧阶段控制和中间决策工作。

(四) 保险

对一些无法排除的风险,如常见的工作损坏、第三方责任、人身伤亡、机械设备损坏等可以通过购买保险的办法加以解决。当风险发生时由保险公司承担(赔偿)损失或部分损失。其代价是必须支付一笔保险金,对任何一种保险要注意它的保险范围、赔偿条件、理赔程序、赔偿额度等。

(五) 要求对方提供担保

这主要针对合作伙伴的资信风险。例如,由银行出具投标保函、预付款保函、履约保函,合资项目由政府出具保证。

(六) 风险准备金

它是从财务的角度为风险作准备,在计划(或合同报价)中额外增加一笔费用。例如,在投标报价中,承包商经常根据工程技术、业主的资信、自然环境、合同等方面风险的大小以及发生可能性在报价中加上一笔不可预见风险费。风险越大,则风险准备金应越高。从理论上说,准备金的数量应与风险损失期望相等。

(七) 采取合作方式共同承担风险

任何项目不可能完全由一个企业或部门独立承担,须与其他企业合作。有合作就有风险的分担。因此,应寻找抗风险能力强的、可靠的、有信誉的合作伙伴,并通过合同分配风

险。例如,对承包商要减少风险,在承包合同中要明确规定：业主的风险责任,即哪些情况应由业主负责;承包商的索赔权力,即要求调整工期和价格的权力;工程付款方式、付款期,以及对业主不付款的处置权力;对业主违约行为的处理权力;承包商权力的保护性条款;采用符合惯例的、通用的合同条件;注意仲裁地点和适用法律的选择。

(八) 采取其他方式分散风险

如在现代项目中采用多领域、多地域、多项目的投资以分散风险。因为理论和实践都证明,多项目投资,当多个项目的风险之间不相关时,其总风险最小,所以抗风险能力最强。这是目前许多国际工程投资公司的经营手段,通过参股、合资、合作既扩大了投资面、经营范围、资本的效用,能够进行独自不能承担的项目,又能与许多企业共同承担风险,进而降低总经营风险。

三、项目实施中的风险控制

工程实施中的风险控制主要贯穿于项目的进度控制、成本控制、质量控制、合同控制等过程中。主要体现在以下几方面。

(一) 风险监控和预警

这是项目控制的内容之一。在工程中不断地收集和分析各种信息,捕捉风险前奏的信号。例如,通过天气预测警报,股票信息,各种市场行情、价格动态,政治形势和外交动态,各投资者企业状况报告等。在工程中通过工期和进度的跟踪、成本的跟踪分析、合同监督、各种质量监控报告、现场情况报告等手段,了解工程风险。

(二) 及时采取措施控制风险的影响

风险一经发生则应积极地采取措施,降低损失,防止风险的蔓延。

(三) 在风险状态,保证工程顺利实施

这包括：控制工程施工,保证完成预定目标,防止工程中断和成本超支;迅速恢复生产,按原计划执行;有可能修改计划、修改设计,考虑工程中出现新的状态并进行调整;争取获得风险的赔偿,如向业主、向保险单位、风险责任者提出索赔等。

 小 结

风险分析通常是凭经验、靠预测进行,但它有一些基本分析方法可以借助。当然,不同的人由于所处环境及项目的特点会选择不同的风险应对措施。本章首先阐述了项目风险

管理的有关概念；其次介绍了项目风险的分类与项目风险因素分析；最后介绍了项目风险评价与风险控制。

 **思考题**

1. 什么是项目风险？
2. 简述风险评价的内容与过程。
3. 项目风险分析方法有哪些？
4. 项目风险控制的对策有哪些？

 **案例分析**

"合作分成"项目风险管理

A公司为某省某运营商建立一个商务业务平台，并采用合作分成的方式。也就是说所有的投资由A公司负担，商务业务平台投入到商业应用之后，运营商从所收取的收入中按照一定的比例跟A公司合作分成。同一时间，平台有两个软件公司（A和C公司）一起进行建设，设备以及技术均独立，也就是说同时有两个平台提供同一种服务，两个平台分别负责不同类型的用户。但是整个项目进行了10个月，并且是在经历了一个月试用期之后。

准备正式投入商业应用的第一天，运营商在没有任何通知的情况下，将该商务业务平台上所有的用户都转到了A公司竞争对手C公司的平台上去了，也就是停止使用A公司的商务业务平台。整个项目A公司投资超过两百万，包括软、硬件，以及各种集成、支持、差旅费用，等等。现在所有的设备被搁置却不能搬走，但并没有被遗弃，运营商口头声称还会履行合同，按照原来的分成比例分成。但是A公司无法得知每个月的使用情况、用户多少，所以根本无法知道他们究竟应该拿到多少分成。所以，运营商的口头承诺根本如同鸡肋。在出事当天，项目经理王刚呆若木鸡。

问题：

（1）描述该项目存在的主要问题和原因。

（2）描述发生这样的事情的话，项目经理有没有责任？如果有责任，那么具体有哪些责任？

（3）请结合你本人的实际项目经验，说明如果你是王经理，你觉得应如何避免这样的事情发生？

第十二章 项目采购与合同管理

第一节 项目采购管理

一、项目采购概述

（一）项目采购类型

1. 按项目采购形态划分

按项目采购形态不同，项目采购可分为有形采购和无形采购，其中有形采购包括货物采购和工程采购，无形采购包括服务采购。

（1）货物采购

货物采购属于有形采购，是指通过招标或其他方式采购项目建设所需投入物的活动。货物指机械、设备、仪器、仪表、办公设备、建筑材料等，并包括与之相关的服务，如运输、保险、安装、调试、培训、初期维修等。此外，还有大宗货物，如药品、种子、农药、化肥、教科书、计算机等专项合同采购，尽管它们采用不同的标准合同文本，但仍可归入货物采购种类之中。

（2）工程采购

工程采购也属于有形采购，是指通过招标或其他方式选择工程承包单位的活动，即选定合格的承包商承担项目建设任务，以及与之相关的服务。

（3）服务采购

服务采购属于无形采购，是指通过招标或其他方式采购服务的活动。常见的咨询服务包括项目投资前研究、准备性服务、执行服务、技术援助。

咨询服务采购是项目采购的重要组成部分，包括聘请咨询公司采购和单个咨询专家采购。

2. 按采购竞争程度不同划分

按采购竞争程度不同，项目采购可分为招标采购和非招标采购。

（1）招标采购

招标采购包括国际竞争性采购、有限国际招标和国内竞争性采购。

（2）非招标采购

非招标采购包括询价采购、直接采购、自营工程等。

3. 按采购人不同划分

按项目采购人不同，项目采购可分为个人采购、家庭采购、企业采购和政府采购。

（1）个人采购

个人采购是指个人使用资金来采购的行为。

（2）家庭采购

家庭采购是指以家庭为单位发生的采购行为。

（3）企业采购

企业采购是指企业发生的采购行为。

（4）政府采购

政府采购是指各级国家机关、事业单位和团体组织，使用财政性资金采购依法制定的集中采购目录以内的或者采购限额以上的货物、工程和服务的行为。

政府是市场上最大的买家。我国每年政府采购资金约占国民生产总值的 10%，按 2000 年国民生产总值 110 000 亿元计算，政府采购资金应达到 11 000 亿元左右。

（二）项目采购方式

1. 公开招标

公开招标采购是指招标机关或其委托的代理机构（统称招标人）以招标公告的方式邀请不特定的供应商（统称投标人）参加投标的采购方式。公开招标是项目采购的主要采购方式。招标人不得将应当以公开招标方式采购的工程、货物或服务化整为零或以其他任何方式回避公开招标采购。

2. 邀请招标

邀请招标采购是指招标人以投标邀请书的方式邀请规定人数（《招标投标法》规定 3 人，《政府采购法》规定 5 人）以上的供应商参加投标的采购方式。通常情况下，邀请招标需要具备一定的条件。例如，《中华人民共和国政府采购法》规定符合下列情形之一的货物或者服务，可以采用邀请招标方式进行采购：

（1）具有特殊性，只能从有限范围的供应商处采购的。

（2）采用公开招标方式的费用占政府采购项目总价值的比例过大的。

3. 竞争性谈判采购

竞争性谈判采购是指采购机关直接邀请规定人数（《政府采购法》规定 3 人）以上的供应商就采购事宜进行谈判的采购方式。例如，《中华人民共和国政府采购法》规定符合下列

情形之一的货物或服务,可以采用竞争性谈判方式进行采购:

(1) 招标后没有供应商投标或没有合格标的或者重新招标未能成功的。

(2) 技术复杂或者性质特殊,不能确定详细规格或者具体要求的。

(3) 采用招标方式所需时间不能满足用户紧急需要的。

(4) 不能事先计算出价格总额的。

4. 单一来源采购

单一来源采购是指采购机关向供应商直接购买的采购方式。例如,《中华人民共和国政府采购法》规定符合下列情形之一的货物或服务,可以采用单一来源方式进行采购:

(1) 只能从唯一供应商处采购的。

(2) 发生了不可预见的紧急情况不能从其他供应商处采购的。

(3) 必须保证原有采购项目一致性或者服务配套的要求,需要继续从原供应商处添购,且添购资金总额不超过原合同采购金额10%的。

5. 询价采购

询价采购是指对特定数量(《政府采购法》规定 3 家以上)的供应商提供的报价进行比较,以确保价格具有竞争性的采购方式。《中华人民共和国政府采购法》规定:对于货物规格、标准统一,现货货源充足,且价格变化幅度小的政府采购项目,可以采用询价采购方式。

目前,《中华人民共和国招标投标法》规定采购方式为公开招标与邀请招标,而《中华人民共和国政府采购法》规定以上五种采购方式均可采用。由于上述五种采购方式中,公开招标为项目采购的首选方式,也是最为主要的采购方式,因此,本书以公开招标方式为主线,研究和论述项目采购管理。

(三) 项目采购的业务范围

项目采购的业务范围包括以下几个方面:

(1) 确定所要采购的货物、工程或服务的规模、类别、规格、性能、数量和合同或标段划分。

(2) 确定招标采购的方式,包括国际竞争性招标、国内竞争性招标以及其他采购方式。

(3) 市场供求现状的调查分析。

(4) 合同执行中对存在问题的处理。

(5) 合同的实施与监督。

(6) 组织招标、评标、合同谈判和签订合同。

(7) 合同支付。

(8) 合同纠纷的解决等。

（四）项目采购管理的重要性

项目采购管理对项目的重要性可以概括为以下四个方面。

1. 降低项目成本，减少纠纷

能否经济且有效地进行采购，直接影响到能否降低项目成本，也关系着项目未来的经济收益水平。采购计划周密，工作做得好，不但采购时可以降低成本，购买到合适的货物或签订合适的服务合同，而且在货物制造、交货以及服务提供的过程中，可以尽可能地避免各种纠纷。

2. 合同规定明确

健全的采购管理工作要求采购前对市场情况进行充分、认真的调查分析，准确掌握市场的变化趋势。因而制订的采购计划是切合实际的，预算既符合市场情况，又留有一定的余地。签订合同后，双方对如何支付货款或劳务费用方面应权责分明。即使可能发生价格调整或不可预见的费用，也都已在合同中作了明确的规定。

3. 如期交货保证可靠

好的采购工作，应通过招标，在招标文件中对所采购的货物或服务的技术规格、交货日期等方面做出具体规定。供货商或承包商在制定标书的过程中要充分考虑自己供货或承包服务的能力；招标后签订的合同要明确规定双方的权利与责任关系，不应模糊推诿；还要规定履约保证及违约赔偿的办法，足以保证合同的实施，因而可以保证按要求如期交货、提供服务，使项目按计划实施。

4. 采购程序，内部制度严密

项目采购工作涉及资金相对较大，同时也涉及复杂的横向关系，如果没有一套严密且周到的程序和良好有效的内部牵制制度，难免会出现贪污、浪费的现象。周密的采购程序和有效的内部牵制制度，如在承包商的选择上，采用比较规范的公开招标，公平竞争的招标程序和严谨的支付办法，可以从制度上最大限度地防止贪污、浪费等腐败现象的发生。

第二节　招标与投标管理

一、招标投标的基本概念

招标投标是由招标人和投标人经过要约、承诺，择优选定，最终形成协议和合同关系的平等主体之间的一种交易方式，是"法人"之间达成有偿、具有约束力的契约关系的法律行为。

招标投标是目前在大宗物资采购和工程采购中广泛使用的一种采购方式。世界银行于1951年将国际竞争性招标作为一种极好的采购方式加以推广,从此以后,绝大部分世界银行贷款项目的采购都采用了这种方式。实践证明,采用这种方式进行采购,能够很好地达到世界银行对采购的基本要求。

在西方发达市场经济国家,由于政府及公共部门的采购资金主要来源于企业、公民的税款和捐赠,为了提高采购效率、节省开支,从而要求政府公开、公平、公正地以招标、投标方式进行采购。所以,招标投标采购方式在西方市场经济国家已成为一种普遍采用的采购制度。

我国从20世纪80年代初开始引入招标投标制度,先后在利用国外贷款、机电设备进口、建设工程发包、科研课题分配、出口商品配额分配等领域推行,取得了良好的经济效益和社会效益。

为了规范投标招标活动,保护国家利益、社会公共利益,提高经济效益,我国于2000年1月1日开始施行《中华人民共和国招标投标法》。《中华人民共和国招标投标法》规定,凡在中华人民共和国境内进行的:①大型基础设施、公用事业等关于社会公共利益、公众安全的项目;②全部或部分使用国有资金投资或者国家融资的项目;③使用国际组织或者外国政府贷款、援助资金的项目等工程建设项目,包括项目的勘察、设计、施工、监理以及与工程建设有关的主要设备、材料等的采购,必须进行招标。

(一)招标投标的原则及特点

依《中华人民共和国招标投标法》规定,招标投标活动应当遵循公开、公平、公正和诚实信用的原则。

1. 公开原则

公开原则要求招标投标活动具有高度的透明性,实施过程公开,结果公开,即公开发布招标公告,公开开标,公开中标结果,使每一投标人获得同等的信息,知悉招标的一切条件和要求,以保证招标活动的公平性和公正性。

2. 公平原则

公平原则要求对所有的投标人给予相同的竞争机会,使其享有同等的权力,并履行相应的义务,不得歧视任何参与者。

3. 公正原则

公正原则要求招标投标方在国家政策、法规面前,在招标投标的标准面前一律平等。

4. 诚实信用原则

诚实信用原则要求招标、投标双方应以诚实、守信的态度行使权力和履行义务,不允许在招标投标活动中,以欺诈的行为获取额外的利益,以维护招标投标双方当事人的利益、社会的利益和国家的利益。诚实守信原则还要求招标、投标双方不得在招标投标活动中损害第三方的利益。

项目招标投标有如下特点:

1. 程序规范

在招标投标活动中从招标、投标、评标、定标到签订合同,每个环节都有严格的程序、规则。这些程序和规则具有法律约束力,任何当事人不能随意更改、编制招标文件。

2. 编制招标、投标文件

在招标投标活动中,招标人必须编制招标文件,投标人据此编制投标文件参加投标,招标人组织评标委员会对投标文件进行评审和比较,从中选出中标人。因此,是否编制招标、投标文件,是区别招标与其他采购方式的最主要特征之一。

3. 公开性

招标投标的基本原则是"公开、公平、公正",将采购行为置于透明的环境中,防止腐败行为的发生。招标投标活动的各个环节均体现了这一原则。

4. 一次成交

在一般的交易活动中,买卖双方往往要经过多次谈判才能成交,招标则不同。在投标人递交投标文件后、招标人确定中标人之前,招标人不得与投标人就投标价格等实质性内容进行谈判。也就是说,投标人只能一次报价,不能与招标人讨价还价,并以此报价作为签订合同的基础。

以上四要素,基本反映了招标采购的本质,也是判断一项采购活动是否属于招标采购的标准和依据。

(二)招标、投标的程序

招标、投标程序如图 12-1 所示。

招标、投标程序一般分为四个阶段。

1. 招标准备阶段

此阶段主要是招标方依据《中华人民共和国招标投标法》填写招标申请书,报相关部门审批,组织招标班子和评标委员会,编制招标文件和标底,发布招标公告,审定投标单位资格,发放招标文件。组织招标会议,接收投标文件。

2. 投标准备阶段

投标方依据招标公告或招标单位的邀请,选择合适的项目,向招标单位提交投标意向并提供资格证明文件和相关资料,接受资格审查;资格审查通过后,组织投标班子,购买招标文件;参加投标会议,进行现场勘察;编制投标文件,并在规定的时间内报送给招标单位。

3. 开标评标阶段

按招标公告规定的时间、地点,由招标方和投标方派代表并在公证人员的公证下,当众

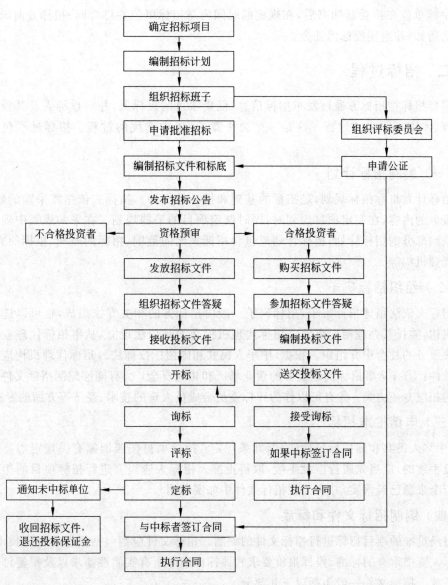

图 12-1　招标、投标程序

开标;招标方对投标者进行资料候审、询标并组织专家进行评标;投标方做好询标解答准备,接受询标质疑,等待评标定标。

4. 定标签约阶段

评标委员会提出评标意见,报送决定单位确定;确定中标单位,并向其发出《中标通知书》；中标单位在接受通知书后，在规定的时间内与招标单位签订合同；招标方向未中标单位发出通知，并退还投标保证金。

二、招标过程

项目招标指招标方通过发布招标信息，征集项目的投标人，并对投标人及其投标书进行审查、评比和评选的过程。这是一个公平竞争、优中选优的过程。招标过程包含以下内容。

（一）编制招标计划

招标计划也称招标规划，是招标的基础和指导性文件。招标人依据需采购的物资、工程或服务的内容，在制定项目规划时，同时制定项目的采购规划。在采购规划中确定需要招标采购部分的招标计划，招标计划应包含招标采购的范围、招标的时间、招标的方式、招标的代理机构等。

（二）组织招标班子

招标人依法组建招标班子，招标班子一般由招标方的相关专家组成，也可以选择招标代理机构，委托其办理招标事宜。招标代理机构必须是依法设立、从事招标代理业务并提供相关服务的社会中介组织。根据《中华人民共和国招标投标法》，招标代理机构应当具备下列条件：①有从事招标代理业务的营业场所和相应资金；②有能够编制招标文件和组织评标的相应专业力量；③有可以作为评标委员会成员人选的技术、经济等方面的专家库。

（三）申请批准招标

《中华人民共和国招标投标法》第九条规定：招标项目按照国家有关规定需要履行项目审批手续的，应当先履行审批手续，取得批准。招标人应当有进行招标项目的相应资金或者资金来源已经落实，并应当在招标文件中如实载明。

（四）编制招标文件和标底

对经批准的项目招标进行招标文件的编制。招标文件应当包括招标项目和技术要求、对投标人资格审查的标准、投标报价要求和评标标准等所有实质性要求以及拟签订合同的主要条款。招标文件一般包括以下几部分。

（1）招标邀请书、招标人须知。

（2）合同的通用条款、专用条款。

（3）业主对货物、工程与服务方面的要求一览表、技术规格（规范）、图纸。

（4）投标书格式、资格审查需要的报表、工程清单、报价一览表、投标保证金格式以及其他补充资料表。

（5）双方签署的协议书格式、履约保证金格式、预付款保函格式等。

标底又称底价，是招标人对招标项目所需费用的自我测算的期望值。它是评定投标价的合理性、可行性的重要依据，也是衡量招标活动经济效果的依据。标底应具有合理性、公正性、真实性和可行性。标底的构成一般应包括三部分，即项目采购成本、投标者合理利润和风险系数。标底直接关系到招标人的经济利益和投标者的中标率，应在合同签订前严格保密。如有泄密情况，应对责任者严肃处理，直至追究其法律责任。

（五）发布招标公告

招标文件编好后，即可根据既定的招标方式，在主要报刊上刊登招标公告或发出投标邀请通知。

招标公告和投标邀请通知的主要内容包括项目采购类目、项目资金来源、招标内容和数量、时间要求、发放招标文件的日期和地点、招标文件的价格、投标地点、投标截止日期（必须具体到年、月、日、时）和开标时间（一般与投标截止日只相差 1～24 小时），以及招标单位的地址、电话、邮编、传真、E-mail 地址。

（六）资格预审

资格预审是对申请投标的单位进行事先资质审查。资格预审的主要内容有投标者的法人地位、资产财务状况、人员素质、各类技术力量及技术装备状况、企业信誉和业绩等。如项目招标，对于要求资格预审的应编制预审文件。资格预审文件包括的内容除上述的资格预审通知外，还包括资格预审须知、资格预审表和资料、资格预审合格通知书等。

1. 资格预审资料表要求

为了证明投标单位符合规定要求的投标合格条件和具有履约能力，参加资格预审的投标单位应提供如下资料。

（1）有关确定法律地位原始文件的副本（包括营业执照、资格等级证书及非本国注册的施工企业经建设单位行政主管部门核准的资质文件）。

（2）在过去 3 年内完成的与本合同相似的工程情况和现在履行的合同的工程情况。

（3）提供管理和执行本合同拟在施工现场的管理人员和主要施工人员的情况。

（4）提供完成本合同拟采用的主要施工机械设备的情况。

（5）提供完成本合同拟分包的项目及其分包单位的情况。

（6）提供财务状况，包括近两年经审计的财务报表、下一年度财务预测报告。

（7）有关目前和过去两年参与或涉及诉讼案的资料。

如果参加资格预审的施工单位由几个独立分支机构或专业单位组成，其预审申请应具体说明各单位承担工程的哪个主要部分。所提供的资格预审资料仅涉及实际参加施工的分支机构或单位，评审时也仅考虑这些分支机构或单位的资质条件、经验、规模、设备和财务能力,以确定是否能通过资格预审。

2. 对联营体资格预审的要求

(1)联营体的每一个成员提交与单独参加资格预审单位一样要求的全套文件。

(2)提交预审文件时应附联营体协议。

(3)资格预审后,如果联营体的组成和合格性发生变化,应在投标截止日期之前征得招标单位的书面同意。

(4)作为联营体的成员通过资格预审合格的,不能认为作为单独成员或其他联营体的成员都是资格预审的合格者。

3. 在资格预审合格通过后改变分包人所承担的分包责任或改变承担分包责任的分包人之前,必须征得招标单位的书面同意,否则资格预审合格结果无效

4. 将资格预审文件按规定的正本和副本份数以及指定时间、地点送达招标单位

5. 招标单位将资格预审结果以书面形式通知所有参加预审的施工单位,对资格预审合格的单位应以书面形式通知投标单位准备投标

(七)现场勘察和文件答疑

1. 现场勘察

业主在招标文件中要注明投标人进现场勘察的时间和地点。按照国际惯例,投标人提出的标价一般被认为是审核招标文件后并在现场勘察的基础上编制出来的。投标人应派出适当的负责人员参加现场勘察,并做出详细的记录,作为编制投标书的重要依据。通常,招标人组织投标方统一进行现场勘察并对项目进行必要的介绍。投标人现场勘察的费用将由投标人自行承担。一般来讲,项目的招标单位应向投标单位介绍有关施工现场的如下情况。

(1)是否达到招标文件规定的条件。

(2)地形、地貌。

(3)水文地质、土质、地下水位等情况。

(4)气候条件(包括气温、湿度、风力、降雨、降雪情况)。

(5)现场的通信、饮水、污水排放、生活用电等情况。

(6)工程在施工现场中的位置。

(7)可提供的施工用地和临时设施等。

2. 文件答疑

标前会议是招标方给所有投标者的一次质疑机会。投标人应消化招标文件中提到的各类问题,将其整理成书面文件,寄往招标单位指定地点要求答复,或在会上要求澄清。会上提出的问题和解答的概要情况应做好记录,如有必要可以作为招标文件补充部分发给所有投标人。

三、项目招标文件的编制

现以项目施工招标为例,简单介绍招标文件的编制。

根据建设部 1996 年 12 月发布的《建设施工招标文件范本》的规定,对于公开招标的招标文件,分为四卷,其中第一卷为投标须知、合同条件及合同格式;第二卷为技术规范;第三卷为投标文件;第四卷为图纸。

四、项目投标管理

(一)投标人及其条件

投标人是响应招标、参加投标竞争的法人或者其他组织。投标人应具备下列条件。

(1)投标人应具备承担招标项目的能力。国家有关规定对投标人资格条件或者招标文件对投标人资格条件有规定的,投标人应当符合规定的资格条件。

(2)两个以上法人或者其他组织可以组成一个联合体,以一个投标人的身份共同投标。

联合体各方均应当具备承担招标项目的相应能力;国家有关规定或者招标文件对投标人资格条件有规定的,联合体各方均应当符合规定的相应资格条件。由同一专业的单位组成的联合体,按照资质等级较低的单位确定资质等级。联合体各方应当签订共同投标协议,明确约定各方拟承担的工作和相应的责任,并将共同投标协议连同投标文件一并提交给招标人。中标的联合体各方应当共同与招标人签订合同,就中标项目向招标人承担连带责任,但是共同投标协议另有约定的除外。招标人不得强制投标人组成联合体共同投标,不得限制投标人之间的竞争。

(3)投标人不得相互串通投标报价,不得排挤其他投标人的公平竞争,损害招标人或者他人的合法权益。

(4)投标人不得以低于合理预算成本的报价竞标,也不得以他人名义投标或者以其他方式弄虚作假,骗取中标。所谓合理预算成本,即按照国家有关成本核算的规定计算的成本。

(5)投标人根据招标文件载明的项目实际情况,拟在中标后将中标项目的部分非主体、非关键性工作交由他人完成的,应当在投标文件中载明。

(二)投标的组织

进行项目投标,需要有专门的机构和人员对投标的全部活动过程加以组织和管理。实践证明,建立一个强有力的、内行的投标班子是投标获得成功的根本保证。

对于投标人来说，参加投标就意味着面临一场竞争，不仅比报价的高低，而且比技术、经验、实力和信誉。特别是在当前国际承包市场上，越来越多的是技术密集型项目，势必要给投标人带来两方面的挑战：一是技术上的挑战，要求投标人具有先进的科学技术，能够完成高、新、尖、难工程；二是管理上的挑战，要求投标人具有现代先进的组织管理水平。

为迎接技术和管理方面的挑战，在竞争中取胜，投标人的投标班子应该由如下三种类型的人才组成：一是经营管理类人才；二是技术专业类人才；三是商务金融类人才。

对于项目投标班子的组成，除了符合上述要求外，保持投标班子成员的相对稳定，不断提高其素质和水平对于提高投标竞争力至关重要。同时，应逐步采用或开发有关投标报价的软件，使投标报价工作更加快速、准确。如果是国际工程（包含境内涉外工程）投标，则应配备懂得专业和合同管理的外语翻译人员。

（三）投标程序

投标过程是指从填写资格预审表开始到正式投标文件送交业主为止所进行的全部工作。这一阶段工作量大、时间紧，一般要完成下列各项工作：填写资格预审调查表，申报资格预审；购买招标文件（资格预审通过后）；组织投标班子；进行投标前调查与现场勘察；选择咨询单位；分析招标文件，校核工程量，编制规划；结算价格，确定利润方针，计算和确定报价；编制投标文件；办理投标担保；递交投标文件。

（四）投标文件

1. 投标文件的编制

投标文件是承包商参与投标竞争的重要凭证，是评标、决标和订立合同的依据，是投标人素质的综合反映和投标人能否取得经济效益的重要影响因素。可见，投标人应对编制投标文件的工作特别重视。

投标文件应当对招标文件提出的实质性要求和条件做出响应。投标人要到指定的地点购买招标文件，并准备投标文件。投标人必须按照要求编写投标文件，严格按照招标文件填写，不得对招标文件进行修改，不得遗漏或者回避招标文件中的问题，更不能提出附加条件。

2. 投标文件的组成

投标文件一般由下列内容组成：投标书、投标书附录、投标保证金、法定代表人的资格证明书、授权委托书、具有价格的工程量清单与报价表、辅助资料表、资格审查表（有资格预审的可不提供）、投标须知规定提供的其他资料。

投标文件中的以上内容通常都在招标文件中提供统一的格式，投标单位按招标文件的统一规定和要求进行填报。

招标项目属于建设施工的，投标文件的内容应当包括拟派出的项目负责人以及主要技术人员的简历、业绩和拟用于完成招标项目的机械设备等,这样有利于招标人控制工程发包以后所产生的风险,保证工程质量。

3. 投标有效期

投标有效期一般是指从投标截止日起算至公布中标的一段时间,一般在投标须知的前附表中规定投标有效期的时间(如 28 天)。那么,投标文件在投标截止日期后的 28 天内有效。

在原定投标有效期满之前,如因特殊情况,经招标管理机构同意后,招标单位可以向投标单位书面提出延长投标有效期的要求。此时,投标单位须以书面的形式予以答复,对于不同意延长投标有效期的,招标单位不能因此而没收其投标保证金。对于同意延长投标有效期的,不得要求在此期间修改其投标文件,而且应相应延长其投标保证金的有效期,对投标保证金的各种有关规定在延长期内同样有效。

4. 投标保证金

投标保证金是投标文件的一个组成部分,对未能按要求提供投标保证金的投标,招标单位将视为不响应投标而予以拒绝。投标保证金可以是现金、支票、汇票和在中国注册的银行出具的银行保函。对于银行保函,应按招标文件规定的格式填写,其有效期应不超过招标文件规定的投标有效期。未中标的投标单位的投标保证金,招标单位应尽快将其退还,一般最迟不得超过投标有效期期满后的 14 天。中标的投标单位的投标保证金,在按要求提交履约保证金并签署合同协议后,予以退还。对于在投标有效期内撤回其投标文件或中标后未能按规定提交履约保证金或签署协议者将没收其投标保证金。

5. 投标文件的份数和签署

投标文件应明确标明"投标文件正本"和"投标文件副本",按前附表规定的份数提交。若投标文件的正本与副本有不一致,以正本为准。投标文件均应使用不能擦去的墨水打印或书写,由投标单位法定代表人亲自签署并加盖法人公章和法定代表人印鉴。

全套投标文件应无涂改和行间插字。若有涂改或行间插字,应由投标文件签字人签字并加盖印鉴。

6. 投标文件的送达和签收

(1)投标文件的密封与标志。投标单位应将投标文件的正本和副本分别密封在内层包封内,再密封在一个外层包封内,并在内包封上注明"投标文件正本"或"投标文件副本"。外层包封和内层包封都应写明招标单位和地址、合同名称、投标编号,并注明开标时间以前不得开封。在外层包封上还应写明投标单位的邮政编码、地址和名称,以便投标出现逾期送达时能原封退回。如果在内层包封未按上述规定密封并加写标志,招标单位将不承担投标文件错放或提前开封的责任,由此造成的提前开封的投标文件将被拒绝,并退回投标单位。

（2）投标截止日期。投标单位应在前附表规定的投标截止日期的时间之前递交投标文件。招标方收到投标文件后，应当签收保存，不得开启。招标单位因补充通知修改招标文件而酌情延长投标截止日期，招标单位和投标单位截止日期方面的全部权利、责任和义务，将适用延长后的新的投标截止日期。招标人对投标截止日期后收到的投标文件应原样退还。

（3）投标文件的修改与撤回。投标单位在递交投标文件后，可以在规定的投标截止日期之前以书面形式向招标单位递交修改或撤回其投标文件的通知，补充、修改内容为投标文件的有效组成部分。在投标截止日期之后则不能修改与撤回投标文件，否则，将被没收投标保证金，且补充、修改内容无效。

五、开标与评标

（一）开标

（1）开标应当在招标文件确定的提交投标文件截止时间后的 24 小时内公开进行，开标地点应当为招标文件中预先确定的地点。

（2）开标是在招标管理机构监督下由招标单位主持，并邀请所有投标单位的法定代表人或者其代理人和评标委员会全体成员参加。

（3）开标一般应按照下列程序进行。

- 主持人宣布开标会议开始，介绍参加开标会议的单位、人员名单及项目的有关情况。
- 请投标单位代表确认投标文件的密封性。
- 宣布公证、唱标、记录人员名单和招标文件规定的评标原则、定标办法。
- 宣读投标单位的名称、投标价格、工期、质量目标、主要材料用量、投标担保或保函以及投标文件的修改、撤回等情况，并当场记录。
- 与会的投标单位法定代表人或者其代理人在记录上签字，确认开标结果。
- 宣布开标会议结束，进入评标阶段。

（4）投标文件有下列情形之一的，应当在开标时当场宣布无效。

- 未加密封或者未逾期送达的。
- 无投标单位及其法定代表人或其代理人印鉴的。
- 关键内容不全、字迹辨认不清或者明显不符合招标文件要求的。

无效投标文件不得进入评标阶段。

（二）评标

1. 评标委员会的组成

评标由评标委员会负责,评标委员会由招标单位代表和有关技术、经济等方面的专家组成,成员人数为 5 人以上单数,其中技术、经济等方面的专家不得少于成员总数的 2/3。

上述专家应当从事相关领域工作满 8 年并具有高级职称或具有同等专业水平,由招标单位在国务院有关部门或省、自治区、直辖市人民政府有关部门提供的专家名册或者招标代理机构的专家库内的相关专业的专家名单中选定。一般招标项目可以采取随机抽取方式,特殊招标项目可以由招标人直接确定。与投标人有利害关系的人不得进入相关项目的评标委员会。

专家评委在评标活动中有徇私舞弊、显失公正行为的,应当取消其评委资格。

2. 评标内容的保密

公开开标后,直到宣布中标单位为止,凡属于评标机构对投标文件的审查、澄清、评比和比较的有关资料以及授予合同的信息、工程标底情况都不应向投标单位和与该过程无关的人员泄露。

在评标和授予合同过程中,投标单位对评标机构的成员施加影响的任何行为,都将导致取消其投标资格。

3. 资格审查

对于未进行资格审查的投标单位,评标时必须首先按照招标文件的要求对投标文件中投标单位填报的资格审查表进行审批。只有资格审查合格的投标单位,其投标文件才能进行评比和比较。

4. 投标文件的澄清

为了有助于对投标文件进行审查评比和比较,评标委员会可以个别要求投标单位澄清其投标文件。有关澄清的要求与答复均须以书面形式进行,在此不涉及投标保价的更改和投标的实质性内容。

5. 投标文件的符合性鉴定

在详细评标之前,评标机构将首先审定每份投标文件是否实质上响应了招标文件的要求。所谓实质响应招标文件的要求,是指与招标文件所规定的要求、条件、条款和规定相符,无显著差异或保留。所谓显著差异或保留是指对发包范围、质量标准及运用产生实质性影响,或者对合同中规定的招标单位权力及投标单位的责任造成实质性限制,而且纠正这种差异或保留,将会对其他实质上响应要求的投标单位的竞争地位产生不公正的影响。

如果投标文件没有实质上响应招标文件的要求,其投标将被拒绝,并且不允许通过修正或撤销其不符合要求的差异或保留其成为具有响应性的投标。

6. 评标标准和方法

评标可以采用合理低标价法和综合评议法。所谓合理低标价法,即能够满足招标文件的各项要求,投标价格最低的投标即可作为中选投标。综合评议法又可分最低评标价法和打分法两种。所谓最低评标价法,即评标委员会根据评标标准确定的每一投标不同方面的货币数,然后将这些数额与投标价格放在一起比较。估值后价格(即"评标价")最低的投标可作为中选投标。打分法则是评标委员会根据评标标准确定的每一投标不同方面的相对权重(即"得分"),得分最高的投标即为最佳的投标。

具体评标方法由招标单位决定,并在招标文件中载明。对于大型或者技术复杂的项目,可以采用技术标、商务标两阶段评标法。

7. 评标报告

评标结束后,评标委员会应当编制评标报告。评标报告应包括下列主要内容:

(1) 招标情况,包括工程概况、招标范围和招标的主要过程。

(2) 开标情况,包括开标的时间、地点,参加开标会议的单位和人员以及唱标等情况。

(3) 评标情况,包括评标委员会的组成人员名单,评标的方法、内容和依据,对各投标文件的分析论证及评审意见。

(4) 对投标单位的评标结果排序,并提出中标候选人的推荐名单。

(5) 评标报告须经评标委员会全体成员签字确认。

(6) 如果评标委员会经评审认为所有投标都不符合招标文件要求,可以否决所有投标。依法必须进行招标的项目的所有投标都被否决的,招标单位必须重新招标。

六、授予合同

(一) 确定中标单位

招标单位应当依据评标委员会的评标报告,并从其推荐的中标候选人名单中确定中标单位,也可以授权评标委员会直接定标。

实行合理低标价法评标的,在满足招标文件各项要求的前提下,投标报价最低的投标单位应该为中标单位,但评标委员会可以要求其对保证工程质量、降低工程成本拟采用的技术措施做出说明,并据此提出评价意见,供招标单位定标时参考。实行综合评议法,得票最多的或者得分最高的投标单位为中标单位。

招标单位未按照推荐的中标候选人排序确定中标单位的,应当在其招标情况书面报告中说明理由。

(二) 中标通知书

在评标委员会提交评标报告后,招标单位应当在招标文件规定的时间内完成定标。定标后,招标单位必须向中标单位发出《中标通知书》。《中标通知书》的实质内容应当与中标单位投标文件的内容相一致。项目《中标通知书》样式如图 12-2 所示。

中标通知书

_____（建设单位名称）的_____（建设地点）_____工程，结构类型为_____建设规模为_____,经_____年_____月_____日公开开标后，经评标小组评定并报招标管理机构核准，确定_____为中标单位，中标标价_____元/人民币。中标工期自_____年_____月_____日开工，_____年_____月_____日竣工，工期_____天（日历日），工程质量达到国家施工验收规范（优良、合格）标准。

中标单位收到《中标通知书》后，在_____年_____月_____日_____时前到_____（地点）与建设单位签订合同。

建设单位：（盖章）
法定代表人：（签字、盖章）

日期： 年 月 日

招标单位：（盖章）
法定代表人：（签字、盖章）

日期： 年 月 日

招标管理机构：（盖章）
审核人：（签字、盖章）

审核日期： 年 月 日

图 12-2 《中标通知书》样式

（三）履约保证

中标单位应按规定提交履约保证，履约保证可由在我国注册的银行出具银行保函（保证数额为合同价的 5%），也可由具有独立法人资格的经济实体企业出具履约担保书（保证数额为合同价的 10%）。投标单位可以选其中一种，并使用招标文件中提供的履约保证格式。中标后不提供履约保证的投标单位将被没收其投标保证金。

（四）合同协议书的签署

中标单位按《中标通知书》规定的时间和地点，由投标单位和招标单位的法定代表人按招标文件中提供的合同协议书签署合同。若对合同协议书有进一步的修改或补充，应以"合同协议书谈判附录"形式进行，作为合同的组成部分。

中标单位按文件规定提供履约保证后，招标单位应及时将评标结果通知未中标的投标单位。

第三节　项目合同管理

一、项目合同的定义与类型

(一)项目合同定义

项目合同是指项目业主与承包商之间为完成一定的目标,明确双方之间的权利义务关系而达成的协议。

项目采购合同的内容主要包括以下方面:①当事人的名称、姓名、地址;②采购产品的名称、技术性能以及质量要求、数量、时间要求;③合同价格、计价方法和补偿条件;④双方的责任和权利;⑤双方的违约责任;⑥合同变更的控制方法。

项目合同的签订应满足以下几个条件:①项目合同必须建立在双方认可的基础上;②要有一个统一的计算和支付酬金的方式;③要有一个合同规章作为承包商工作的依据,这样他们既可受到合同的约束也可享受合同的保护;④合同的标的物必须合法;⑤项目合同要反映双方的权利和义务,合同类型须依据法律来确定。

(二)项目合同类型

项目合同按项目的规模、复杂程度、项目承包方式及范围的不同可分为不同的类型。

1. 按签约各方的关系分类

按签约各方的关系不同,项目合同可分为以下几种。

(1)项目总承包合同。指项目公司与施工承包人之间签订的合同,其范围包括项目执行全过程。

(2)项目分包合同。指总承包商可将中标项目的一部分内容包给分包商,由此而在总承包商与分承包商之间签订的合同。一般不允许将项目的全部内容分包出去。对于允许分包的内容,在合同条件中应有规定,在签订分包合同后,总承包商仍应全部履行与项目组织签订合同中所规定的责任和义务。

(3)转包合同。指在承包商之间签订,是一种承包权的转让。在合同中明确原承包商与项目组织签订的合同所规定的权利、义务和风险由另一承包商来承担,而原承包商则在转包合同中获取一定的报酬。

(4)融资合同。指项目公司与银行、金融机构等进行的资金借贷运行的合同。内容包括信贷额度、利息、抵押、担保和时间等,明确双方的责任和义务,确保项目资金供应的安全性。

（5）营运合同。指项目公司与营运商之间签订的合同，内容包括项目交付后对项目营运活动的要求。

（6）劳务分包合同。即包工不包料合同或包清工合同。分包商在合同实施过程中，不承担涨价的风险。

（7）劳务合同。指施工承包人或分承包商雇佣劳务所签订的合同。提供劳务一方不承担任何风险，但也难获得较大的利润。

（8）联合承包合同。指两个或两个以上合作单位之间，以承包人的名义，为共同承担项目的全部工作而签订的合同。

（9）采购合同。指项目组织为从组织外部获得产品或服务而与供应商签订的合同。

2. 按计价方式分类

按计价方式不同，项目合同可分为以下几种：

（1）固定总价合同。这类合同对一个明确定义的产品或服务采用一个固定的总价格，如果该产品或服务不是各方面都有明确定义，则卖方买方可能得不到想要的产品或服务，而卖方和买方都会面临风险，必须支付额外的费用才能提供该产品或服务。固定价格合同也包括对达到或超过既定项目目标的奖励。

（2）成本补偿合同。这类合同包括支付给卖方的直接实际成本和间接实际成本。成本补偿合同经常包括某些激励措施，以满足或超过某些预定的项目目标。这类合同常用于涉及新技术产品或服务采购的项目。成本补偿合同在实践中有三种具体做法，按照买方承担风险的大小，从最高到最低依次排列为成本加成本百分比酬金合同、成本加固定酬金合同、成本加浮动酬金合同。

二、项目合同的履行与违约责任

（一）项目合同的履行

所谓项目合同的履行是指项目合同的双方当事人根据项目合同的规定，在相应的时间、地点，以适当的方法，在合同履行的期限内全面完成自己所承担的义务。因此，合同当事人必须共同按计划履行合同，实现合同所要达到的预定目标。

（二）违约责任

违约责任的确定也是合同管理程序中非常重要的一部分。违约是由于合同当事人中的某一方没有按照合同规定中的内容履行自己的责任和义务。既然违反了合同，就必须承担责任，这是合同法规中规定的一项重要的法律制度。因此，当一方当事人不履行合同时，另一方当事人有权请求他方履行合同。对于不履行合同的行为，法律只要求行为人对其故意和过失行为造成不履行合同负赔偿责任；而对于无法预知或防止的事故（如不可抗力）致使合同不能履行时,则不能要求合同当事人承担责任。对违约惩罚的方式主要有以下几种:①违约金;②罚款;③终止合同;④重新招标;⑤取消承包资格。

三、项目合同的变更、解除与终止

(一)项目合同的变更

项目合同的变更通常是指由于一定的法律事实而改变合同的内容和标的的法律行为。大部分项目均涉及变更,而这些变更必须根据合同的条款适当地加以控制,这是项目管理过程的一个重要部分。从合同变更的内容和范围上看,主要包括增减项目工作内容、项目实施条件的变更等;从对项目合同变更的管理上看,主要有正常和必要的合同变更与失控的合同变更两大类。正常和必要的合同变更是为了保证项目的正常实施,合同签订双方根据项目目标的需要,对项目设计进行必要的变更或对项目工作范围进行调整,并在充分协商的基础上对原定合同条款作适当的修正,或补充新的条款,这种变更是有利于实现项目目标的积极的变更。失控的合同变更是在迫不得已的情况下,未经双方充分协商一致而做出的变更,往往会导致项目利益的损失及合同执行的困难。

(二)项目合同的解除

项目合同的解除是指消灭合同效率的法律行为,即消灭原合同关系,不再建立新的法律关系。对于合同的解除,合同当事人必须协调一致。

(三)项目合同变更或解除的条件

项目合同变更或解除需要有相应的条件。一般发生下列情况之一,就可变更或解除项目合同:①由于不可抗力致使项目合同的全部义务不能履行;②当事人双方经协商同意,且不会损害国家利益和社会公共利益;③由于合同一方在合同约定的期限内没有履行合同,且在被允许推迟履行的合同期限内仍未履行;④由于一方违约,以致严重影响订立项目合同时所期望实现的目标或致使项目合同的履行成为不必要;⑤项目合同约定的解除合同的条件已经出现。

(四)项目合同的终止

项目合同签订以后,因一方的法律事实的出现而终止合同关系即为合同关系的终止。项目合同经正式签订以后,是不允许随便终止的。但是如果发现以下情况,则合同的法律关系可终止:①合同因当事人已履行合同规定的全部义务而自行终止;②当事人双方混同为一人,使原有的合同已无履行的必要,因而自行终止;③合同因不可抗力致使合同义务不能履行而终止;④合同因当事人双方协商同意而终止;⑤仲裁机构裁决或者法院判决终止合同。

四、项目合同纠纷的处置

（一）合同纠纷产生的原因

项目合同的争端和纠纷是不可避免的,诱发合同纠纷的因素很多,归结起来有以下三个方面:①合同本身的原因。虽然合同的条款一般都经过了认真的审查且制定的条款详细具体,但不可避免地会出现一些缺陷,这就有可能成为日后争端的导火线。②不可预见的原因。这主要是因为在执行合同过程中发生的不可抗力和不可预见的自然灾害和社会政治变动等给项目的实施造成实质性的损害。③人为的原因。主要是执行合同过程中发生错误或组织管理不力而产生争议,这种因素最常见于合同的变更。

（二）处置合同纠纷的主要方式

合同纠纷的发生比较常见,发生合同纠纷如何处置对双方当事人来说极为重要。处置合同纠纷的主要方式有友好协商、调解、仲裁和诉讼。

1. 友好协商

友好协商指双方当事人愿意就发生的纠纷进行友好磋商,愿意做出一些有利于纠纷实际解决的有原则的让步,并在彼此都认为可以接受、继续合作的基础上达成和解协议,以使合同能够得到正常的履行。友好协商不仅可以促进双方在相互谅解的基础上修复关系,也为今后双方经济往来的继续与发展打下基础。而且采用这种方式解决纠纷的气氛比较友好,双方协商的灵活性较大,无须经过仲裁或司法程序,省去了仲裁和诉讼的麻烦和费用,因此,当双方当事人遇有纠纷时一般都愿意先以协商的方式进行解决。然而,如果争议所涉及的金额较大,当事人双方都不愿或不可能作太大的让步,或者经过反复协商却无法达成一致的协议,或者某一方没有协商的诚意等,这时就必须通过其他的方式来解决。

2. 调解

当纠纷发生时由第三者从中调解,促使双方当事人和解。调解的过程是查清事实、分清是非的过程,也是协调双方关系、更好地履行合同的过程。调解可以在交付仲裁和诉讼前进行,也可以在仲裁和诉讼中进行。调解成功后,即可不再求助于仲裁和诉讼。

3. 仲裁

对于通过友好协商与调解不能有效解决的纠纷可求助于仲裁和诉讼来解决。所谓仲裁是指双方当事人根据合同中的仲裁条款或者事后双方达成的书面协议,自愿把争议提交由双方同意的第三者(各类仲裁机构)按照一定的程序进行裁决,仲裁机构做出裁决后,由仲裁机构制作仲裁裁决书。当事人应当履行仲裁机构的仲裁裁决书,另一方可以申请法院强制执行。

4. 诉讼

诉讼指司法机关和当事人在其他诉讼参与人的陪同下,为解决合同争议或纠纷依法定诉讼程序所进行的全部活动。项目合同中的诉讼一般分为民事诉讼和经济诉讼,由各级法院的经济审判庭受理提起的诉讼并判决。有时根据某些合同的特殊情况,还必须由专业的法院进行审理。在提起诉讼以前,当事人应该为诉讼做好充分的准备,如收集有关对方违约的各类证据,整理双方往来的所有财务凭证、信函、电报等,同时,还应向律师咨询或聘请律师帮助自己进行诉讼活动。另外,诉讼当事人还应注意诉讼管辖地和诉讼时效问题。

五、索赔

索赔也是项目合同管理的重要一项。所谓索赔,是经济合同履行过程中,合同当事人的一方由于非己原因而造成额外费用支出,于是通过一定的合法途径和程序向另一方要求予以某种形式补偿的活动。

(一)索赔类型

按索赔的对象不同,可将索赔分为施工索赔和商务索赔。施工索赔是针对项目而言的,主要是由于业主方面的过失和责任,使承包商在工程施工中增加了额外费用,此时承包商就可依据合同条款的有关规定,以合法的程序要求业主赔偿所遭受的损失。商务赔偿常发生在一些采购项目中,如买方由于卖方在产品数量、质量、损坏及延期交货等方面不符合合同规定而提出的索赔。

按索赔的依据不同,可将索赔分为合约索赔、合约外索赔和优惠补偿。合约索赔是在合同中可以找到索赔内容依据的索赔。合约外索赔是难以在合同条款中找到索赔内容和权利的依据,但权利可以来自普通法律的索赔。优惠补偿是承包商对其损失寻求某些优惠性付款。

(二)索赔程序

索赔方要想获得索赔成功,必须遵循如下索赔程序:

(1)递交索赔通知。有索赔要求的一方应在引起索赔的事件第一次发生后的 28 天内,将索赔意向通知对方,同时呈交一份副本。

(2)同期纪录。索赔事件发生时,有索赔要求的一方应有同期纪录。这种纪录可作为已经发出索赔通知的补充材料,对方在收到索赔通知后,应对此类同期纪录进行审查。

(3)提供索赔证明。在索赔通知发出后 28 天内,提出索赔的一方应向对方递交一份说明索赔及提供索赔依据的详细材料。

（4）报送索赔通知书。索赔方为获得额外款项的支付，还需向对方提供索赔报告，在报告中详细说明有权要求支付额外费用的事实和理由，并明确说明上述事实和理由所导致的索赔费用的计算依据，最后还应附上相关文件的复印件作为证据。

六、合同收尾

合同收尾是项目采购与合同管理的最后一个过程。合同收尾即合同的完成和结算，包括任何未决事宜的解决。这个过程通常包括：①产品审核。验证所有工作是否被正确地、令人满意地完成。②管理收尾。更新纪录以反映最终成果和将信息立卷以备将来使用。③正式验收和收尾。负责合同管理的个人或组织应向卖方提供合同已完成的正式书面通知。④合同审计。对整个采购和合同管理过程的一种结构性复查。

一般来说，所订立合同条款本身就为合同收尾规定了特定的程序，提前终止合同是合同收尾的一种特殊情形。合同收尾工作的依据是相应的合同文件资料，包括合同本身及项目合同变更、卖方的技术资料、卖方的执行报告、相关金融证件（如发票和支付记录等）及与合同有关的检验结果等。

 **小 结**

本章对项目采购与合同管理进行了比较详细的介绍，首先阐述了项目采购管理的概念，详细介绍了项目采购的类型、方式以及业务范围；其次介绍了项目招标与投标的概念，并且详细讲述了项目整个招标与投标活动的程序；最后介绍了项目合同管理以及索赔的具体程序与合同收尾的各项工作。

 **思考题**

1. 招标投标作为一种特殊的商品交易方式，应具有哪些基本原则？
2. 简述招标投标的一般程序及其内容。
3. 简述投标过程中应该注意的问题。
4. 简述合同的不同类型。
5. 怎样进行索赔？

IT项目合同管理不利的后果

小李是国内某知名IT企业的项目经理,负责西南某省的一个企业管理信息系统建设项目的管理。在该项目合同中,简单地列出了几条项目承建方应完成的工作,据此小李自己制订了项目的范围说明书。甲方的有关工作由其信息中心组织和领导,信息中心主任兼任该项目的甲方经理。可是在项目实施过程中,有时是甲方的财务部直接向小李提出变更要求,有时是甲方的销售部直接向小李提出变更要求,而且有时这些要求是相互矛盾的。面对这些变更要求,小李试图用范围说明书来说服甲方,甲方却动辄引用合同的相应条款作为依据,而这些条款要么太粗、不够明确,要么小李跟他们有不同的理解。因此小李因对这些变更要求不能简单地接受或拒绝而左右为难,感到很沮丧。如果不改变这种状况,项目完成看来要遥遥无期。

问题:

(1) 针对上述情况,请结合你的经验分析问题产生的可能原因。

(2) 如果你是小李,你怎样在合同谈判、计划和执行阶段分别进行范围管理?

(3) 说明合同的作用、详细范围说明书的作用,以及两者之间的关系。

参考文献

[1]   魏及淇.项目管理实战全书.北京:北京工业大学出版社,2015.

[2]   白思俊.现代项目管理概论(第2版).北京:电子工业出版社,2013.

[3]   江平,张霜.项目管理概论.北京:科学出版社,2014.

[4]   宋伟.项目管理概论.北京:机械工业出版社,2013.

[5]   孙新波.项目管理(第2版).北京:机械工业出版社,2016.

[6]   王雪青,杨秋波.工程项目管理.北京:高等教育出版社,2011.

[7]   陈池波,崔元峰.项目管理.武汉:武汉大学出版社,2013.

[8]   池仁勇.项目管理(第3版).北京:清华大学出版社,2015.

[9]   戴大双.现代项目管理(第二版).北京:高等教育出版社,2014.

[10]   丁宁.项目管理(第2版).北京:清华大学出版社,2012.

[11]   哈罗德·科兹纳(Harold Kerzner).项目管理——计划、进度和控制的系统方法(第11版).杨爱华,杨磊等译.北京:电子工业出版社,2014.

[12]   何亚伯.建筑工程经济与企业管理(第二版).武汉:武汉大学出版社,2009.

[13]   胡志根.工程项目管理(第二版).武汉:武汉大学出版社,2011.

[14]   简德三.项目管理.上海:上海财经大学出版社,2001.

[15]   赖一飞,雷兵山,俞进萍.工程建设监理(第二版).武汉:武汉大学出版社,2013.

[16]   赖一飞,胡小勇,刘汕.工程项目管理学(第二版).武汉:武汉大学出版社,2015.

[17]   赖一飞.项目计划与进度管理.武汉:武汉大学出版社,2007.

[18]   赖一飞,张清,余群舟.项目采购与合同管理.北京:机械工业出版社,2008.

[19]   刘小平.建设工程项目管理.北京:高等教育出版社,2004.

[20]   卢有杰.现代项目管理学(第四版).北京:首都经济贸易大学出版社,2014.

[21]   骆珣.项目管理(第2版).北京:机械工业出版社,2016.

[22]   美国项目管理协会.项目管理知识体系指南(PMBOK 指南)(第5版).许江林等译.北京:电子工业出版社,2013.

[23]   戚安邦.项目管理学(第二版).北京:科学出版社,2012.

[24]   邱菀华.现代项目管理导论.北京:机械工业出版社,2009.

[25]   王长峰,李建平,纪建悦.现代项目管理概论.北京:机械工业出版社,2008.

[26]   王立国.项目管理教程.北京:机械工业出版社,2008.

[27]   王雪青.国际工程项目管理.北京:中国建筑工业出版社,2000.

[28]   徐莉,赖一飞,程鸿群.新编项目管理.武汉:武汉大学出版社,2009.

[29]   张桂宁.实用项目管理.北京:机械工业出版社,2006.

[30]   James P. Lewis.项目计划、进度与控制(第5版).石泉,杨磊译.北京:机械工业出版社,2013.

[31]   项目管理者联盟:http://www.mypm.net/.

[32]   A Guide to the Project Management Body of Knowledge,fifth Editor. Project Management Institute,

2013.

[33] Browning T R. A Quantitative Framework for Managing Project Value, Risk, and Opportunity. IEEE Transactions on Engineering Management, 2014, 61(4): 583-598.

[34] Basu R. Managing quality in projects: An empirical study. International Journal of Project Management, 2014, 32(1): 178-187.

[35] Ospina-Alvarado A, Castro-Lacouture D, Roberts J S. Unified Framework for Construction Project Integration. Journal of Construction Engineering & Management, 2016, 142(7): 1-11.

[36] Ximing Ruan, Edward G., Ochieng, Andrew D. F. Price, et al. Knowledge integration process in construction projects: a social network analysis approach to compare competitive and collaborative working. Construction Management & Economics, 2012, 30(1): 5-19.

[37] Karen E Papke-Shields, Kathleen M. Boyer-Wright. Strategic planning characteristics applied to project management. International Journal of Project Management, 2017, 35(2): 169-179.

[38] Sweasey R, Skitmore M. The Use of Formal Project Management Processes in the Procurement of Queensland Aged Care Facilities. International Journal of Construction Management, 2014, 7(1): 43-56.

教师服务

感谢您选用清华大学出版社的教材！为了更好地服务教学，我们为授课教师提供本书的教学辅助资源，以及本学科重点教材信息。请您扫码获取。

» 教辅获取

本书教辅资源，授课教师扫码获取

» 样书赠送

管理科学与工程类重点教材，教师扫码获取样书

 清华大学出版社

E-mail: tupfuwu@163.com
电话：010-83470332 / 83470142
地址：北京市海淀区双清路学研大厦 B 座 509

网址：http://www.tup.com.cn/
传真：8610-83470107
邮编：100084